BETRIEBSWISSENSCHAFTLICHE
FORSCHUNGEN DES WIRTSCHAFTSVERKEHRS
HERAUSGEGEBEN VON
PROF. DR. K. OBERPARLEITER UND PROF. DR. F. FINDEISEN
HEFT 1

DIE KLAUSELN IM KAUFVERTRAG

NACH DEN DEUTSCHSPRACHLICHEN USANZEN KAUFMÄNNISCHER VEREINIGUNGEN UND KORPORATIONEN IN MITTELEUROPA

VON

DR. WILLI BOUFFIER
ASSISTENT AN DER HOCHSCHULE FÜR WELTHANDEL IN WIEN

VERLAG VON JULIUS SPRINGER IN WIEN 1929

ISBN 978-3-7091-9542-0 ISBN 978-3-7091-9789-9 (eBook)
DOI 10.1007/978-3-7091-9789-9

SOFTCOVER REPRINT OF THE HARDCOVER 1ST EDITION 1929

Geleitwort

Die Gliederung der Betriebswirtschaftslehre in eine Lehre vom Innenleben der Unternehmung, des Betriebes, Betriebslehre, und in eine solche vom Verkehre der einzelnen Wirtschaften untereinander, Verkehrslehre, scheint doch in den außerhalb des Faches stehenden Kreisen noch immer zu wenig bekannt, um nicht der Einleitung einer Veröffentlichungsreihe vorangeschickt zu werden, die, obwohl der Forschung gewidmet, doch auch einem regen Interesse der Wirtschaftspraxis zu begegnen hofft. In Österreich, wo die vornehmlich beschreibende Darstellung von Einrichtungen und Verfahren des Handels längst als Handelskunde gepflegt worden war, ehe von einer erst durch die Methode entwickelten betriebswirtschaftlichen Verkehrslehre die Rede sein konnte, hat dieses Sonderfach stets eine deutliche, anderwärts keineswegs immer im gleichen Maße behauptete Selbständigkeit bewahrt, der ein Teil der Initiative zu dieser Druckschriftenfolge entsprungen ist; vom Institut für Welthandelslehre an der Hochschule für Welthandel in Wien war allerdings schon vorher die Herausgabe derartiger Abhandlungen versucht worden, deren Anzahl sich aber der Bescheidenheit der verfügbaren Mittel zufolge auf wenige Nummern beschränken mußte. Der unterzeichnete Herausgeber erwartet sich aus der Verbindung mit seinem deutschen Kollegen und dem Verlage erweiterte Möglichkeiten.

Das gegenständliche Stoffgebiet soll also der die einzelnen Wirtschaften untereinander verbindende Verkehr als Mittel ökonomischer Zweckerfüllung bilden. Grundlegende Bedeutung wird dabei den der Verkehrshandlung innewohnenden Leistungen und den sie bedrohenden Gefahren zukommen, dem Funktionen- und dem Risikenproblem. Aus ihnen müssen sich die organisatorischen Einrichtungen des Wirtschaftsverkehrs, desgleichen der Technik des Verkehrsaktes, zu der insbesondere der Vertrag als sein hauptsächliches Instrument zählt, logisch ergeben. Derart gewonnene Deduktionen bedürfen aber auch der Prüfung an den Erfahrungen der wirtschaftlichen Erscheinungswelt; dabei bietet sich reiche Gelegenheit, dem Wirtschaftsverkehr auf seine mannigfaltigen Sondergebiete des Waren-, Bank-, Transport-Versicherungsgeschäftes und anderer Zweige zu folgen, um an ihren durch den Gang der Entwicklung und geographische Bedingungen hervorgebrachten Spielarten an Organisationsformen und Verfahrensarten das Kausalgesetzliche wiederzufinden. So sollen Theorie und Praxis einander ergänzen und fördern.

Wien, im Dezember 1928

Oberparleiter

Vorwort

Zweck der vorliegenden Arbeit ist in erster Linie, dem Kaufmann die in seinen Verträgen vorkommenden Ausdrücke zu deuten. Da nun zumeist der Inhalt dieser Ausdrücke infolge der Vielgestaltigkeit der usanziellen Bestimmungen von Platz zu Platz und von Ware zu Ware wechselt, ist eine generelle Deutung des einzelnen Ausdruckes unmöglich. Es ist vielmehr nötig, eine Sammlung der bestehenden Usanzen und Handelsgebräuche sowie der für sie erstatteten Gutachten vorzunehmen und die auf die einzelnen Ausdrücke bezüglichen Bestimmungen jeweils wiederzugeben. Damit erhielt die vorliegende Arbeit den Charakter eines Nachschlagebuches, das sowohl dem Kaufmann beim Abschluß seiner Verträge als auch dem Juristen bei der Entscheidung in wirtschaftlichen Fragen eine Stütze sein soll.

Des weiteren soll die Arbeit aber auch allen denen, die zur Kodifizierung von Usanzen berufen sind, einen Überblick über das vorhandene Material, seine Schwächen und Vorzüge geben und so Grundlage für weitere Vereinheitlichungen sein.

Ich fühle mich verpflichtet, Herrn Professor Dr. Oberparleiter an dieser Stelle meinen Dank für die wertvolle Unterstützung bei der Ausgestaltung dieser Arbeit auszusprechen sowie ihm dafür zu danken, daß er als Leiter des Institutes für Welthandelslehre mir im verflossenen Semester die Beschaffung des Materials und die Fertigstellung der Arbeit ermöglichte.

Wien, im Dezember 1928

Der Verfasser

Inhaltsverzeichnis

Seite

I. Vorbemerkungen

a) Das Entstehen der Klauseln und ihre Berücksichtigung in den Usanzen ... 1
b) Die besprochenen Usanzen ... 2

II. Besondere Klauseln

a) Freibleibend ... 9
b) Übernahme eines Originalvertrages, Vertragsübernahme, Bedingungsübernahme ... 11
c) Glückliche (gute) Ankunft vorbehalten ... 11
d) Arbitrageklauseln ... 12

III. Quantitätsklauseln

a) Waggonladung, Schleppladung ... 14
b) Zirka. Ungefähr. Rund. Etwa ... 17
c) Ausgeliefertes Gewicht (garantiert) ... 24
d) Bahnamtliches Gewicht ... 25
e) Werksgewicht ... 27
f) Fakturatara ... 28
g) Durchschnittstara. (Prozenttara) ... 28

IV. Qualitätsklauseln

a) Tel quel. Qualité telle quelle. Tale quale. Ware falle, wie sie falle. 29
b) Besichtigt und gut befunden. Besichtigt und akzeptiert. Besehen und akzeptiert. Besicht erklärt ... 33
c) Werksbefund ... 35
d) F. a. qu. (Fair average quality). (Gute) Durchschnittsqualität. Handelsgut mittlerer Art und Güte ... 35
e) Average — Even running ... 36
f) Auf Besicht. Auf Probe ... 37
g) Auf Nachstechen. Auf Nachziehen. Laut Probe auf Nachstechen .. 39
h) Nach Besicht ... 40
i) Nach Muster. Nach Probe ... 41
k) Nach Typenmuster. Ungefähr nach Muster. Nach Durchschnittsmuster ... 48

V. Klauseln für die Verteilung der Kosten und die Bestimmung des Erfüllungsortes

a) Frachtfrei ... 53
b) Franko. Frei ... 57
c) Franko Station. Frei Station ... 61
d) Frei Bahn. Bahnfrei ... 62

Seite

e) Waggonfrei. Frei Waggon. Franko Waggon. Franko (frei) in den Waggon. Franko (frei) Waggon Station... auf den Wagen gelegt, Waggonverladen ... 63
f) Frei Haus. Franko Haus ... 65
g) Ins Haus gestellt ... 66
h) Frei Ufer. Franko Kai ... 67
i) Frei in die Schute ... 68
k) Frei Seeschiffsseite. Längsseits Seeschiff. Franko zum Seeschiff. Free alongside ship (f. a. s.) ... 68
l) Frei Kahn. Frei Schiff. Frei Floß. Ins Schiff (gelegt). Schiffsfrei. Kahnfrei. Frei Schlepper. Schleppverladen ... 69
m) Franko Bord. Frei an Bord. Free on board (fob) ... 70
n) c und f, cif, caf, Kost — Versicherung — Fracht. cif und i, cific 73
o) Ex Schiff. Frei von Bord. Ex Magazin ... 83
p) Sotto palanca, sous palan ... 84
q) Frei hinter Käufers Speicher. Geeigneter Speicher ... 85
r) Frei auf Käufers Schale ... 85
s) Transito ... 86
t) Frachtparität. Frachtbasis. Frachtgrundlage ... 86
u) Ab ... 94
v) Ab Lager. Ab Magazin. Ab Speicher. Ab Boden. Ab Fabrik. Ab Haus. Ab Kai. Ab Waggon ... 96
w) Ab Station ... 99
x) Loco ... 100

VI. Klauseln für die Lieferungs- und Erfüllungszeit

A. Für Promptgeschäfte ... 101

a) Sofort ... 101
b) Prompt ... 106
c) Rollend ... 114
d) Ab Lager. Ab Kai. Ab Speicher. Ab Boden. Ab Bahn ... 115
e) Loko ... 118

B. Bei Lieferungsgeschäften ... 119

f) Terminbestimmung in den Usanzen ... 120

1. Bis zur Börse ... 120

2. Anfang, Mitte, Ende; 1. Hälfte, 2. Hälfte des Monats; Frühjahr, Herbst, Sommer, Winter ... 121

g) Bei (nach) Schiffahrtseröffnung ... 124
h) Bei Schiffahrtsschluß ... 125
i) Auf Lieferung innerhalb einer bestimmten Frist ... 126
k) Auf Lieferung nach Ablauf einer bestimmten Frist ... 128
l) Lieferung sukzessiv ... 128
m) Auf Abruf ... 132
n) In Käufers Wahl ... 137
o) Auf Abladung bis.... Auf Verschiffung bis..... Auf Segelung bis...... Auf Klarierung ... 137
p) Rollend. Schwimmend. Segelnd. Abgeladen. Bahnstehend. Ladend ... 141
q) Auf Ankunft ... 144
r) Anschließende Lieferung ... 145

Seite

VII. Klauseln für die Zahlungsbedingungen
a) Rabatt. Skonto. Diskont 145
b) Netto Kasse gegen Faktura (s. dazu „Netto Kasse“) 146
c) Netto Kasse — Kasse 147
d) Prompte Zahlung 149
e) Zahlung durch Akkreditiv 149
f) Zahlung (Kasse) gegen Dokumente 151
g) Zahlung (Kasse) gegen Frachtbriefduplikat (Aufgabeschein, Rezepisse) 154
h) Gegen Akzept 157

Literaturverzeichnis 159

Sachverzeichnis 160

I. Vorbemerkungen

a) Das Entstehen der Klauseln und ihre Berücksichtigung in den Usanzen

Das Bestreben, in kurzen, knappen Sätzen oder Schlagworten den Vertragswillen zum Ausdruck zu bringen, sei es nun im Telegramm, sei es in der Schlußnote oder im Vertrag überhaupt, führte zur Wiedergabe der wesentlichsten, immer wiederkehrenden Vertragsbestandteile durch Worte oder Wortgefüge von einer inhaltlich vielfach vom Wortsinn abweichenden Bedeutung. Diese Worte und Wortgefüge, Klauseln genannt, waren daher von jeher Gegenstand der Deutung und Auslegung.

Zur Erhöhung der Rechtssicherheit des Vertragsabschlusses wurden diese Klauseln dann von den zuständigen Interessentengruppen wie kaufmännischen Vereinigungen und Korporationen (Börsen, Handelskammern) zusammen mit den Geschäftsbedingungen überhaupt in ihrer jeweiligen Bedeutung festgelegt. Damit war wohl für den einzelnen Platz eine einheitliche und zumeist auch eindeutige Auslegung der Klauseln gegeben, aber für die Gesamtheit des Wirtschaftsverkehrs war das Gegenteil erreicht. Jeder Platz hatte und hat noch seine eigene Auslegung und Deutung, und es ist nicht abzuschätzen, wieviel unnötige Arbeit auf die gütliche oder streitige Beilegung der so entstehenden Mißverständnisse verwendet wird. Man braucht nur die Unzahl der (sich ebenfalls vielfach widersprechenden) Gutachten und gerichtlichen Entscheidungen zu beachten, um zu erkennen, daß auf diesem Gebiete einheitliche Regelungen dringend not sind.

Den ersten Schritt zur Vereinheitlichung ging der Reichsausschuß für Lieferbedingungen (R.A.L.); leider befaßte er sich bis jetzt lediglich mit der einheitlichen Festlegung der Qualitäten der zu liefernden Waren[1]). Es ist aber zu hoffen, daß er eine einheitliche Regelung der übrigen Vertragsbestandteile und insbesondere der Klauseln versuchen wird. Denn es muß möglich sein, zum mindesten innerhalb der einzelnen Branchen vollkommene Einheitlichkeit zu schaffen; darüber hinaus ist auch die Mehrzahl der in dieser Arbeit besprochenen Usanzen einer generellen Vereinheitlichung fähig.

---

[1]) In der neuesten Veröffentlichung des R.A.L. sind diese Aufgaben wie folgt gekennzeichnet (Jahresbericht 1927, S. 9): „Neben den Festlegungen über Mindestbedingungen für die Güte, auf die sich von Fall zu Fall Klassifizierungen aufbauen, werden Verständigungen über Berechnungsvorschriften und Vereinbarungen über Sorten, handelsübliche Mengen, Verpackung, Bemusterung, Probenahme und Mängelrügen bzw. Schiedsverfahren herbeigeführt."

b) Die besprochenen Usanzen

Die folgende Besprechung der Klauseln soll sich lediglich auf die in den Usanzen deutscher Sprache vorkommenden Klauseln erstrecken. Wo die Einbeziehung anderssprachlicher Usanzen infolge ihrer Bedeutung für den Handel im deutschen Sprachgebiet tunlich schien, ist darauf Rücksicht genommen. Klauseln, die nicht in den Usanzen zu finden waren, sind nur dann berücksichtigt, wenn sie zur Erläuterung der übrigen Darlegungen erforderlich schienen.

Sollten einige Usanzen nicht berücksichtigt sein, so ist dies in den meisten Fällen auf die Weigerung der betreffenden Korporationen, das Material zur Verfügung zu stellen, zurückzuführen. Immerhin wird man annehmen können, daß die in diesem Verhalten zum Ausdruck kommende Mentalität vergangener Zeiten, insbesondere die Furcht vor der Preisgabe von Geschäftsgeheimnissen, sich in dem Inhalt der Usanzen dieser Korporationen ebenfalls ausprägt, so daß das Fehlen dieser Usanzen keine Lücke bedeuten kann.

Es sind insgesamt die Usanzen von 120 kaufmännischen Vereinigungen und Korporationen sowie 4 Schlußscheine, die an ihren Plätzen die Bedeutung von Usanzen haben, in der Bearbeitung berücksichtigt, und zwar:

I. Allgemeine Usanzen

	Kennwort
1. Platzusanzen für den hamburgischen Warenhandel. 1904	Hamburg
2. Allgemeine Bedingungen für den Handel in Waren an der öffentlichen Warenverkehrshalle in Innsbruck. 1919	Innsbruck
3. Handelsgebräuche für den Großhandel mit Lebensmitteln an der Warenbörse zu Köln. 1925	Köln
4. Allgemeine Bedingungen für den Handel in Waren an der Wiener Börse. 1925	Wien
5. Auftragsbedingungen des Verbandes deutscher Exporteure	Verband deutscher Exporteure
6. Handelsgebräuche für den Verkehr mit österreichischen Exporteuren	Verband österreichischer Exporteure

II. Usanzen für landwirtschaftliche Produkte

1. Ortsgebräuche für den Berliner Handel in Getreide, Malz, Mehl, Kleie, Rüböl und landwirtschaftlichen Sämereien. 1928	Berlin
2. Usanzen der Getreide- und Produkten-Börse Bern. 1915	Bern
3. Handbuch der Vereinigung Schlesischer Getreide-, Saaten-, Mehl- und Futtermittelinteressenten E. V. Breslau. 1926	Breslau

		Kennwort
4.	Usanzen für den Warenhandel in Budapest. 1926	Budapest
5.	Gemeinschaftliche Handelsgebräuche der Produktenbörse zu Chemnitz, Dresden, Leipzig. 1923	Chemnitz
6.	Cottbuser Handelsgebräuche für den Handel mit Mühlenfabrikaten, Getreide, Futtermittel, Ölsaaten usw. 1925	Cottbus
6a.	Entwurf der Bedingungen des Vereins Danziger Getreide- und Warengroßhändler E. V. in Danzig für Getreide, Hülsenfrüchte, Ölsaaten, Sämereien, Mehl, Futtermittel, Düngemittel. 1928	Danzig
7.	Handelsgebräuche für den Handel mit Kolonialwaren und Landesprodukten Flensburg. 1928	Flensburg
7a.	Handelsgebräuche für den Handel mit Getreide, Futterstoffen und Ölsaaten. Festgesetzt von der Industrie- und Handelskammer Flensburg. 1928	Flensburger Getreide
8.	Usanzen der Grazer Frucht- und Mehlbörse. 1922	Graz
9.	Börsenordnung der Produktenbörse zu Halle. 1927	Halle
10.	Königsberger Ortsgebräuche im Handel mit Getreide usw. 1927	Königsberg
11.	Bestimmungen für den Geschäftsverkehr an der Linzer Fruchtbörse. 1923	Linz
12.	Allgemeine Einheitsbedingungen und Handelsgebräuche mittel- und süddeutscher Produktenbörsen und Märkte. 1926	Mittel- und Süddeutsche
	Dazu: Süddeutsche Spezialbestimmungen für das Cif-Geschäft.	
13.	Bestimmungen für den Geschäftsverkehr an der Prager Produktenbörse. 1926	Prag
14.	Handelsgebräuche für den Handel in Getreide usw. der Rheinisch-Westfälischen Getreidebörsen. 1913	Rheinisch-Westfälische
15.	Stettiner Handelsgebräuche für Getreide usw. 1926	Stettin
16.	Bestimmungen für den Geschäftsverkehr an der Börse für landwirtschaftliche Produkte in Wien. 1927	Wien, l. P.
17.	Handelsgebräuche der Getreidebörse in Zürich. 1917	Zürich
18.	Geschäftsbedingungen für den Berliner Mehlhandel. 1923	Berliner Mehl
19.	Gebräuche im Königsberger Samenhandel	Königsberger Samen
20.	Gebräuche im Stettiner Samenhandel	Stettiner Samen
21.	Bundesgesetze des Bundes Deutscher Rauhfutter-, Fourage-, Kartoffel- und Gemüsehändler. 1928	Rauhfutterhändler
22.	Geschäftsbedingungen des Verbandes Ostpreußischer Kartoffelinteressenten E. V. Allenstein. 1927	Allensteiner Kartoffel
23.	Berliner Vereinbarung. Geschäftsbedingungen für den deutschen Kartoffelhandel. 1926	Berliner Kartoffel

		Kennwort
24.	Geschäftsbedingungen im Handel mit trockener Kartoffelstärke und Kartoffelstärkemehl. Berlin. 1926	Kartoffelstärke Berlin
25.	Usanzen für den Handel in Kartoffelfabrikaten, Hamburg. 1905	Kartoffelstärke Hamburg
26.	Handelsbedingungen des Reichsverbandes Deutscher Fruchtgroßhändler. 1927	Früchtegroßhändler

III. Usanzen für Holz

a) Nutzholz

1.	Platzgebräuche des Danziger Holzhandels über Befrachtung und Anlieferung	Danziger Holz
2.	Handbuch für Holzhandel und Sägeindustrie mit folgenden Einzelusanzen:	
	a) Berlin	Berliner Holz
	b) Berlin für Verkäufe in ausländischen Hölzern, Laubhölzern, Furnieren von Händler an Verbraucher	Berliner ausländische Hölzer
	c) Königsberg für den Verein ostpreußischer Holzhändler und Industrieller	Königsberger Holz
	d) Oppeln	Oppelner Holz
	e) Breslau	Breslauer Holz
	f) Mitteldeutsche Gebräuche für den Verkehr mit Holz und Furnieren	Mitteldeutsche Hölzer
	g) Hamburg für den Handel mit ausländischen Hölzern	Hamburger Hölzer
3.	Usanzen für den Handel in Holz an der Warenbörse in Innsbruck. 1926	Innsbrucker Hölzer
4.	Kärntnerische Holz-Handelsgebräuche	Kärntnerische Hölzer
5.	Bestimmungen für den Geschäftsverkehr in Holz an der Prager Produktenbörse. 1926	Prager Hölzer
6.	Handelsgebräuche und Verkaufsbedingungen des Vereines deutscher Holzeinfuhrhäuser. 1927.	Holz-Einfuhrhäuser
7.	Bedingungen für den Handel a) in Hölzern aller Art, b) in Brennholz an der Wiener Börse. 1927	Wiener Holz
8.	Geschäftsbedingungen im Brennholzhandel für den Bezirk der Industrie- und Handelskammer Berlin. 1926	Berliner Brennholz
9.	Handelsgebräuche und Lieferbedingungen im Bayerischen Brennholzhandelsverkehr	Bayerisches Brennholz

IV. Usanzen für Fette

1.	Geschäftsbedingungen im Berliner Handel mit Butter, Schmalz, Margarine, Speisefetten, Käse, ausländischem Speck und ausländischen Fleischwaren. 1924	Berliner Fett
2.	Usanzen für den Handel in Rüböl, Leinöl, Ölkuchen an der Prager Produktenbörse. 1908	Prager Öl
3.	Verkaufs- und Lieferungsbedingungen der Neußer Ölmüller-Vereinigung	Neußer Öl

	Kennwort
4. Besondere Bedingungen für den Handel in Speisefetten, technischen Fetten, Seifen und Waschmitteln, Glyzerinen, Kerzen an der Wiener Börse	Wiener Fett
5. Bedingungen für den Handel in Butter und Butterschmalz an der Wiener Börse. 1907	Wiener Butter

V. Usanzen für Kaffee, Tee, Kakao

1. Geschäftsbedingungen für den Kaffee- und Teehandel an der Danziger Börse	Danziger Kaffee
2. Hamburger allgemeine Usanzen für den Kaffeehandel. 1904	Hamburger Kaffee
3. Verkaufsbedingungen für Kaffee, gültig für Deutschland und die Länder der früheren österreichischen-ungarischen Monarchie	Hamburger Kaffee für Deutschland und Österreich
4. Usanzen für den Handel in Kaffee an der Wiener Börse	Wiener Kaffee
5. Hamburger Bedingungen für den Handel mit Tee in Originalkisten. 1912	Hamburger Tee
6. Usanzen des Vereines der Kakaohändler in Hamburg. 1911	Hamburger Kakao

VI. Usanzen für Metalle

1. Jahrbuch des deutschen Metallhandels. 1926.	
a) Geschäftsbedingungen für den Handel mit Altmetallen, Metallabfällen und Blockmetallen	Altmetalle
b) Berliner Bedingungen für den Handel mit Hüttenrohzink	Berliner Zink
c) Berliner Bedingungen für Lokogeschäfte in Silber	Berliner Silber
d) Berliner Bedingungen für den Handel in Gold	Berliner Gold
e) Hamburger Bedingungen für den Handel in Silber	Hamburger Silber
f) Bedingungen der Londoner Metallbörse für	
Standardkupfer	Londoner Kupfer
Rohzink	Londoner Zink
Rohblei	Londoner Blei
2. Einkaufsbedingungen des deutschen Schrotthandels	— —
3. Lieferungsbedingungen des deutschen Schrotthandels	— —
4. Abschlußbedingungen der Fa. Adler, Frankfurt a. M.	Adler, Schrott
(Nach Angabe des Vereines zur Wahrung gemeinsamer wirtschaftlicher Interessen des Schrottgroßhandels für Mittel- und Ostdeutschland maßgebend.)	

VII. Usanzen für Textilwaren

		Kennwort
1.	Züricher Usanzen für den Handel in roher Seide. 1916	Züricher Seide
2.	Züricher Platzusanzen für den Handel mit Seidenstoffen. 1903	Züricher Seidenstoffe
3.	Gemeinschaftliche Geschäftsbedingungen und vertrauliche Bestimmungen des Verbandes der Großhändler in Futterstoffen und Schneiderartikeln. 1927	Futterstoffe
4.	Verkaufsbedingungen, Lieferungs- und Zahlungsbedingungen der Vereinigung Deutscher Tuchgroßhändler E. V. 1928	Tuchgroßhändler
5.	Verkaufs-, Lieferungs- und Zahlungsbedingungen des Verbandes Deutscher Tuchgroßversender. 1927	Tuchgroßversender

VIII. Usanzen für Tiere und tierische Produkte

1.	Handelsgebräuche des Reichsverbandes deutscher Pferdehändler. 1927	Berliner Pferde
2.	Handelsgebräuche für den Vieh- und Geflügelhandel auf dem Zucht- und Nutzviehmarkt Magerviehhof Friedrichsfeld. 1927	Magerviehhof
3.	Handelsgebräuche für den Handel mit frischem Fleisch, zubereiteten Fleischwaren, Speck, Därmen, Lebern, Zungen, Blasen und Kälbermagen. 1923	Berliner Fleisch
4.	Gebräuche für die Berliner Nahrungs- und Genußmittelbranche	Berliner Nahrungsmittel
5.	Geschäftsbedingungen für den Verkehr zwischen Teichwirten und Großhändlern für Fische, Berlin. 1922	Teichwirte
6.	Verkaufs- und Lieferungsbedingungen für den Seefischhandel	Seefische
7.	Altonaer Verkaufsbedingungen und Zahlungsbedingungen für Lieferung frischer Heringe. 1926/1928	Altonaer Heringe
8.	Verkaufsbedingungen im Königsberger Handel mit gesalzenen Heringen. 1926	Königsberger Heringe
9.	Gebräuche im Stettiner Handel mit gesalzenen Heringen. 1925	Stettiner Heringe
10.	Geschäftsusanzen für den Eierhandel in Wien. 1901	Wiener Eier

IX. Usanzen für Wein und Spirituosen

1.	Weinfach-Kalender. 1927	— —
2.	Gebräuche für den Berliner Weinhandel. 1925	Berliner Wein
3.	Handelsgebräuche und Geschäftsbedingungen im deutschen Weinhandel bei den deutschen Weinhandelsverbänden, Mainz. 1925	Mainzer Wein
4.	Gebräuche für den Stettiner Wein- und Spirituosenhandel. 1925	Stettiner Wein

		Kennwort
5.	Geschäftsbedingungen für den Verkehr der Gewerbetreibenden der Spirituosen-, Fruchtsaft- und Essigbranche Berlin. 1926	Berliner Spirituosen
6.	Börsenusanzen für den Handel in Spiritus an der Prager Produktenbörse. 1907	Prager Spiritus
7.	Besondere Bedingungen für den Handel in Spiritus an der Wiener Börse. 1911	Wiener Spiritus

X. Usanzen für Zucker

1.	Usanzen für den Handel mit Rohzucker und Melasse in Prag. 1906	Prager Zucker
2.	Usanzen der Prager Produktenbörse für den Handel in Zuckerrübensamen und Futterrübensamen. 1923	PragerZuckerrübensamen
3.	Besondere Usanzen für den Handel in Rübenzucker, Melasse und Osmosewasser an der Wiener Börse. 1926	Wiener Zucker
4.	Die Regulative für den Börsenterminhandel in Zucker an den Börsen in Hamburg und Magdeburg enthalten keine Klauseln.	

XI. Diverse Usanzen

1.	Bedingungen der Bremer Baumwollbörse. 1926	Bremer Baumwollbörse
1a.	Bedingungen des Bremer Vereines für Terminhandel in Baumwolle. 1914	Bremer Baumwolle
2.	Besondere Bedingungen für den Handel in Baumwolle und Baumwollgeweben an der Wiener Börse. 1910	Wiener Baumwolle
3.	Besondere Bedingungen für den Handel in Baumwollstreichgarnen und Baumwollabfällen an der Wiener Börse	Wiener Baumwollstreichgarn
4.	Handelsgebräuche für den Handel mit Chemikalien, Drogen, Lack- und Farbenhandel im Verkehr mit Fabrikanten, Händlern und anderen Gewerbetreibenden im Bezirk der Handelskammer Berlin. 1922	Berliner Drogen
5.	Geschäftsbedingungen der Vereinigung der am Großhandel mit Drogen und Chemikalien beteiligten Firmen der Hamburger Börse. 1924	Hamburger Drogen
6.	Bedingungen für den Handel in Handelsdünger an der Wiener Börse. 1907	Wiener Dünger
7.	Geschäftsbedingungen des Vereines des deutschen Einfuhrhandels von Harz, Terpentinöl und Lackrohstoffen in Hamburg. 1926	Hamburger Harz
8.	Handelsgebräuche im Berliner Leder-, Häute- und Fellhandel. 1909	Berliner Leder
9.	Bedingungen für den Handel in Gerbstoffen, Häuten, Fellen und Schafwolle an der Wiener Börse. 1891	Wiener Häute
10.	Geschäftsbedingungen des Vereines am Kautschukhandel beteiligter Firmen. 1927	Hamburger Kautschuk

		Kennwort
11.	Bedingungen für den Handel in Mineralkohle an der Wiener Börse. 1908 (Siehe für den Kohlenhandel unter: Literatur)	Wiener Kohle
12.	Bedingungen des Vereines der Importeure englischer Kohlen in Hamburg	Englische Kohle
13.	Lieferungsbedingungen der Vereinbarung der am Kohlenhandel Beteiligten vom 2. Juli 1907, Hamburg. 1915	Hamburger Kohle
14.	Verein zur Förderung des hamburgischen Handels mit Kolonialwaren und getrockneten Früchten. 1927	Hamburger Kolonialwaren
15.	Verkaufsbedingungen der Bremer und Hamburger Korkstopfen- und Korkrinden-Einfuhrhändler	Hamburger Kork
16.	Handelsgebräuche für den Handel in Papier, Berlin. 1921	Berliner Papier
17.	Bedingungen für den Handel in Papier an der Wiener Börse. 1912	Wiener Papier
18.	Besondere Bedingungen für den Handel in Papiergarnen und Papiergeweben an der Wiener Börse. 1918	Wiener Papiergarn
19.	Spezielle Bedingungen für den Handel in Petroleum an der Wiener Börse. 1907	Wiener Petroleum
20.	Verkaufsbedingungen des Verbandes der Leipziger Rauchwarenfirmen E. V. 1916	Leipziger Rauchwaren
21.	Geschäftsbedingungen für den Handel in Schuhwaren, Berlin. 1913	Berliner Schuhe
22.	Handelsgebräuche für den Berliner Seifenhandel. 1925	Berliner Seife
23.	Gebräuche der Vereinigung des Wollhandels. 1927	Wollhandel
24.	Bestimmungen für die einheitliche Lieferung und Prüfung von Zement. 1911	Zement
25.	Lieferungs- und Zahlungsbedingungen der Elektro-Großhändler	Elektro-Großhändler

XII. Schlußscheine für landwirtschaftliche Produkte

1.	Verein der Getreidehändler der Hamburger Börse: Schlußschein 1 bis 16	— —
2.	Verein der Getreidehändler der Hamburger Börse: Schlußscheine des deutsch-niederländischen Kontrakts 1 bis 3	— —
3.	Schlußschein der Kieler Börse für den Handel mit Getreide	Kiel
4.	Schlußschein des Vereines für Getreidehandel in Magdeburg	Magdeburg

Im allgemeinen ist bei der Wiedergabe der Usanzen an einer wörtlichen Zitierung in der hier dargestellten Reihenfolge festgehalten. Wo jedoch dies infolge der inhaltlichen Gleichförmigkeit der Usanzen überflüssig erschien, sind lediglich die Abweichungen zitiert.

II. Besondere Klauseln

a) Freibleibend

Bei der Beurteilung der Klausel „freibleibend" ist zu unterscheiden, ob ein Offert mit dieser Klausel gestellt wurde, oder ob ein Vertrag mit der Klausel geschlossen wurde. Im ersteren Falle stehen dem Verkäufer weitergehende Rechte zu, im letzteren Falle besteht die kontraktliche Gebundenheit der Kontrahenten mit verschiedenen aus der Klausel sich ergebenden Rechten.

„Freibleibend" an sich bedeutet Ausschluß jeglicher Bindung. In der juristischen Literatur besteht keine Einigkeit darüber (Planck, Endemann c/a Staub), ob die im Offert verwendete Klausel „freibleibend" den Verkäufer auch nach Eingang der Annahmeerklärung des Käufers noch zur Ablehnung berechtigt, oder ob die Ablehnungserklärung schon vor Eingang der Annahmeerklärung abgegeben sein muß. Diese Frage scheint durch die Usanzen geklärt. Denn als Mindestmaß der Wirkung wird dort festgelegt, daß durch eine unmittelbar nach Eingang der Annahme abgegebene Ablehnungserklärung des Verkäufers der Vertrag als nicht zustande gekommen zu betrachten sei. Dieser Ansicht tritt auch Staub bei: „Freibleibend in einer Verkaufsofferte ist gleichbedeutend mit dem Vorbehalte völliger Freiheit des Handelns"[1]). Doch ist, wie bereits gesagt, diese Freiheit nach den Usanzen eingeengt durch die an sich selbstverständliche Verpflichtung des Verkäufers, dem Käufer dann, wenn die Annahmeerklärung nicht wirksam werden soll, unverzüglich mitzuteilen, daß er den Abschluß ablehne.

Einen Schritt weiter gehen die Usanzen deutscher Holz-Einfuhrhäuser, die festlegen, daß der Vertrag nur dann zustande gekommen sei, wenn der Verkäufer nach Einlangen der Annahmeerklärung des Käufers sein Einverständnis schriftlich mitteilt. Diese Auslegung fand sich sonst nirgends.

Der allgemeinen Festlegung des Begriffes „freibleibend" im Offert entsprechen auch eine Anzahl Gutachten[2]). Wird dagegen der Vertrag mit der Klausel „freibleibend" abgeschlossen — die Annahme eines freibleibend gestellten Offertes ist nicht dem Abschluß des Vertrages mit dieser Klausel gleichzusetzen, es ist vielmehr ein besonderer, diesen Vertragswillen zum Ausdruck bringender Hinweis nötig (Gutachten der Handelskammer Berlin vom Jahre 1920) —, dann ist der Verkäufer an den Vertrag gebunden, es wird ihm nur je nach Vereinbarung das Recht zur Änderung einzelner Vertragsbestandteile zugestanden. Zumeist beziehen sich diese Änderungen auf den Preis und die Lieferfrist. Es

[1]) Staub: Anm. 17 zu § 346 D.H.G.B.

[2]) Breslau 1920, Sorau für Textilwaren, „Handelskammer Berlin" (13962/1913).

kann ihm aber auch die Klausel das Recht zur Ablehnung der Lieferung überhaupt zugestehen. Pflicht des Verkäufers ist es jedoch, die vereinbarten Vertragsbestandteile, wenn möglich, innezuhalten. Nur dann, wenn ihm infolge Veränderung der Marktpreise die Lieferung zum vereinbarten Preis, infolge Streiks und Rohstoffmangel usw., die rechtzeitige Lieferung oder die Lieferung überhaupt nicht oder nur mit unverhältnismäßigem Aufwand möglich ist, kann er die erwähnten Vertragsbestandteile abändern bzw. vom Vertrage zurücktreten. Dem Käufer anderseits wird zumeist ebenfalls unter den veränderten Bedingungen ein Rücktrittsrecht zugebilligt[1]).

Infolge der Inflationsbewegungen hat sich allerdings vielfach der Gebrauch herausgebildet, die Klausel „freibleibend" im Vertrage nur auf den Preis zu beziehen, doch ist, wenn eine derartige Deutung nicht besonders hervorgehoben wird, die weitere Auslegung entscheidend.

Eine Ausdehnung der aus der Klausel „freibleibend" für den Verkäufer sich ergebenden Rechte auf den Käufer läßt sich weder in den Usanzen noch in den Gutachten finden.

In den Usanzen ist lediglich die Klausel „freibleibend" im Offert berücksichtigt und wird dort folgendermaßen gedeutet:

Danzig, § 4, s. Mittel- und Süddeutsche, § 2, Satz 1 und 2.

Mittel- und Süddeutsche, § 2: Angebote mit der Bezeichnung „Notierung", „Quotierung", „freibleibend" oder „unverbindlich" verpflichten den Anbietenden nicht. Angebote mit der Bezeichnung „Zwischenverkauf vorbehalten" verpflichten den Anbietenden, falls die Ware nachweislich nicht anderweit verkauft ist. Erfolgt im letzteren Fall oder bei einem Angebot mit der Bezeichnung „freibleibend" auf die rechtzeitige Annahme hin nicht unverzüglich die Erklärung des Anbietenden, daß er den Abschluß ablehne, so ist dieser als zustande gekommen zu betrachten.

Früchtegroßhändler, § 20: Angebote mit der Bezeichnung „freibleibend" verpflichten den Anbietenden, falls die rechtzeitige Annahmeerklärung nicht unverzüglich von diesem abgelehnt wird. Angebote ohne nähere Bezeichnung gelten als verbindlich.

Berliner Holz, § 25: An ein als freibleibend bezeichnetes Angebot ist der Verkäufer nicht gebunden. Wird das Angebot angenommen, so muß sich der Verkäufer unverzüglich erklären, falls er nicht liefern will. Stillschweigen oder verspätete Ablehnung verpflichten zur Lieferung.

Breslauer Holz, § 4: Ebenso.

Königsberger Holz, § 20: Ebenso.

Oppelner Holz, § 8: Ebenso.

Deutsche Holzeinfuhrhäuser, § 1: Alle Angebote verstehen sich freibleibend, das heißt der Anbieter ist erst zur Lieferung verpflichtet, nachdem er die Annahme des auf Grund seiner Anstellung erteilten Auftrages schriftlich erklärt hat.

Schrott (Zentralstelle), § 2: Freibleibend bedeutet unverbindlich.

---

[1]) Gutachten der Handelskammer für den Wuppertaler Industriebezirk, Juli 1922, Januar 1921.

b) Übernahme eines Originalvertrages, Vertragsübernahme, Bedingungsübernahme

Allein in den Danziger Usanzen findet sich die Bezeichnung „Übernahme eines Originalvertrages“, „Vertragsübernahme“, ferner die Bezeichnung „Bedingungsübernahme“ mit folgender Deutung:

Danzig, § 8: I. Ein Vertrag, der unter der Bedingung „Übernahme eines Originalvertrages“ oder -„Kontraktes“, „Vertragsübernahme“ oder ähnlichen Ausdrücken geschlossen wird, ist so anzulegen, daß der Käufer in die Bedingungen des ihm benannten Vertrages eintritt und die Gefahr der Lieferungs- und Zahlungsfähigkeit des ihm benannten Vorverkäufers trägt. Zur Gültigkeit des Abschlusses ist nicht erforderlich, daß der Vorverkäufer in die Übertragung willigt und sich zur direkten Abwicklung bereit erklärt. Mangels der unmittelbaren Abwicklung hat der Nachverkäufer als Zwischenglied die Abwicklungsverpflichtung. Unterschiede sind bei endgültiger Lieferung zu verrechnen.

—, II. Ein Vertrag, der unter der Bedingung Übernahme der Originalbedingungen, Bedingungsübernahme, Anschluß an Originalvertrag oder -Kontrakt usw. oder ähnlichen Ausdrücken oder auf Grund von Vertragsformularen, z. B. Deutsch-Niederländischer Vertrag Nr. 2, geschlossen wird, ist so auszulegen, daß der Käufer nur in die Bedingungen des ihm benannten Vorvertrages oder Vertragsformulars eintritt. Der Verkäufer — Zwischenglied — trägt die Gefahr der Lieferungs- und Zahlungsfähigkeit und hat die Abwicklung vorzunehmen.

—, III. Mangels anderweitiger Vereinbarungen entstehen sowohl im Falle des Absatzes 1 wie des Absatzes 2 keinerlei Verpflichtungen zwischen dem Vorverkäufer und dem Nachverkäufer.

c) Glückliche (gute) Ankunft vorbehalten

Ist im Vertrage gute oder glückliche Ankunft vorbehalten, so will der Verkäufer dadurch irgendwelche Regreßrechte des Käufers, einschließlich des Rechtes auf Nachlieferung, ausschalten, die sich aus einer durch den Transport verursachten Unmöglichkeit zur vertragsmäßigen Lieferung oder zur Lieferung überhaupt ergeben. Ist der Verkäufer aus irgendwelchen sonstigen Gründen nicht zur Lieferung oder zur vertragsmäßigen Lieferung in der Lage, so schützt ihn die Klausel nicht.

Ein Gutachten der Frankfurter Handelskammer gibt eine gute Auslegung der Klausel „Gute Ankunft vorbehalten“. Ich gebe dieses Gutachten hier wieder und kann auf eine weitere Ausführung verzichten. Es heißt in dem Gutachten vom Februar 1921:

„Die Klausel ‚Gute Ankunft vorbehalten‘ ist im Inlandshandel wenig gebräuchlich. Sie wird in der Regel nur bei Verkäufen angewendet, die Waren betreffen, die von Übersee in einem bestimmten Dampfer bezogen werden, und bezweckt, bei Untergang oder starker Beschädigung der Ware den Verkäufer von einer Ersatzlieferung zu befreien. Wird die Klausel im Binnenverkehr angewendet, so wird sie im Verkehr dahin aufgefaßt, daß der Verkäufer von der Lieferung frei wird, wenn die zur Lieferung bestimmte Ware bei dem Transport untergeht. Wird sie nur beschädigt, so ist sie trotzdem dem Käufer anzubieten, der dann das Recht hat zu entscheiden, ob er die Ware abnehmen oder, ohne Schadenersatzansprüche geltend machen zu können, auf die Lieferung verzichten will. Dagegen hat der Verkäufer kein Recht zur Nichtlieferung, wenn ein Dritter ihm diejenige Ware, die zur Erfüllung des mit dem Käufer geschlossenen Vertrages bestimmt war, nicht geliefert hat."

In den Usanzen heißt es:

Wien, § 37: Ist jedoch glückliche Ankunft vorbehalten oder die Versendung auf Gefahr des Käufers vereinbart, so ist der Verkäufer zur Ersatzlieferung nicht verbunden.

Kiel, § 8: Bei schwimmend oder auf Abladung verkauften Waren bleibt glückliche Ankunft des im Schlußschein oder bei der Andienung aufgegebenen Dampfers oder Fahrzeuges ausdrücklich vorbehalten. Kommt die Ware in vertragswidriger Beschaffenheit an, so finden die Vorschriften der §§ 22 bis 25 (Mängelrüge, Arbitrage, Minderwert) entsprechende Anwendung. Ist im Schlußschein oder bei der Andienung ein Dampfer oder ein Fahrzeug namhaft gemacht, aus dem die Ware geliefert werden soll, so ist der Verkäufer berechtigt, Ware gleicher Beschaffenheit auch aus einem anderen gleichzeitig löschenden Dampfer oder Fahrzeug zu liefern.

Wiener Holz, § 31, s. Wien.

Wiener Kaffee, § 9: Ist glückliche Ankunft bedungen, so ist im Falle des Eintrittes höherer Gewalt sowie gänzlicher oder teilweiser Seehavarie — letztere nur bezüglich des havarierten Teiles — das Geschäft als aufgelöst zu betrachten und stehen dem Käufer keinerlei Regreßrechte gegen den Verkäufer zu.

d) Arbitrageklauseln

„Die Vereinbarung einer ‚Arbitrage‘ bei einem Geschäftsabschluß über Waren hat nach Handelsgebrauch die Bedeutung, daß alle zwischen den Parteien aus dem abgeschlossenen Geschäfte entstehenden Streitigkeiten unter Ausschluß des ordentlichen Rechtsweges durch ein schiedsrichterliches Verfahren zur Erledigung zu bringen sind[1]). Über die technische Durchführung der Schiedsgerichte geben die einzelnen Schiedsgerichtsordnungen Aufschluß.

Enger als das zitierte Gutachten faßt ein Breslauer Gutachten[2]) die Arbitragevereinbarung. Nach diesem Gutachten versteht sich die Arbitrageklausel lediglich für Qualitätsdifferenzen und birgt in sich zugleich die Verpflichtung des Käufers zur Abnahme der Ware mit Minderwert allerdings unter entsprechender Preisvergütung, sofern die Ware nur im allgemeinen kontraktlich ist, das heißt weder außerhalb

---

[1]) Berliner Handelskammer 1907 und im gleichen Sinne ein Gutachten im Jahre 1912 für den Getreidehandel.

[2]) Februar 1904 und Mai 1910.

der Gattung liegt, noch in ihrem Charakter von der Kaufprobe oder von den Kaufbedingungen so wesentlich abweicht, daß sie für ihren Verwendungszweck ungeeignet ist. Die Ausführungen Zanders decken sich zum großen Teil fast wörtlich mit diesem Gutachten. In gleichem Sinne äußert sich auch ein Gutachten der Ältesten der Kaufmannschaft von Berlin bezüglich der Klausel „freundschaftliche Berliner Arbitrage" (Juli 1899), während ein von der gleichen Stelle erstattetes Gutachten über die Klausel „Rotterdamsche freundschaftliche Arbitrage" dahin lautet, daß durch die Klausel alle aus dem betreffenden Geschäft sich ergebenden Differenzen der schiedsrichterlichen Entscheidung zu unterwerfen seien. Auch ein Gutachten der Berliner Handelskammer für den Handel in Chemikalien will die Arbitrageklausel nur auf die Qualitätsdifferenzen angewendet wissen (18548/1916).

Ich halte die umfassendere Deutung der Klausel, die alle aus dem betreffenden Geschäft entstehenden Streitigkeiten dem Schiedsgericht unterwirft, für die im Zweifel maßgebliche. Denn Zweck der Arbitragevereinbarung ist allgemein die Erzielung einer rascheren und fachmännischen Entscheidung. Das gilt aber nicht allein für den Vertragsbestandteil Qualität, sondern umfaßt ebenso die übrigen Vertragsbestandteile. Die Usanzen lassen die gleiche Auffassung erkennen.

Die Anrufung des Schiedsgerichtes muß innerhalb einer Frist erfolgen, die dem Schiedsgericht die Überprüfung der gerügten Mängel erlaubt. Deshalb sind in den Usanzen Fristen festgesetzt, nach deren Ablauf die Anrufung des Schiedsgerichtes nicht mehr möglich ist. Für den Einzelfall kann auf die Schiedsgerichtsordnungen der einzelnen Plätze und Waren verwiesen werden.

Es sind im folgenden nur die allgemeinen, in den Usanzen zu findenden Angaben über die Bedeutung der Klauseln „Xer Arbitrage" und „freundschaftliche Arbitrage" wiedergegeben, ein Eingehen auf die Organisation und Technik der Schiedsgerichte muß einer Spezialarbeit vorbehalten sein.

Hamburg, § 20: Ist vorgesehen, daß die Erledigung von Qualitätsdifferenzen oder von allen aus dem Geschäft entspringenden Meinungsverschiedenheiten durch „freundschaftliche Arbitrage" oder „Hamburger Arbitrage" erfolgen soll, so hat, sofern nicht durch Usanzen des betreffenden Geschäftszweiges ein anderes bestimmt wird, jede Partei einen Schiedsmann zu ernennen. Bei Säumigkeit einer Partei hat die Gegenpartei das Recht, die Handelskammer zur Ernennung des Schiedsmannes der säumigen Partei zu ersuchen.

Berlin (Getreide), § 7: Die Vereinbarung „Berliner Schiedsgericht" oder „Berliner Arbitrage" hat die Bedeutung, daß alle aus dem Vertrag entstehenden Streitigkeiten unter Ausschluß der ordentlichen Gerichte durch das Schiedsgericht und im Berufungsverfahren durch das Oberschiedsgericht des Vereins Berliner Getreide- und Produktenhändler entschieden werde.

Ist Berliner Schiedsgericht vereinbart, so erlischt der Anspruch auf Vergütung bei Qualitätsstreitigkeiten, falls nicht innerhalb 4 Wochen nach erhobener Mängelrüge, in anderen Fällen, falls nicht innerhalb 2 Wochen nach Ablauf der vereinbarten Lieferfrist Anträge auf Entscheidung beim Schiedsgericht des Vereins Berliner Getreide- und Produktenhändler gestellt werden.

Ebenso: Mehl, Futtermittel, Samen.

Königsberg, § 1: Etwa vorkommende Ausdrücke, wie „Königsberger freundschaftliche Arbitrage“ oder „Königsb. Schiedsgericht“, sind gleichbedeutend mit „Königsberger Schiedsgericht“ beim Verein.

Stettin, § 11: Ist ... freundschaftliche Arbitrage ... vereinbart, so hat jede Partei einen Schiedsrichter zu ernennen. Ernennt eine Partei innerhalb 3 Tagen nach erhaltener Aufforderung nicht, so ernennen die Vorsteher der Kaufmannschaft auf Ersuchen der anderen Partei für die säumige Partei. Ist ein Obmann nötig und können sich die beiden Schiedsrichter nicht einigen über die Person des Obmanns, so haben sie die Vorsteher der Kaufmannschaft um Ernennung desselben zu ersuchen.

III. Quantitätsklauseln

a) Waggonladung, Schleppladung

Ist die Menge im Kontrakte nicht nach einem festen Gewicht, sondern nach Waggons angegeben, so ist im allgemeinen die Lieferungsmenge von den dem Verkäufer seitens der Eisenbahnverwaltung zur Verfügung gestellten Waggons abhängig. Nur wenn eine größere Anzahl Waggons geliefert werden soll, muß ein Normalgewichtssatz für den Waggon der in Frage kommenden Ware berücksichtigt werden. Denn bei einem Abschluß über mehrere Waggons rechnen beide Parteien mit einem Gesamtgewicht der Lieferung, das sich aus der Zahl der Waggons und dem Durchschnittsgewicht eines Waggons ergibt. Es ist daher nicht angängig, daß der Verkäufer lediglich die vereinbarte Zahl Waggons entweder nur mit dem Maximalgewicht oder nur mit dem Minimalgewicht liefert; er muß vielmehr in solchen Fällen eine entsprechende Zahl Waggons weniger oder mehr liefern. Sind z. B. 10 Waggons mit einem Normalgewicht von 10 t zu liefern, so hat der Verkäufer bereits mit 7 Waggons à 15 t erfüllt oder erst mit 12 Waggons à 8½ t. Den sich in solchen Fällen ergebenden Differenzen vorzubeugen, ist auch die Absicht der meisten Usanzen, wenn sie Festlegungen für das Gewicht eines Waggons treffen.

Gutachten in ähnlichem Sinne sind erstattet von der Handelskammer Berlin (17197/1914) und der Handelskammer Breslau (Mai 1898, April 1906). In den Usanzen bedeutet eine Waggonladung:

Innsbruck: 100 q brutto (1 Zisterne = 100 q netto).

Österreichische Exporteure: 10000 kg.

Wiener Börse: 10000 kg brutto (Zisterne = 10000 kg netto), 1 Großwaggon = 15000 kg brutto.

Budapest: 15000 kg.
Graz: 100 q à 100 kg.
Linz: 100 q à 100 kg.
Wien, l. P.: 15000 kg, sofern nicht Sonderfestlegungen für einzelne Waren getroffen sind.

Gurken: 10000 kg, doch darf die Ladefähigkeit eines Waggons höchstens bis 80% ausgenutzt werden.

Paradeiser: 10000 kg, Höchstausnutzung der Ladefähigkeit 50%.

Karfiol: Karfiol wird in Großwaggons mit Ausnutzung höchstens der halben Ladefähigkeit verladen.

Spinat: Höchstausnutzung der Ladefähigkeit eines Waggons 50%.

Sellerie: 10000 kg, doch darf die Ladefähigkeit nicht voll ausgenutzt werden.

Rote, gelbe Rüben, Karotten: Ebenso.

Weintrauben: 10000 kg, doch dürfen in einem Waggon höchstens 7000 kg verladen werden.

Beerenobst: 5000 kg, bei in Fässern verpackten Beeren 10000 kg. Die Ladefähigkeit darf nicht voll ausgenutzt werden.

Äpfel und Birnen: 10000 kg, doch dürfen bei Rinfusaverladungen nicht mehr als 5000 kg, bei Verladungen in Fässern nicht mehr als 3000 kg in einem Waggon verladen werden.

Kirschen und Weichseln: 5000 kg.

Frische Pflaumen und Zwetschken: 10000 kg, doch dürfen in einem Waggon nicht mehr als 5000 kg verladen werden.

Pflaumenmus: 100 q brutto.

Torfstreu: 100 q.

Wein: 10000 kg brutto, was etwa 80 bis 90 hl gleichkommt.

Kartoffelstärke: 100 q brutto.

Prag, Heu und Stroh, § 14: Unter dem Ausdruck Waggon werden 100 q, bei ungepreßtem Heu jedoch nur 50 q verstanden. Bei Schlüssen von Heu und Langstroh auf mehrere Waggons darf um 40 q mehr oder weniger geliefert werden, als nach dem in Absatz 1 ausgedrückten Grundsatz der Anzahl der verkauften Waggons entspricht. Wurde jedoch nur 1 Waggon verkauft, so ist bei gepreßtem Heu oder gepreßtem, mit Dreschflegeln gedroschenem Langstroh mindestens 75 q und höchstens 120 q, bei ungepreßtem Heu mindestens 45 q und höchstens 60 q, bei gepreßtem, mit der Maschine gedroschenem Langstroh mindestens 60 q, höchstens 110 q, bei ungepreßtem, mit Dreschflegeln gedroschenem Langstroh mindestens 50 und höchstens 70 q, bei ungepreßtem, mit der Maschine gedroschenem Langstroh mindestens 45 q und höchstens 70 q zu liefern. Bei Verkäufen von Futter- und Streustroh sind, falls das verkaufte Quantum nur einen Waggon beträgt, von gepreßtem Stroh mindestens 60 q und höchstens 110 q, von ungepreßtem Stroh mindestens 35 q und höchstens 60 q zu liefern. Bei größeren Abschlüssen darf nur um 30 q mehr oder weniger geliefert werden. Das mehr oder weniger gelieferte Quantum ist zum Tageskurs zu berechnen.

Linz, Heu und Stroh, § 216: Waggonladung — 100 q, bei ausdrücklich vereinbarter Verladung in losem Zustande dagegen ein Quantum von 50 q. Wenn bei einem Geschäftsabschluß nach „Waggonladung“ in gepreßtem Zustand nur 1 bis 2 Waggons verkauft oder Raumwaggons bedungen wurden, so ist darunter die Lieferung von mindestens 80 und von höchstens 100 q zu verstehen.

Graz, Heu und Stroh, § 117: Bei Heu-, Bund- und Ritterstroh wird der Waggon für 100 q verstanden, doch ist die Lieferung von mindestens 90 und höchstens 110 q zulässig.

Wien, l. P., Heu und Stroh, § 295: Unter Waggonladung (gepreßt) ist eine Menge von 100 q, bei Verkäufen in losem Zustand dagegen die Mindestmenge von 45 q zu verstehen.

— § 296, s. Linz, Satz 2. Statt 80 q — 75 q.

Rauhfutterhändler, Heu und Stroh, § 25: Die Mindestbelastung eines Waggons ist bei drahtgepreßtem Heu und Stroh in Würfelballen 9000 kg, in platten Ballen 6000 kg, bei Bindfadenpressung 4000 kg, bei gebündeltem Stroh 3500 kg, bei losem Stroh 2500 kg, bei Heu, lose und gebündelt, 4000 kg, bei Häcksel 9000 kg.

Die Belademöglichkeit ist in allen Fällen voll auszunutzen. Mehrbeladung ist zulässig. Beträgt die Unterbeladung weniger als 15% obiger Normalgewichte, so darf die Luftfracht, nicht aber Gewinnentgang berechnet werden.

Gemüse, § 16: Die Lademenge jedes Waggons Frühgemüse ist zu vereinbaren. Wenn im Herbst oder Winter keine Gewichtsmenge bestimmt ist, so ist unter Waggonladung die volle Ausnutzung des Waggons zu verstehen.

Kartoffeln: Spätkartoffeln 15000 kg, Frühkartoffeln entsprechend der Jahreszeit 5000 bis 10000 kg, reife Frühkartoffeln 15000 kg. Mehr- oder Minderbeladung bis zu 5% ist zulässig. Bei darüber hinausgehender Minderausnutzung des Ladegewichtes hat der Verkäufer den tarifmäßigen Frachtunterschied zu zahlen.

Allensteiner Kartoffeln: 15000 kg = 15 t.

Berliner Vereinbarung: Speisekartoffeln 300 Zentner, Frühkartoffeln der Jahreszeit entsprechend 100 bis 200 Zentner. Pflanz-, Fabrik-, Futter-, Feldkartoffeln 300 Zentner.

Kartoffelstärke Berlin: 150 Sack à 100 kg.

Reichsverband der Fruchthändler: 10000 kg bei Äpfeln, Knollengewächsen und Kohlgewächsen. 5000 kg bei Pflaumen und Beeren.

Berliner Holz: 15000 bis 17500 kg, bei Rundholz 20000 bis 35000 kg.

Breslauer Holz: 10000 bis 17500 kg, bei Rundholz 20000 bis 35000 kg.

Hamburger Holz: 10000 bis 15000 kg.

Innsbrucker Holz: 10000 bis 15000 kg.

Kärntnerisches Holz: 10000 kg.

Königsberger Holz, s. Berlin: Wird von der Eisenbahn ein Waggon unter 15000 kg gestellt, so ist vor der Beladung eine Verständigung mit dem Käufer nötig.

Mitteldeutsches Holz: 10000 bis 17500 kg, bei Nadellangholz 20000 kg. Die Fehlfracht bei verschuldeter ungenügender Ausnutzung des Ladegewichtes trägt der Verkäufer. Im übrigen haben sich Käufer und Verkäufer den Bestimmungen der Bahn anzupassen.

Oppelner Holz, s. Berlin.

Prager Holz: Bei Abschlüssen bis 5 Waggons: 10000 bis 12500 kg, Langholz 20000 bis 30000 kg.

Bei Abschlüssen von mehr als 5 Waggons: 10000 kg, bei Langholz 20000 kg.

Wiener Holz: 10000 bis 10500 kg, Langholz 20000 bis 21000 kg. Bei Einzelwaggons bis 12000 kg, bei Langholz bis 24000 kg. Bei Ex- und Importwaren 15000 kg.

Berliner Brennholz: 10000 bis 20000 kg.

Bayerisches Brennholz: 15000 kg; wenn Schwartlinge, Spreißel oder Bündel so trocken sind, daß sie die Ausnutzung der Ladefähigkeit eines Waggons nicht gestatten, so ist zwischen beiden Teilen zu vereinbaren, wer den Frachtunterschied zu tragen hat. Im anderen Falle trägt ihn immer der Verkäufer.

Deutscher Schrotthandel: Unter Aufrechterhaltung der Lieferantenhaftung für die Anwendung des billigsten Frachtsatzes wird dem Lieferanten, wenn 1 oder 2 Ladungen Gegenstand des Kaufvertrages sind, freigestellt, die 1 Ladung mit 15 t und die 2 Ladungen mit 30 t zu liefern. Bei einer Vielzahl von Ladungen als Quantitätsbezeichnung ergibt sich das Gesamtgewicht mit je 10 t für die Ladung.

Adler: 15 t; bei Ladungen unter 15 t geht die Fehlfracht zu Lasten des Verkäufers.

Wiener Papier: 100 q brutto.

Wiener Zucker: 10000 kg; bei Sackzucker à 100 kg oder $101^1/_2$-kg-Packung 100 Sack, bei Sackzucker à 84-kg-Packung 120 Sack; bei Kistenware 180 bis 184 Kisten à 50 kg.

Prager Zucker: 100 q. Bei Sackzucker s. Wiener Zucker.

Bezeichnungen, wie Faß, Eimer, Gebinde, finden sich vereinzelt in den Usanzen. Es erübrigt sich, auf diese Bezeichnung näher einzugehen.

In den Usanzen der Wiener landwirtschaftlichen Produktenbörse findet sich dann noch die Klausel „Schleppladung" („aus einem Schlepp") mit folgender Auslegung:

§ 38: Wurde Schleppladung oder „aus einem Schlepp" verkauft, so ist eine Zuladung bei sonstiger Schadenersatzpflicht unzulässig und die Ware, soweit die Schiffahrtsverhältnisse es gestatten, in einem Fahrzeug zu verladen.

b) Zirka. Ungefähr. Rund. Etwa

Wie bei der Festlegung der Menge der zu liefernden Ware nach Waggonladungen dem Verkäufer im allgemeinen das Recht gegeben war, die Liefermenge nach den ihm von der Bahnverwaltung zur Verfügung gestellten Waggons zu bestimmen, so nimmt die Mengenangabe „zirka" usw. ebenfalls auf die hier entstehenden Differenzen zur günstigsten Ausnutzung des Frachtraumes Rücksicht, aber es ist dem Verkäufer nur ein engerer Spielraum in der Wahl der Liefermenge gegeben. Denn er hat zum mindesten zunächst, falls er zur Verladung der Ware einen ganzen Waggon benötigt, einen solchen von dem Fassungsgehalt der vereinbarten Liefermenge anzufordern (das gilt selbstverständlich auch für Kahnverladungen) und dann den ihm zur Verfügung gestellten Waggon optimal auszunutzen.

So ist der Zweck der Klausel einmal darin gelegen, dem Verkäufer die günstigste Ausnutzung des ihm zur Verfügung stehenden Transportmittels zu ermöglichen, sie soll ihm aber auch ferner die Möglichkeit geben, im Falle besonderer Herstellung oder Neubeschaffung des bestellten Produktes bei etwa sich ergebenden Mehr- oder Mindermengen außergewöhnliche Kosten für eine weitere Herstellung oder Beschaffung zu vermeiden oder Kosten infolge dadurch sich ergebender Abfälle zu verhindern. Daher schwanken denn auch von Ware zu Ware die Grenzen, innerhalb deren dem Verkäufer Abweichungen von der kontraktlichen Menge zugestanden werden. Im einzelnen sei auf die untenstehenden Usanzen verwiesen.

Wenn so die Klausel als ein Zugeständnis des Käufers an den Verkäufer zu betrachten ist, dann darf auf keinen Fall der Verkäufer dieses Entgegenkommen zuungunsten des Käufers mißbrauchen. Das liegt aber im Falle einer Preisschwankung sehr nahe. Denn ist seit dem Abschluß zu festem Preise der Marktpreis der Ware gesunken, dann wäre dem Verkäufer natürlich eine günstige Gelegenheit gegeben, durch eine Mehrlieferung im Rahmen der durch die Zirka-Klausel gesteckten Grenzen seine Ware zu dem günstigen Preise zum Schaden des Käufers abzusetzen; und anderseits könnte der Verkäufer bei einem Steigen der Preise durch Minderlieferung sich seiner Verpflichtung zur Lieferung des vollen Quantums zum Kontraktpreise entziehen. Leider ist in einem großen Teile der Usanzen dieses Gefahrenmoment nicht berücksichtigt.

In den übrigen Usanzen ist diese Frage zumeist derart geregelt, daß innerhalb der durch die Zirka-Klausel gewährten Grenzen eine kleine Abweichung (z. B. 2%) von der Gesamtmenge zum Kontraktpreise, die darüber hinausgehende Abweichung zum Tagespreis verrechnet wird, wobei als Tagespreis zumeist der Preis am Tage der Verladung angenommen wird. Im Interesse des Käufers liegt natürlich eine Verrechnung zum Tagespreis am Tage des Eintreffens der Verladeanzeige, den einige Usanzen auch festlegen. Zur Vermeidung der Hintergehung des Käufers — und das war ja der Zweck der Einführung dieser Vertragsbestimmung — genügt aber die Verrechnung zum Tagespreis am Tage der Verladung.

Daß diese Verrechnung sowohl bei Mehr- als auch bei Minderlieferungen stattfinden muß, bedarf wohl keiner näheren Erörterung mehr. Es ist daher nicht verständlich, wenn eine große Zahl Usanzen die Verrechnung nur für das mehr gelieferte Quantum vornehmen wollen. Es dürfte in diesen Usanzen eine weitergehende Auslegung am Platze sein.

Kommt der Vertrag nicht durch Lieferung zur Erfüllung, so müssen sämtliche Rückregulierungen unter Zugrundelegung der vollen, kontraktlichen Menge vorgenommen werden. Käufer und Verkäufer können sich nicht darauf berufen, daß sie eventuell mehr oder weniger geliefert bzw. erhalten hätten. Der Vertrag ist für die feste Liefermenge abgeschlossen und nur aus den erwähnten technischen Erwägungen heraus ist die Abweichungsmöglichkeit gegeben. Allein scheint nur mit einer gegenteiligen Auffassung ein Gutachten der Berliner Handelskammer (39 990/1917) zu stehen. Es heißt dort: Der Verkäufer kann nur verlangen, daß ihm die Zirka-Abweichung bei einer Minderlieferung auf den nicht gelieferten Rest, nicht aber auf die tatsächlich gelieferte Menge berechnet wird. Wie gesagt, stehen diesem Gutachten keine weiteren zur Seite, es erübrigt sich daher, darauf weiter einzugehen. Entstehen aber durch die Mehr- oder Minderlieferung Frachtnachteile, wirkt sich also die Zirka-Klausel gerade im Gegensatz zu der mit ihr geplanten Wirkung aus, dann sind die so entstehenden Frachtnachteile (tote Fracht) von dem Verkäufer zu tragen.

Schließlich befassen sich die Usanzen noch mit dem Fall, daß der Vertrag in Teilmengen zur Erfüllung gelangt. Dem Sinne der Zirka-Klausel entspräche es, wenn für die einzelne Teillieferung die Zirka-Klausel im besprochenen Sinne zur Anwendung käme, für die Gesamtlieferung aber die genaue Einhaltung des Lieferquantums eventuell mit Abweichungsmöglichkeit in der letzten Teilmenge im Rahmen der für ihre Menge (und nur für ihre Menge) zulässigen Mehr- oder Minderlieferung vorgeschrieben würde.

In diesem Sinne dürfte auch die Mehrzahl der Usanzen ausgelegt werden können und in diesem Sinne spricht sich auch ein Gutachten der Ältesten der Berliner Kaufmannschaft aus (Juli 1898).

Es bedeutet in den Usanzen die Zirka-Klausel das Recht des Verkäufers zu folgenden Mehr- oder Minderlieferungen:

Hamburg: ± 5%, falls nicht ein anderer Prozentsatz für den betreffenden Artikel handelsgebräuchlich ist.

Falls Rückregulierungen vorzunehmen sind, haben diese für die genauen Nennmengen zu erfolgen.

Innsbruck: ± 5%, wobei dieses Mehr oder Weniger nach den Tagespreisen zur Zeit der Lieferung am Erfüllungsort zu verrechnen ist. Der Beisatz zirka berechtigt jedoch den Verkäufer nicht, durch Vermehrung oder Kürzung der verladenen Menge mehr oder weniger zu liefern.

Die auf die weniger gelieferte Menge etwa entfallende tote Fracht geht zu Lasten des Verkäufers.

Köln: ± 5%; Absatz 2 s. Hamburg.

Wien: ± 5%; die mehr gelieferte Menge ist zum Schlußpreis zu verrechnen. Absatz 2 und 3 s. Innsbruck.

Bern: ± 5%; bei Heu und Stroh 20%.

Breslau: ± 5%; bei Mehrlieferung sind 2% zum Vertragspreis und die weiteren 3% zum Tagespreis am Tage der Verladung abzurechnen.

Bei Minderlieferungen über 2% ist die Differenz zwischen Vertragspreis und Tagespreis für die 2% übersteigende Minderlieferung zu vergüten. Als Tagespreis gilt die höchste Breslauer Notierung ohne Rücksicht auf die Parität.

Budapest: ± 5%; der Käufer kann vom Verkäufer die Verrechnung des Mehr oder Weniger auf Grundlage des Tagespreises des Erfüllungstages fordern.

Liefert der Verkäufer auf Grund des vorliegenden Paragraphen weniger als die bedungene Menge, so hat er den daraus entstehenden Bahn- oder Schiffsfrachtverlust dem Käufer zu ersetzen.

Chemnitz: ± 5%, davon 2% zum Vertragspreis, der Rest zu dem Preise, den die Ware am Tage des Eingangs der Verladeanzeige beim Verkäufer hatte. Das Recht der Mehr- oder Minderlieferung darf nur bei den einzelnen Lieferungen ausgeübt werden. Die tote Fracht für das weniger gelieferte Quantum mit Ausnahme der 2% bei Zirka-Verkäufen hat der Verkäufer zu tragen.

Cottbus: ± 5%, davon 2% zum Vertragspreis, Rest zum Tagespreis am Tage der Verladung. Bei Nichtlieferung wird das volle vereinbarte Quantum der Berechnung zugrunde gelegt. Bei Minderlieferung über 2% geht der Frachtverlust zu Lasten des Verkäufers.

Danzig: ± 5%, davon 3% zum Vertragspreis, Rest zum Tagespreis. Als Tagespreis gilt der Preis am Tage der Lieferung. Bei abschnittweiser Lie.erung (Tei lieferung) dürfen die vorstehenden Bestimmungen nur für die Teillieferung zur Anwendung kommen. Auf der Rechnung oder Anzeige der Teillieferung, die bei der Lieferung zu erfolgen hat, muß die Anwendung der Mehr- oder Minderlieferungsklausel in klarer Weise zum Ausdruck gebracht werden. Geschieht dies nicht, so kommt sie für die gelieferte Menge in Wegfall. Alsdann kann nur noch bezüglich der noch nicht erfüllten Teillieferungen davon Gebrauch gemacht werden. Die Zirka-Klausel gilt als nicht vereinbart, soweit der Vertrag nicht durch Lieferung erfüllt ist.

Flensburg: ± 5%; eine Mehrlieferung wird zum Tagespreis verrechnet.

Flensburger Getreide, § 25: Wenn die verkaufte Menge mit zirka oder ungefähr bezeichnet ist, so werden bei ganzen Schiffsladungen 10%, bei Teilladungen 5% Spielraum nach unten oder oben gestattet, jedoch mit der Maßgabe, daß bei einer Mehr- oder Minderlieferung 2% zum Vertragspreis, der Rest zum Tagespreis zu verrechnen sind. Im Wagenladungsverkehr sind 2% Spielraum zulässig.

Graz: ± 5%, Absatz 1, s. Innsbruck, Absatz 1; Absatz 2: Hiedurch vorkommende Frachtnachteile treffen den Lieferer.

Hamburger Getreidehändler: ± 5%. Im Schlußschein 1 bis 16 ohne 5 und 6: wovon 2% zum Vertragspreis, Rest zum Tagespreis verrechnet wird.

Halle: ± 2%; das Mehr ist zum Vertragspreis zu verrechnen. Diese Bestimmungen kommen nur dann zur Anwendung, wenn der Vertrag durch Lieferung erfüllt wird.

Kiel: ± 2%.

Linz, s. Innsbruck ohne Absatz 2.

Magdeburg: ± 2%; diese Bestimmung kommt nur dann zur Anwendung, wenn der Vertrag durch Lieferung erfüllt ist.

Mittel- und Süddeutsche: ± 5%, davon sind 2% zum Vertragspreis, das übrige zum Tagespreis (Tag des Abganges an der Verladestation), gegenseitig zu verrechnen.

Bei abschnittweiser Lieferung (Teillieferung) darf die Zirka-Klausel nur für die Teillieferungen zur Anwendung kommen. Auf der Rechnung oder Anzeige über die Teillieferung, die bei der Lieferung zu erfolgen hat, muß die Anwendung der Zirka-Klausel in klarer Weise zum Ausdruck gebracht werden. Geschieht dies nicht, so kommt für die gelieferte Menge die Zirka-Klausel in Wegfall. Von der Zirka-Klausel kann dann nur noch bezüglich der noch nicht erfüllten Teillieferungen Gebrauch gemacht werden. Bei Ausnutzung der Zirka-Klausel mit mehr als 2% hat die etwaige Leerfracht der Verkäufer zu tragen. Die Verpflichtung des

Absatzes 2, Satz 2, trifft bei Teillieferungen den Verkäufer auch bezüglich der letzten Lieferung.

Die Zirka-Klausel gilt als nicht vereinbart, soweit der Vertrag nicht durch Lieferung erfüllt wird.

Wien, l. P.: ± 5%, wobei dieses Mehr oder Weniger nach dem Tagespreis zur Zeit der Lieferung am Erfüllungsort zu verrechnen ist.

Der Beisatz zirka berechtigt aber den Verkäufer nicht, durch Vermehrung oder Kürzung der verladenen Menge mehr oder weniger zu liefern.

Die auf die weniger gelieferte Menge etwa entfallende tote Fracht geht zu Lasten des Verkäufers.

Prag: Wenn in einem Schlusse die Menge der zu liefernden Ware mit dem Beisatz zirka, ungefähr, beiläufig u. a. bezeichnet ist, so steht es dem Verkäufer frei, zu dem vereinbarten Preise bis höchstens 2% der verkauften Menge mehr oder weniger zu liefern. Er ist berechtigt, äußerst 5% mehr oder weniger zu liefern, jedoch ist das, was 2% der Mehr- oder Minderlieferung übersteigt, zum Tagespreis zu verrechnen. Wurde eine bestimmte Anzahl Waggons verkauft, so ist jeder Waggon separat zu beurteilen.

Die auf die weniger gelieferte Menge etwa entfallende tote Fracht geht zu Lasten des Verkäufers.

Stettin: Der Verkäufer hat das Recht, gleichgültig ob zirka gehandelt ist oder nicht a) bei Platzgeschäften und Bahnverladungen 5%, b) bei ganzen Ladungen fluß- und seewärts

1. bei Teilladungen 5%,
2. bei ganzen Ladungen 10% mehr oder weniger zu liefern. Hievon sind 2% zum Vertragspreis, der Rest ist zum Tagespreis zu verrechnen. Für die Berechnung des Tagespreises ist das Datum der Frachturkunde maßgebend. Wird der Vertrag in mehreren Abschnitten erfüllt, so steht dem Verkäufer das Recht der Mehr- oder Minderlieferung von 5% nur für die letzte Teilmenge zu. Beträgt bei Bahnware die Minderlieferung mehr als 2%, so trägt der Verkäufer den dadurch entstehenden Frachtverlust.

Zürich: ± 5%.

Allensteiner Kartoffeln: ± 10%. Hiebei muß eine Mehrlieferung bis zu diesem Satze zum Vertragspreise übernommen werden, während eine Minderlieferung bis zu dieser Grenze den Käufer zu keinerlei Ansprüchen berechtigt. Mehr- oder Minderlieferungen, welche 10% übersteigen bzw. unterschreiten, sind zum Marktpreis am Tage der Verladung zu verrechnen. Wird das Ladegewicht eines Waggons nicht voll ausgenutzt, so ist der Verkäufer zur Vergütung der entstandenen Fehlfracht verpflichtet, wenn das nicht ausgenutzte Gewicht 10% des Ladegewichtes überschreitet.

Berliner Kartoffelstärke: ± 5%. Verkäufer trägt einen dadurch entstehenden Frachtnachteil.

Rauhfutterhändler: ± 5%. Verrechnung zum Vertragspreis; bei Nichterfüllung ist stets die volle Abschlußmenge zugrunde zu legen.

Rauhfutterhändler für Rüben und Wurzelfrüchte: ± 10%, s. dazu Rauhfutterhändler oben.

Hamburger Samen: ± 5%, Verkäufer muß aber dem Käufer auf Verlangen das Quantum aufgeben.

Stettiner Samen: ± 5%; wird diese Gewichtsgrenze überschritten, so ist der Käufer berechtigt, die über 5% hinausgehende Menge zum Abschlußpreis zu übernehmen, Verkäufer verpflichtet, die nicht übernommene

Mehrmenge zurückzunehmen und für die zu wenig gelieferte Ware den Unterschied zwischen dem Kaufpreis und dem am Tage der Andienung geltenden Marktpreis zu vergüten.

Berliner Holz: ± 10% zu vereinbarten Einheitspreisen; ist für die Abmessungen und das Verhältnis der Sorten zueinander der Ausdruck zirka festgesetzt, so gibt dieser dem Verkäufer das Recht zu einer Abweichung von 5% in den angegebenen Ziffern.

Breslauer Holz: ± 10% zu vereinbarten Einheitspreisen. Wenn bei einem Verkauf eine Durchschnittsbreite mit zirka angegeben ist, so darf dieselbe mit 5% nach oben oder unten abweichen. Wenn dagegen die Durchschnittslänge mit zirka angegeben ist, darf die zulässige Abweichung nur 2½% betragen.

Deutsche Holzeinfuhrhäuser: ± 10%, s. Berlin.

Innsbrucker Hölzer: ± 10%.

Kärntnerische Hölzer: ± 5%.

Königsberger Hölzer: ± 10%, s. Berlin.

Mitteldeutsche Hölzer: ± 10%, s. Berlin, aber ohne Angabe des Preises.

Oppelner Hölzer: ± 10%.

Prager Hölzer: ± 5%; ist jedoch der Verkäufer ein bäuerlicher Waldbesitzer, so erweitert sich der zulässige Spielraum auf 10%.

Wiener Hölzer: ± 5%; bezieht sich jedoch das Geschäft auf Urprodukte der Forstwirtschaft, so erweitert sich der zulässige Spielraum auf 10%.

Bayerisches Brennholz: ± 10%.

Berliner Brennholz: ± 10%.

Hamburger Kaffee: ± 5%.

Danziger Kaffee: ± 5%.

Bremer Baumwollbörse, § 54: ± 5% bei Abschluß nach Ballenzahl, wenn die Partie um so viel größer oder kleiner ausfällt. ± 2½% bei Abschluß nach Gewicht. Verkäufer hat die Ballenzahl so bald als möglich aufzugeben.

Altmetalle: ± 10% zu dem vereinbarten Preise; bei Blockmetallen darf das Mehr- oder Mindergewicht das Gewicht eines Blockes von handelsüblicher Größe nicht erreichen.

Hamburger Hüttenrohzink: ± ½%.

Hamburger Silber: ± 10%, davon sind 3% zum Kontraktpreise, soweit die Abweichung 3% übersteigt, zum Mittelkurse zwischen dem Brief- und Geldkurse am Tage der Ablieferung verrechnet. Erfolgt die Ablieferung an einem Tage, an dem keine Börsennotierung stattfindet, so hat die Verrechnung der Gewichtsdifferenzen auf Basis der letzten, dem Tage der Ablieferung vorangegangenen Börsennotierung zu geschehen.

Schrott (Zentralstelle): ± 5%, bei Mengen über 100 t darf diese Toleranz jedoch nicht mehr als 5 t maxima betragen.

Schrott (Adler): Ebenso.

Rauhfutterhändler für Heu und Stroh: ± 5%, s. dazu Rauhfutterhändler oben.

Berliner Fleisch: ± 10%; der Beisatz zirka berechtigt aber dem Verkäufer nicht durch Vermehrung oder Kürzung der verladenen Mengen mehr oder weniger zu liefern.

Stettiner Heringe: ± 10%.

Königsberger Heringe: ± 10%.

Hamburger Butter: ± 5%; nur nach Gewicht bezeichnete Mengen sind stets zirka zu verstehen.

Wiener Butter: ± 5%, doch darf die Minderlieferung nicht durch den Verkauf an Dritte verursacht sein.

Hamburger Harz: ± 5%; soweit Rückregulierungen vorzunehmen sind, haben diese für die genauen Nennmengen zu erfolgen. Ein Abzug von 5% ist nicht zulässig.

Hamburger Drogen: Ebenso.

Hamburger Gummi: ± 2½%; für sonstige Verrechnung ist das volle Gewicht zugrunde zu legen.

Hamburger Kork: ± 5%.

Englische Kohlen: Bei einmaliger Lieferung ± 5%, bei sukzessiver Lieferung nur bei der letzten Teillieferung ± 5%.

Spediteure s. unten.

Flensburger Spediteure: Wird bei Befrachtung eines Schiffes mit Mauersteinen das ungefähre Gewicht der Steine neben der Zahl der Steine dem Vertrage zugrunde gelegt, dann bedeutet „zirka" oder „ungefähr" 5% mehr oder weniger als das bezeichnete Gewicht.

Hamburger Spediteure: Das Wort zirka gestattet ein Mehr oder Weniger von 5% des abgeschlossenen Quantums.

Stettiner Spediteure: Im allgemeinen ± 2%, bei Verfrachtung von Hölzern und Brettern im Binnenschiffahrtsverkehr ± 5%.

Die Angabe des Ladungsgewichtes mit dem Zusatz zirka hat für den Schlepplohn keine Bedeutung. Der Zusatz will lediglich eine ungefähre Angabe der Lademenge mit Rücksicht auf die Zusammenstellung des Schleppzuges durch den Schleppunternehmer bedeuten.

Gutachten

Kohlenhandel.

Handelskammer Breslau (Dezember 1910): ± 10%.

Handelskammer Berlin (Juli 1898): ± 10% bei kleineren Lieferungen. Bei größeren Lieferungen entsprechend weniger.

Handelskammer Königsberg (Juni 1892): ± 5%.

Handelskammer, Oppeln (Januar 1901): ± 5%.

Textilien.

Handelskammer Chemnitz (November 1922): Für Seidentrikots bei Bestellung zu Neulieferungen ± 10%, bei Bestellungen ab Lager genaue Lieferung.

Handelskammer Breslau (August 1921): Für Leinenhosen ± 10%.

Anhang zur Zirka-Klausel: Von ... bis ...

Ist im Vertrage die vereinbarte Liefermenge durch die Worte von ... bis ... angegeben, so ist eine etwa dabei noch verwandte Zirka-Klausel bedeutungslos. Soweit die Usanzen diesen Fall berücksichtigen, herrscht darüber vollkommene Übereinstimmung. Auch über die sonstige Bedeutung der Mengenbestimmung durch die Worte von ... bis ... weichen die einzelnen Usanzen nicht voneinander ab. Der Verkäufer ist berechtigt, innerhalb der angegebenen Grenzen und diese selber eingeschlossen nach seiner Wahl zu liefern; der Käufer ist verpflichtet, das ihm so gelieferte Quantum anzunehmen. Er kann jedoch den Verkäufer im allgemeinen zur Aufgabe der genauen Liefermenge auffordern. Der Verkäufer hat diesem Verlangen unverzüglich nachzukommen.

Eine Ausnahme machen die kärntnerischen, Innsbrucker und Prager Holzusanzen, die das Wahlrecht des Verkäufers dahingehend einschränken, daß er nur dann die Mindestmenge liefern darf, „wenn von der verkauften Partie nicht mehr da ist“.

Bei einer Nichterfüllung des Vertrages durch den Verkäufer wird entweder die Mindestmenge für die Herleitung von Forderungen zugrunde gelegt oder nach anderen Usanzen die durchschnittliche Menge. Richtiger wäre es sicherlich, die Mindestmenge zugrunde zu legen, da nur auf diese der Käufer einen Anspruch hat, die Bestimmung der Liefermenge aber im Belieben des Verkäufers steht. (Anders für die erwähnten Holzusanzen.) In den Usanzen ist die Bezeichnung der Menge durch die Worte von ... bis ... wie folgt berücksichtigt.

Hamburger Getreidehändler: Schlußschein 1 bis 16 (ohne 5 und 6). Bei der Mengenbezeichnung von .. bis .. ist die Angabe zirka oder etwa ohne Bedeutung.

Breslau: Von .. bis .. bedeutet Verkäufers Wahlrecht, bei Nichterfüllung Berechnung nach der Mindestmenge.

Danzig, § 18: Verkäufers Wahlrecht; bei Nichterfüllung gilt die mittlere Menge als Verrechnungsmenge. Ist bei Teillieferungen die Mindestmenge erreicht, so muß der Verkäufer erklären, ob der Vertrag erfüllt ist.

Königsberg: Verkäufers Wahlrecht; bei Nichterfüllung Berechnung nach der durchschnittlichen Menge.

Süddeutsche Produktenbörsen: Verkäufers Wahlrecht; bei Nichterfüllung Berechnung nach der durchschnittlichen Menge.

Wiener Butter: Von .. bis .. versteht sich in Verkäufers Wahl.

Berliner Holz: Die Ausdrücke zirka, etwa und ähnliche in Verbindung mit der Bezeichnung „von .. bis ..“ bleiben unbeachtlich.

Innsbrucker Holz, s. Kärntnerische Hölzer.

Kärntnerische Hölzer: von .. bis : Verkäufer hat die Verpflichtung, die Mindestmenge zu liefern, sofern von der verkauften Partie nicht mehr da ist. Käufer ist verpflichtet, die Höchstmenge zum Kaufpreis zu übernehmen.

Wiener Holz: von ... bis: Verkäufer kann Mindestmenge liefern, Käufer muß Höchstmenge annehmen. Ist hiebei Käufers oder Verkäufers Wahlrecht bedungen, so ist das Wahlrecht längstens nach Ablieferung der Mindestmenge auszuüben.

Prager Holz: Ebenso.

c) Ausgeliefertes Gewicht (garantiert)

Das Risiko des Transportes trifft nach deutschem wie nach österreichischem Handelsrecht den Käufer. Durch die Klausel „ausgeliefertes Gewicht (garantiert)“ kann der Käufer das Risiko einer Gewichtsverminderung auf den Verkäufer überwälzen. Es ist dann nicht mehr das im Absendehafen, sondern das im Ankunftshafen (im Binnenverkehr: Absendestation, Empfangsstation) ermittelte Gewicht für den Vertrag maßgebend. Die Klausel hat keinen Einfluß auf die Bestimmung des Erfüllungsortes; sie zielt lediglich darauf hin, unter Beibehaltung aller übrigen Vertragsbestandteile das Transportrisiko des Käufers zu vermindern.

Natürlich treffen den Käufer aus dieser Festlegung Verpflichtungen. Zunächst hat der Käufer unverzüglich nach Ankunft der Ware die Gewichtsfeststellung in einwandfreier Weise vornehmen zu lassen und dann hat er dem Verkäufer das Ergebnis seiner Gewichtsfeststellung ebenfalls unverzüglich mitzuteilen. Unterläßt er dies oder ist eine Gewichtsfeststellung der Ware am Ankunftshafen bzw. wegen Verlustes der Ware nicht möglich, so gilt das am Absendehafen festgestellte Abladegewicht.

Die Klausel ist lediglich in den folgenden Usanzen zu finden:

Köln, § 6: Falls bei Abladungsgeschäften nach ausgeliefertem Gewicht infolge von Verlust der Ware das Landungsgewicht nicht zu ermitteln ist oder die Waren infolge von Beschädigung einen Gewichtszuwachs erfahren hat, so erfolgt die Berechnung auf Grund des Abladegewichtes abzüglich des erfahrungsmäßigen durch Sachverständige festzustellenden Gewichtsabganges während der Reise.

Danzig, § 44, s. bahnamtliches Gewicht.

Hamburger Drogen, § 6: Ebenso.

Hamburger Gummi, § 10: Ebenso.

Hamburger Kolonialwaren, § 6: Ebenso.

Verträge für allgemeine China-Produkte, § 6: Ist die Ware mit der Bedingung „ausgeliefertes Gewicht" oder „Franchise" verkauft, so hat der Käufer dafür zu sorgen, daß das Gewicht innerhalb 8 Tagen nach Entlöschung festgestellt wird, andernfalls das Abladegewicht gilt. Reklamationen über Untergewicht, sofern solches vom Verkäufer zu zahlen ist, müssen mit amtlichen Belegen innerhalb 3 Wochen nach Ankunft des Dampfers im Bestimmungshafen bei dem Verkäufer eingehen, widrigenfalls dieselben keine Berücksichtigung finden können.

d) Bahnamtliches Gewicht

Die Klausel „bahnamtliches Gewicht" findet sich am häufigsten in Verträgen über Güter minderen Wertes, wie Kohle, Kartoffeln, Heu, Stroh usw., die in losem Zustand (alla rinfusa) verladen werden, deren Gewicht daher zumeist von der Eisenbahnverwaltung erst nach der Verladung festgestellt werden kann. Bei Gütern, die in Säcken oder in sonstigen Behältern gefaßt werden, ergibt sich für die Feststellung des bahnamtlichen Gewichtes keine Schwierigkeit. Das „auf der Dezimalwaage ermittelte Gewicht" ist maßgebend[1]).

Die zuerst erwähnte bahnamtliche Feststellung des Gewichtes dürfte wohl im Zweifel auf der Station des Erfüllungsortes zu erfolgen haben, also je nach dem Vertrage am Absende- oder Empfangsorte. Die Usanzen allerdings legen sämtlich den Absendeort als den Ort der bahnamtlichen Abwage fest. Die wesentlichsten Schwierigkeiten, mit

---

[1]) Zander: a. a. O., S. 13.

denen sich auch die Usanzen weitgehend befassen, liegen in der Ermittlung des Nettogewichtes der Lieferung. Die Eisenbahnverwaltung ist nämlich zur Abwage des leeren Waggons nur verpflichtet, wenn die Betriebsverhältnisse es gestatten. Weigert sich daher die Bahnverwaltung, an der Absendestation das Leergewicht des Wagens zu ermitteln und ist lediglich das Bruttogewicht festgestellt, an der Empfangsstation aber ebenfalls eine Abwage des leeren Waggons nicht zu erreichen, so kann nur das am Waggon selber vermerkte Eigengewicht zum Abzug gelangen. Das bringen die Usanzen auch sämtlich zum Ausdruck. Da nun aber das an den Waggons vermerkte Eigengewicht infolge Reparaturen und Witterungseinflüssen vielfach nicht mit dem tatsächlichen Eigengewicht übereinstimmt, kann sich eine derartige Bestimmung bald zuungunsten des Käufers, bald zuungunsten des Verkäufers auswirken. Daher äußert sich die Handelskammer Duisburg-Ruhrort in einem Gutachten für die bahnamtliche Abwage von Kohlen dahin, daß das angeschriebene Gewicht nicht in Ansatz gebracht werden könne (November 1910). In ähnlichem Sinne entschied das oberste Schiedsgericht beim Einheitsverband des deutschen Kartoffelhandels (20. Oktober 1927), daß das in einwandfreier Weise ermittelte Leergewicht des Waggons den eisenbahnamtlichen Vermerk widerlege. In diesem letzteren Sinne scheinen auch die Usanzen das Verhältnis von bahnamtlichem Vermerk am Waggon und besonders ermitteltem Leergewicht zu verstehen. Nur wenn eine eigene Leergewichtsfeststellung nicht möglich ist, kommt das am Waggon vermerkte Eigengewicht zur Berechnung. Dagegen hat nach einem Gutachten der Handelskammer Berlin (42894/1917) eine Leergewichtsfeststellung nur auf besonderen Antrag einer Partei zu erfolgen.

Die Kosten der bahnamtlichen Abwage hat im Produktenhandel im allgemeinen der Verkäufer zu tragen, da in den meisten Fällen nur nach Verladung eine genaue Gewichtsermittlung möglich ist und die Kosten der Gewichtsermittlung als Kosten der Übergabe den Verkäufer treffen (§ 448 deutsches B.G.B., Art. 351, österreichisches H.G.B.); im Kohlenhandel, wo eine Ermittlung des Gewichtes zumeist schon durch einen Wiegemeister der Grube vorgenommen werden kann, die bahnamtliche Abwage also schon über den Rahmen der üblichen Gewichtsfeststellung beim Kaufvertrage hinausgeht, sind diese Kosten im allgemeinen vom Käufer zu tragen.

Die Klausel „bahnamtliche Abwage“ findet sich in folgenden Usanzen:

Danzig, § 44: Ist „bahnamtliches Gewicht“ verkauft, so muß der Wagen nachweislich voll und leer gewogen sein. Ist der Waggon nicht voll und leer gewogen, so ist das in Danzig durch vereidete Wäger festgestellte Gewicht der Abrechnung zugrunde zu legen. In solchen Fällen ist bei Abrechnung das ausgelieferte vom bahnamtlichen Gewicht für Transportverlust bis $^1/_2$ % zu berücksichtigen. Bei schuldhafter Verladung, von z. B.

unzureichenden Vorsatzbrettern, geht das Manko, soweit mehr als $^1/_2$%, zu Verkäufers Lasten. Die Vorsatzbretter sind bis zu 35 kg als Ware mitzuwiegen. Bei „ausgeliefertem Gewicht“ werden Vorsatzbretter mit D. G. 4.— vergütet.

Früchtegroßhändler, § 7: Für die Verrechnung maßgebend ist das durch die Versandstation ermittelte Gewicht (Tara angeschriebenes Waggongewicht). Wird Leergewicht des Wagens vom Käufer verlangt und trotz Beantragung von der Versandstation nicht vorgenommen, so haben beide Teile Recht und Pflicht, das Leergewicht auf der Empfangsstation feststellen zu lassen.

Rauhfutterhändler, Rauhfutter, § 18: Für die Berechnung ist das bahnamtliche, ordnungsgemäß ermittelte Gewicht (Verwiegung leer und beladen, Abzug des Deckengewichtes) maßgebend.

Die bahnamtliche Feststellung des Gewichtes erfolgt an der Abgangsstation; ist dies nicht tunlich, auf der ersten Zwischenstation, auf der sich die Feststellung ermöglichen läßt, äußerstenfalls auf der Ankunftsstation.

Sollte die Verladestation den Waggon nicht leer wiegen, so ist, falls der Käufer den Waggon nicht sogleich nach Entladung durch die Empfangsstation leer wiegen läßt, das von der Eisenbahn zuerst auf dem Frachtbrief bescheinigte Gewicht maßgebend.

Die Kosten des Verwiegens trägt in allen Fällen der Verkäufer. Die Geltendmachung eines Gewichtsmankos kann dann keine Berücksichtigung finden, wenn eine schuldhafte Verzögerung der Anzeigepflicht vorliegt.

Gemüse, § 15: Ebenso ohne den letzten Satz.

Kartoffeln, § 14: Ebenso, statt des letzten Satzes: Ansprüche auf Erstattung von Gewichtsdifferenzen sind binnen 6 Werktagen nach Entladung unter Beibringung einer amtlichen Bescheinigung zu stellen.

Allensteiner Kartoffel, § 7: Das auf der Verladestation bahnamtlich ermittelte Gewicht ist für die Berechnung maßgebend. Als Tara gilt dabei das auf dem Waggon angeschriebene Eigengewicht. Die Kosten der Verwiegung auf der Abgangsstation trägt der Verkäufer.

Wiener Kohle, § 9: Das Gewicht der Kohlenladung jedes Waggons ist am Erfüllungsorte auf Verlangen und Kosten des Käufers bahnamtlich festzustellen. Wenn diese bahnamtliche Abwage nicht möglich ist oder vom Käufer nicht verlangt wurde, so gilt die Abwage der Grube.

e) Werksgewicht

Während bei der Klausel „bahnamtliches Gewicht“ die Gewichtsfeststellung zumeist auf der Absendestation erfolgte, unterwerfen sich bei der Klausel „Werksgewicht“, die in den Usanzen des deutschen Schrotthandels erläutert wird, beide Kontrahenten der Gewichtsfeststellung im Werk bzw. im Lager des empfangenden Teiles. Es heißt in den Usanzen:

Deutsche Schrotthändler, § 10: Für alle Abschlüsse ist Werksgewicht und Werksbefund maßgebend.

Werksgewicht bedeutet, Bindung beider Vertragsteile an die Gewichtsfeststellung durch das empfangende Werk bzw. Lager. Die Gewichtsermittlung muß durch Verwiegen des beladenen und entladenen Waggons vorgenommen werden. Mangels Gewichtsfeststellung durch das empfangende Werk bzw. Lager gilt unter Lieferanten das zwischen dem Werk und dem Lieferanten verrechnete Gewicht.

f) Fakturatara

Ist für die Verrechnung der Tara die Fakturatara maßgebend, dann ist nach den Usanzen darunter die in der Faktura des Abladeplatzes genannte Tara zu verstehen. In diesem Sinne ist sie auch identisch mit der in den Wiener Baumwollusanzen genannten Originaltara. Der Verkäufer hat natürlich die tatsächliche Tara, soweit deren Ermittlung ihm möglich ist, in die Faktura einzusetzen.

Kontrolliert nun der Käufer das Gewicht der Tara am Ankunftsorte, dann muß er mit Rücksicht auf die Veränderung des Gewichtes während der Reise dem Verkäufer im Gewicht der Verpackung einen Spielraum von zumeist 1% des Bruttogewichtes der Ware zuerkennen. Übersteigt die wirkliche Tara die in der Faktura genannte Tara um mehr als beispielsweise 1% des Bruttogewichtes der Ware, so hat der Verkäufer diese Differenz dem Käufer zu vergüten.

In einem Beispiel: Die gesamte Ware wiegt brutto 100 kg, die Fakturatara ist 5 kg; der Käufer stellt als wirkliche Tara 7 kg fest. Dann sind 6 kg frei (5+1% von 100 kg); für das restliche 1 kg hat der Verkäufer Vergütung zu leisten. Diese Ansicht von dem Wesen und der Berechnung der Fakturatara ist einheitlich in folgenden Usanzen enthalten:

Köln, § 13: Unter Fakturatara ist, wenn nichts anderes bemerkt ist, die in der Faktura des Abladeortes zu verstehen.

Wenn die reine Tara die Fakturatara oder Prozenttara um mehr als 1% des Bruttogewichtes der betreffenden Ware übersteigt, so ist die Differenz über 1% vom Verkäufer zu vergüten.

Flensburg, § 32: Ebenso.

Hamburger Kolonialwaren, § 13: Ebenso.

Hamburger Harz, § 11: Ebenso.

Hamburger Drogen: § 13, Ebenso.

Bremer Baumwollbörse, § 51: Bei Baumwolle in gewöhnlicher Packung beträgt die Vergütung für Tara 4% des Bruttogewichtes nach Abzug (unter Gegenrechnung) des Gewichtes der eisernen Reifen und der Taue. Die Ermittlung des Gewichtes der eisernen Reifen geschieht durch Zählung der Reifen und durch Wägung von 10 Reifen. Der Käufer hat jedoch das Recht, vor beendeter Gewichtsfeststellung zu beantragen, daß die wirkliche Tara (Gewicht des Rappers) ermittelt werde. Ergibt sich ein Überschuß dabei im Gewicht des Rappers über 4% im Durchschnitt auf die ganze Partie, so ist dieser vom Verkäufer außerdem zu vergüten.

Ermittlung der wirklichen Tara: Von 10% der Originalballen, mindestens von 5 Ballen, deren Emballage dem Durchschnitt entspricht, ist das Emballagegewicht von Käufer und Verkäufer gemeinschaftlich festzustellen.

g) Durchschnittstara (Prozenttara)

Unter Durchschnittstara ist jenes zur Verrechnung kommende Gewicht der Verpackung verstanden, das als durchschnittliches Gewicht der Verpackung der einzelnen Kollis errechnet wird. Die Ermittlung erfolgt derart, daß ein bestimmter Teil der gesamten Sendung, z. B. 10%, ausgesondert, die Verpackung dieser an sich für die Gesamtsendung typischer Kollis gewogen, summiert und durch die Zahl der Kollis dividiert wird. Man ermittelt so das arithmetische Mittel aus einer Anzahl typischer Einzelfälle.

Als Ort für die Ermittlung der Durchschnittstara legen die einzelnen Usanzen jeweils verschiedene Plätze fest. Im allgemeinen wird jedoch die am Orte des Verkäufers ermittelte Durchschnittstara gelten. Für die Ermittlung der Durchschnittstara selbst gelten je nach der zugrunde liegenden Ware verschiedene Bedingungen. Das Bestreben der Usanzen geht dahin, unter Vermeidung unnötiger Aufwendungen ein möglichst zuverlässiges Ergebnis durch Untersuchung eines bestimmten Prozentsatzes der gelieferten Menge zu erzielen.

Der Prozentsatz der zu untersuchenden Einzelteile der Lieferung schwankt je nach der Größe der Lieferung zwischen 2% und 10% der Gesamtlieferung.

Die einzelnen Usanzen äußern sich wie folgt:

Köln, § 14: Unter Durchschnittstara ist die am Orte des Verkäufers ermittelte zu verstehen. Wenn eine mit Durchschnittstara gehandelte Partie ganz oder teilweise weiterveräußert wird, so ist, falls der Käufer es verlangt, bei Empfang von neuem die Durchschnittstara zu ermitteln. Jedoch hat dies auf die früheren Verkäufe keine Rückwirkung. Zwecks Ermittlung der Durchschnittstara kann jede Partei bei Partien bis zu 1000 Kolli die Tarierung von 5%, höchstens aber 20 Kollis, bei Partien zu 1000 Kolli und mehr von 2% der Kolli verlangen, wobei angefangene Hundert voll gerechnet werden.

Hamburger Kolonialwaren, § 14: Ebenso.

Hamburger Harz, § 11: Unter Durchschnittstara ist die hier ermittelte zu verstehen. Zwecks Ermittlung kann jede Partei bei Partien bis zu 20 Kolli die Tarierung von 20%, bei Partien bis zu 100 Kolli die Tarierung von 10% und bei Partien über 100 Kolli die Tarierung von 5% der Kolli verlangen, wobei angefangene 100 für voll gerechnet werden.

Hamburger Drogen, § 11: Ebenso.

Hamburger Kakao, § 14, s. Köln, § 14.

— — § 13: Übersteigt die tatsächliche von beiden Parteien hier ermittelte Durchschnittstara die Prozenttara, welche bei einigen Provenienzen vergütet wird, so hat der Käufer Anspruch auf die erstere.

Die Prozenttara ist nach den Hamburger Usanzen für den Handel mit Harz usw. vom Bruttogewicht der Kollis zu errechnen.

IV. Qualitätsklauseln

Tel quel. Qualité telle quelle. Tale quale. Ware falle, wie sie falle

Diese Klauseln machen den Vertrag zu einem solchen mit freibleibender Qualität: Es kann Ware geliefert werden, ohne Rücksicht auf ihre Qualität, sofern sie nur der Gattung nach der vertragsmäßigen

Bezeichnung entspricht. Über die Frage, wie weit dem Verkäufer das Recht der Lieferung minderer Qualitäten zusteht, herrscht in der Literatur und in der Rechtsprechung keine Einigkeit.

Es stehen sich zwei Ansichten gegenüber: Die Ansicht Voigts, die sich in folgendem zusammenfassen läßt:[1]) Die Klausel tel quel hat nur Beziehung auf einen höheren oder niederen Grad der Güte der zu liefernden Ware, und zwar nur im Hinblick auf Eigenschaften, welche im Vertrage nicht genau fixiert sind. Sie hat einen weiteren Wirkungskreis, wenn nur die Gattung bestimmt ist, einen engeren, wenn neben der Gattung auch die Untersorte und Herkunft genannt sind. Die Klausel deckt aber nicht Beschädigung und inneren Verderb, sondern nur die Qualität. Die Ware muß unbedingt die Bezeichnung „ordentliches Kaufmannsgut" verdienen. Ferner die Ansicht Bodens, der sagt: Die Klausel deckt jede Minderwertigkeit der Ware, bestehe sie nun in schlechter Qualität oder Beschädigung und Verderb, stets aber auch nur dann, wenn die Ursachen dieser Minderwertigkeiten, der Schäden, auf die Produktionsländer zurückzuführen sind, in ihren Eigenschaften liegen, für sie typisch sind.

Das Reichsgericht stellt sich auf den Standpunkt, daß die Ware als ordentliches Kaufmannsgut abgeladen sein muß[2]). Dem schließt sich auch Hellauer[3]) an, wenn er sagt, daß teilweise verdorbene Ware nur geliefert werden könne, wenn sie in dem betreffenden Handelszweig noch normales Handelsgut bildet. Auch Staub tritt dieser Ansicht bei[4]).

Der Ansicht, daß die Klausel tel quel lediglich Mängel der Ware, die in ihrer Qualität begründet sind, decken soll, hingegen Mängel, die in dem Zustand (Verderb, Beschädigung) begründet sind, unberücksichtigt läßt, kann nicht beigestimmt werden. Denn durch die Klausel will der Verkäufer ja gerade alle jene Mängel der Ware von sich abwälzen, die ihm zur Zeit des Abschlusses noch nicht bekannt sind und die sich erst später bei der Ablieferung an ihn, die zeitlich mit der an den Käufer zusammenfallen kann, herausstellen, einerlei auf welche Ursachen diese Mängel zurückzuführen sind. Ob daher Seebeschädigung im Verlaufe des weiteren Transportes oder Schäden des weiteren Landtransportes den Käufer oder den Verkäufer treffen, ist lediglich von der Festlegung des Erfüllungsortes abhängig, sofern nicht durch bestimmte Zusätze, wie exklusive oder inklusive Seebeschädigung, eine anderweitige Festlegung erfolgt. Der Verkäufer hat erfüllt, wenn er die Ware so, wie sie ihm geliefert wird, zur Ablieferung bringt. Alle Schäden, von denen die Ware bis dahin betroffen wird, gehen zu Lasten des Käufers.

---

[1]) Heitz: a. a. O., S. 30.
[2]) Zander, S. 10. 1906.
[3]) System der Welthandelslehre, S. 273/74.
[4]) Staub: Kommentar zum D.H.G.B., § 360.

Die Klausel tel quel deckt aber lediglich solche Mängel, die dem Verkäufer zur Zeit des Vertragsabschlusses nicht bekannt waren, einerlei ob diese Mängel nun aus der inneren Beschaffenheit der Ware (Qualität) oder aus ihrer äußeren Beschaffenheit (Zustand) zu erklären sind, einerlei, ob sie für das Produktionsland typisch sind oder nicht. Dagegen hat der Verkäufer alle ihm beim Abschluß bekannten Mängel der Ware dem Käufer mitzuteilen, darüber hinaus alles, „was er in concreto von der zu liefernden Ware"[1]) und was er über die Lieferung selber weiß. Denn über die Möglichkeit einer Beschädigung der Ware durch den Transport, sofern diese über den gewöhnlichen, dem Käufer bekannten Rahmen hinausgeht, hat der Verkäufer dem Käufer ebenfalls Mitteilung zu machen.

In diesem Sinne äußert sich auch der größte Teil der Usanzen. Anderseits wäre der Sinn der Klausel zu weit gefaßt, wollte man dem Verkäufer allgemein das Recht geben, beliebige Ware zu liefern. Daß verdorbene Ware geliefert werden kann, und zwar nicht nur, wenn sie in dem betreffenden Handelszweig Handelsgut ist, sagen uns z. B. die Usanzen der Budapester Produktenbörse und ein Gutachten der Berliner Handelskammer (siehe unter den Usanzen). Ein weiteres Gutachten der Berliner Handelskammer schließt außer im Falle arglistiger Täuschung jede Mängelrüge bei tel-quel-Käufen aus.

Nach der oben vertretenen Ansicht kommt es lediglich darauf an, in welcher Verfassung die Ware dem Verkäufer abgeliefert wird; wird ihm verdorbene Ware abgeliefert, so ist diese im Verhältnis von Käufer und Verkäufer lieferfähig. Aber das gilt nicht unbeschränkt. Denn es ist bei jeder Warenlieferung Abstufung in einzelne Güteklassen möglich. Wird nun im Kontrakt neben der Klausel tel quel eine bestimmte Güteklasse aufgeführt, so gilt die Klausel tel quel nur innerhalb dieser Klasse, die Lieferung kann bis auf die niederste Stufe dieser Qualitätsklasse heruntergehen. Ware einer anderen Güteklasse aber kann nicht geliefert werden. So ist es möglich, daß die Usanzen für Rohzucker verlangen, daß beim tel-quel-Kauf die Lieferung mustergetreu zu erfolgen habe. Es bedeutet dies dann, daß innerhalb der durch das Muster verkörperten Güteklasse tel-quel-Lieferung statthaft sei.

Ist eine derartige Ergänzung der Klausel nicht vorgenommen, dann gilt die Klausel eben innerhalb der ganzen Gattung, von der dann auch unter den zuerst angeführten Bedingungen verdorbene Ware lieferfähig ist. Der tel-quel-Kauf hat eben einen Zufallscharakter; das mit ihm verbundene Risiko weitestgehend auszuschalten, muß Sache des Käufers sein.

Eine abweichende Ansicht vertritt ein am 14. Dezember 1903 von der Handelskammer Oppeln erstattetes Gutachten über die Lieferung von

[1]) Heitz: a. a. O., S. 14.

tel quel verkauften Heringen; es heißt da, daß nach Handelsbrauch nicht jede Garantie für die Beschaffenheit der Heringe ausgeschlossen sei, daß vielmehr noch gesunde, brauchbare und verkäufliche Ware geliefert werden müsse.

Aus der oben dargestellten Auffassung heraus wird der Zusatz des größten Teiles der Usanzen „ausgenommen den Fall der Hintergehung" überflüssig. Denn es ist selbstverständlich, daß es nicht im Belieben des Verkäufers stehen kann, die Qualität der zu liefernden Ware zuungunsten des Käufers zu beeinflussen. Die Klausel tel quel deckt lediglich die Mängel, die dem Verkäufer beim Abschluß nicht bekannt waren oder die er beim Abschluß dem Käufer mitgeteilt hat. Die Klausel ist in folgenden Usanzen enthalten:

Hamburg, § 9: Bei tel quel verkauften Waren ist der Käufer verpflichtet, jede Ware ohne Rücksicht auf die Qualität zu empfangen, welche der Gattung nach der vertragsmäßigen Bezeichnung entspricht.

Köln, § 21: Bei tel quel verkauften Waren ist der Käufer verpflichtet, jede Ware ohne Rücksicht auf Qualität zu empfangen, welche der Gattung nach der vertragsmäßigen Bezeichnung entspricht.

Budapest, § 43: Nicht gesunde Ware zu übernehmen, ist der Käufer nur dann verpflichtet, wenn ihn der Verkäufer — selbst bei Kauf nach Muster oder auf Besichtigung — ausdrücklich darauf aufmerksam machte, daß die Ware nicht gesund ist, oder wenn die Qualität der Ware mit dem Ausdruck tale quale bezeichnet worden ist.

Wiener Warenbörse, § 13: Die Ausdrücke „besichtigt und gut befunden" und „tel quel" entheben den Verkäufer der Haftung für die Qualität der gekauften Ware, ausgenommen den Fall der Hintergehung.

Wien, l. P., § 16, s. Wiener Warenbörse, § 13, ferner Linz, § 14, unter „besichtigt und gut befunden". Zusatz: Bei Übernahmsverzug des Käufers treffen jedoch diesen alle durch den Verzug begründeten Kosten der weiteren Aufbewahrung sowie der Erhaltung der Ware.

Wiener Holz, § 10, s. Wiener Warenbörse, § 13.

Prager Zucker, § 4: Bei Verkäufen tel quel ist Rohzucker ohne Rücksicht auf seine chemische Zusammensetzung verstanden. Die Lieferung muß mustergetreu erfolgen.

Wiener Zucker, § 4: Ebenso.

Hamburger Harz, § 16, s. Hamburg.

Hamburger Gummi, § 16, s. Hamburg.

Hamburger Drogen, § 16, s. Hamburg.

Hamburger Kolonialwaren, § 16, s. Hamburg.

Hamburger Kaffee, § 28, s. Hamburg, Zusatz: jedoch ist Andienung von Triagen ausgeschlossen.

Züricher Seide, § 14: Der Verkäufer haftet nicht für Ware, die tel quel verkauft wurde.

Gutachten der Berliner Handelskammer für Textilwaren (18305/1920):

Die in dem Schlußschein über 1000 kg Baumwollgarne angeführten Klauseln 1. tel quel ohne Reklamation und 2. gesunde, kaufmannsgute Ware können nicht nebeneinander bestehen. Nach Klausel 1 muß Garn angenommen werden, in welcher Beschaffenheit es auch geliefert wurde; nach Klausel 2 soll das Garn in jeder Beziehung frei von Fehlern sein.

Besichtigt und gut befunden. Besichtigt und akzeptiert. Besehen und akzeptiert. Besicht erklärt

Während beim Abschluß mit der Klausel tel quel die Qualität der zu liefernden Ware keinem der beiden Partner bekannt war, ist bei Anwendung der Klausel „besichtigt und gut befunden" dem Verkäufer die Qualität der Ware bekannt. Der Käufer wird rechtlich so gestellt, als ob er die Ware tatsächlich besichtigt habe, ohne daß aber in Wirklichkeit eine Besichtigung vorausgegangen ist.

Daraus ergeben sich aber verschiedene Folgerungen. Zunächst ist der Verkäufer verpflichtet, dem Käufer alle wesentlichen Mängel der Ware anzuzeigen[1]), wie ihn diese Verpflichtung ja auch beim Kauf nach Muster trifft. Dann aber deckt die Klausel lediglich die bei einer eventuellen Untersuchung erkennbaren Mängel; denn der Käufer wird ja so gestellt, als ob er die Ware besichtigt hätte; Mängel, die er auch bei der Besichtigung nicht hätte entdecken können, sind daher durch diese Klausel nicht gedeckt. Eine Mängelrüge ihretwegen unterliegt den üblichen Bestimmungen für Mängelrüge.

Dieses Verhältnis bringen die Innsbrucker Usanzen dadurch zum Ausdruck, daß sie sagen: „die Ware gilt als der Qualität nach genehmigt". Ein Gegenbeweis steht damit dem Käufer jederzeit offen.

Die Klauseln setzen aber auch ein entsprechendes Vertrauensverhältnis zwischen Käufer und Verkäufer voraus; daher ist es klar, daß eine Hintergehung von seiten des Verkäufers durch die Klauseln ebenso wie bei der tel-quel-Klausel nicht gedeckt sein kann. Anderseits ist der Verkäufer im Falle einer nicht sofortigen Übernahme der Ware durch den Käufer zur Aufbewahrung mit der Sorgfalt eines ordentlichen Kaufmannes verpflichtet.

Ob der Verkäufer verdorbene Ware liefern darf, wird sich aus dem einzelnen Falle ergeben müssen. Denn einmal muß der Käufer ja so gestellt werden, als ob er die Ware besichtigt hätte, müßte also auch verdorbene Ware annehmen. Dann aber, und das ist das Wesentlichste, ist der Verkäufer verpflichtet, dem Käufer über alle wesentlichen Mängel der Ware Mitteilung zu machen. Ist die Ware nicht gesund, dann muß er dies dem Käufer mitteilen und dieser wird sich dann ja entscheiden, ob er die Ware unter der Klausel „besichtigt und gut befunden" genehmigen will. Deshalb scheinen mir auch die Usanzen der Budapester Produktenbörse zu eng gefaßt zu sein, wenn sie festlegen, daß der Verkäufer „gesunde Ware liefern muß". Gesund muß die Ware immer dann sein, wenn der Verkäufer beim Abschluß nichts Gegenteiliges dem Käufer mitgeteilt hat.

Aus all dem geht hervor, daß eine Identifizierung der Klauseln „tel quel" und „besichtigt und gut befunden", wie sie in den Usanzen

[1]) Staub zu § 360 D.H.G.B.

der Wiener Warenbörse und der Börse für landwirtschaftliche Produkte vorgenommen wird, nicht dem Sinne der Klauseln entsprechen kann, weshalb eine gesonderte Auslegung dieser Klauseln auch für diese Usanzen vorzunehmen ist.

In den Nebenbestimmungen decken sich dann im allgemeinen die beiden Klauseln.

In den Usanzen heißt es:

Innsbruck, § 13: Die mit der Klausel „besichtigt und gut befunden" ohne andere Beifügung abgeschlossene Ware gilt als der Qualität nach akzeptiert, ausgenommen den Fall des Betruges.

Erfolgt die Übergabe nicht sofort, so ist der Verkäufer verpflichtet, solange der Käufer mit der Empfangnahme nicht in Verzug ist, die Ware mit der Sorgfalt eines ordentlichen Kaufmannes aufzubewahren.

Wien, § 13, s. tel quel.

Budapest, § 44: Hat der Käufer erklärt, daß er die Ware besichtigt und für gut befunden oder daß er die Ware qualitativ übernommen habe, oder falls der Verkauf ohne Qualitätsgarantie erfolgt ist, so haftet der Verkäufer für die Qualität nur insoweit, als er gesunde Ware liefern muß, ist jedoch gehalten, die Ware bis zu deren tatsächlichen Übernahme mit der Sorgfalt eines ordentlichen Kaufmannes aufzubewahren.

Linz, § 14: Der Ausdruck „besichtigt und gut befunden" enthebt den Lieferer der Haftung für die Qualität der Ware, ausgenommen den Fall der Hintergehung. Hat die Übergabe nicht sofort zu geschehen, so ist der Verkäufer verpflichtet, die Ware mit der Sorgfalt eines ordentlichen Geschäftsmannes aufzubewahren.

Wird von einer Partie Ware unter der Bezeichnung „besichtigt und gut befunden" ein Teilquantum verkauft, so steht dem Verkäufer das Recht zu, nach seiner Wahl irgend ein Teilquantum der besichtigten Gesamtpartie dem Käufer zur Übernahme zuzuweisen.

Graz, § 14: Ebenso.

Stettin, § 17: Sind am Platz befindliche Partien vom Käufer „besichtigt und akzeptiert", so hat er hinsichtlich der Qualität keine Ansprüche, außer bei einer nachträglichen Veränderung der Ware durch den Verkäufer. Das gleiche gilt bezüglich der Quantität.

Prag, § 13, s. Linz, § 14.

Wien, l. P., § 16, s. Linz, § 14.

Prager Heu und Stroh, § 152: Wird Heu und Stroh für besichtigt und gut befunden verkauft, so haftet der Verkäufer nicht nur nach den Normen des § 13, sondern auch für trockene Pressung.

Innsbrucker Holz, § 8, s. Innsbruck, § 13, Abs. 1.

Prager Holz, § 22: Ebenso.

Wiener Holz, § 10: Ebenso.

Stettiner Heringe, § 23: Bei Verkäufen nach erfolgter Besichtigung durch den Käufer oder dessen Beauftragten, bei auswärtigen Käufern durch deren Vertreter, gilt die Ware „als besehen und akzeptiert". Dem Käufer steht in solchen Fällen ein nachträglicher Anspruch nicht zu.

Wiener Gerbstoffe, § 4: Bei allen Abschlüssen in Knoppern hat der Verkäufer, auch wenn die Ware vom Käufer besichtigt und für gut befunden wurde, unter allen Umständen, und zwar sowohl bei lediger Ware (alla rinfusa) als auch bei der Füllung in Säcken, für die Egalität der Ware zu haften.

c) Werksbefund

Im Metallhandel findet sich dann noch die Klausel „Werksbefund", die besagt, daß die auf dem empfangenden Werk oder Lager getroffene Qualitätsbestimmung des gelieferten Materials für den gesamten Abschluß bindend sein soll.

Schrotthandel, deutscher, § 10, s. Werksgewicht.

d) F. a. qu. (Fair average quality). (Gute) Durchschnittsqualität. Handelsgut mittlerer Art und Güte

Das deutsche Handelsrecht bestimmt in § 360 H.G.B., das österreichische in Artikel 335 H.G.B., daß dann, wenn im Vertrage keine Vereinbarung über die Qualität der zu liefernden Ware getroffen sei, ein Handelsgut mittlerer Art und Güte zu leisten sei. Das gleiche bringen im allgemeinen die Klauseln „Durchschnittsqualität" und „f. a. qu." zum Ausdruck.

Sinngemäß handelt es sich in allen Fällen um eine Durchschnittsqualität von Handelsgut, nicht etwa um eine Durchschnittsqualität der Ware schlechthin; rein sprachlich hingegen ist der Begriff „Handelsgut mittlerer Art und Güte" enger zu fassen als der Begriff „Durchschnittsqualität". Will man die Bezeichnung „gute Durchschnittsqualität" von der Bezeichnung „Durchschnittsqualität" unterscheiden, so wird man wohl zunächst die „durchschnittliche Qualität" umgrenzen müssen und eine Lieferung von „guter Durchschnittsqualität" als eine über dem Durchschnitt der Durchschnittsqualität liegende Güteklasse festlegen. Immerhin machen Praxis und Usanzen diesen Unterschied kaum.

Da nun überall da, wo der Ausfall der Produktion nicht allein vom menschlichen Willen abhängig ist, mit den jeweiligen Ergebnissen auch die durchschnittlichen Qualitäten schwanken, bestimmen die Usanzen, um dieser „zeitlich qualitativen Veränderlichkeit des Verkehrsobjektes Rechnung zu tragen"[1]), daß die Durchschnittsqualität jeweils am Orte und zur Zeit der Erzeugung bzw. im Überseeverkehr am Orte und zur Zeit der Verladung ermittelt werde. Vielfach tragen die Klauseln dann auch noch den Zusatz „gute Durchschnittsqualität am Orte und zur Zeit der Verschiffung", „fair average quality of the seasons shipment, at time and place of shipment".

Von den beiden Usanzen, die eine Erläuterung dieser Klauseln vornehmen, ist die Erklärung der Rheinisch-Westfälischen Produktenbörsen besonders zu beachten, da sie mittlere Qualität von Durchschnittsware bei ausländischen Getreiden verlangt, also die Bestimmungen des Handelsrechtes, das lediglich mittleres Handelsgut verlangt, einengt.

[1]) Oberparleiter: Gesammelte Beiträge, S. 35.

Danzig, § 10: Ist über die Beschaffenheit der Ware nichts vereinbart, so ist Ware mittlerer Art und Güte (Durchschnittsqualität) zu liefern.

Hierunter und unter Bezeichnungen wie „Durchschnittsqualität", „Handelsgut mittlerer Art und Güte", „f. a. qu." und ähnlichen Ausdrücken ist zu verstehen:

a) bei Danziger Getreide und anderen Danziger landwirtschaftlichen Erzeugnissen die mittlere Art und Güte des Wachstums in dem in Betracht kommenden Erntejahr;

b) bei anderem Getreide und anderen landwirtschaftlichen Erzeugnissen die mittlere Art und Güte der Abladungen von Durchschnittsware des Abladeortes und der Abladezeit vom Ursprungsland (gute Durchschnittsqualität der deutsch-niederländischen fair average quality der eng ischen Verträge). Die Ware muß im Sinne der erwähnten Verträge gesund sein.

Rheinisch-Westfälische, § 5: Bei den Verkäufen ohne Probe muß Ware von mindestens Durchschnittsqualität geliefert werden.

Unter „Durchschnittsqualität", „Gute Durchschnittsqualität", „Handelsgut mittlerer Art und Güte", „f. a. qu." und ähnlichen Ausdrücken sowie beim Fehlen einer näheren Beze chnung ist zu verstehen:

1. bei inländischen Getreiden: die mittlere Qualität des Wachstumes in dem in Betracht kommenden Erzeugungsgebiet und Erntejahr;

2. bei ausländischen Getreiden: Die mittlere Qualität der Abladungen von Durchschnittsware des Abladeortes zu der betreffenden Zeit.

Wien, l. P., § 31: Wurde Ware einer bestimmten Provenienz ohne Muster oder f. a. qu. verkauft, so ist die vereinbarte Provenienz in der Durchschnittsqualität der Ernte des betreffenden Jahres zur Zeit der Abladung zu liefern, widrigens der Käufer nach Maßgabe der Abweichung von der Durchschn ttsqualität den Minderwert oder die Rücknahme der Ware fordern kann.

e) Average — Even running

Die beiden Ausdrücke finden sich lediglich in den Wiener und Bremer Baumwollusanzen. Ist im Vertrage eine bestimmte Qualität der zu liefernden Ware vereinbart, so könnte sich durch Lieferung von teils besserer und teils minderwertiger Ware im Durchschnitt die vereinbarte Qualität ergeben. Will man dem Verkäufer dieses Recht ausdrücklich zugestehen, dann kann man dies durch die Worte „im Durchschnitt", „average" zum Ausdruck bringen. Hat aber der Käufer aus irgendwelchen Gründen, z. B. der Weiterverarbeitung, ein Interesse an dem Erhalt gleichmäßiger Ware und geht dies nicht ohne weiteres aus der Natur des Abschlusses hervor, so bringt er dies durch die Worte „gleichmäßig", „gleichlaufend", „even running" zum Ausdruck.

In den Usanzen heißt es:

Bremer Baumwollbörse, § 28: Wenn nicht ausdrücklich Durchschnittsqualität bedungen ist, ist stets gleichlaufende Klasse (even running) verstanden. Bei gleichlaufender Klasse sind Abweichungen bis zu je einer Klasse unter oder über der genannten Klasse gestattet. Die Abweichungen werden gegeneinander kompensiert. Bei Stapelgarantie darf minderer Stapel nicht durch bessere Klasse kompensiert werden.

Der Befund nach Klasse und Stapel muß getrennt aus dem Zertifikat ersichtlich sein.

Wiener Baumwolle, § 30: Wenn vom Verkäufer der Abschluß von Nordamerika-Baumwolle nicht ausdrücklich average (Klasse durchschnittlich) bemerkt wurde, so ist stets gleichlaufende Klasse (even running) verstanden.

f) Auf Besicht. Auf Probe

Der mit der Klausel „auf Besicht" oder „auf Probe" geschlossene Vertrag ist unter der in dem Willen des Käufers liegenden Bedingung geschlossen, daß er die Ware besehen oder prüfen und genehmigen werde.

Gesetzlich geregelt ist der Kauf „auf Besicht" und „auf Probe" in den Paragraphen 495 und 496 des D.B.G.B. und in dem Artikel 339 des österreichischen H.G.B. Es liegt hier ein Vertragsverhältnis vor, bei dem nur der Verkäufer gebunden ist, dem Käufer es aber freigestellt ist, ob er die Ware prüfen und genehmigen will. Selbstverständlich treffen auch ihn aus dem Vertrag Verpflichtungen.

Und zwar ist zu unterscheiden, ob die Ware beim Abschluß bereits zum Besicht oder zur Probe übergeben wurde, oder ob eine Übergabe noch nicht stattgefunden hat. Im ersteren Falle hat der Käufer die Verpflichtung, innerhalb der ihm gesetzten Frist zu erklären, ob er die Ware genehmigt. Antwortet er in dieser Frist nicht, so gilt die Ware als genehmigt. Lediglich die Erklärung, daß er die Ware nicht genehmige, läßt den Vertrag als nicht geschlossen erscheinen, und zwar mit Wirkung ex tunc, da die Bedingung eine aufschiebende war.

Ist aber die Ware noch nicht übernommen, daher anderwärts zu besichtigen, so gilt ein Stillschweigen des Käufers innerhalb der vereinbarten Frist als Nichtgenehmigung. Der Vertrag wird lediglich durch die innerhalb der Frist abgegebene Erklärung der Genehmigung der Ware wirksam.

Dieser Auffassung und Festlegung der Klauseln folgt auch die Mehrzahl der Usanzen, soweit sie sich nicht lediglich auf die Bestimmung der Erklärungsfristen beschränken. Nur die Usanzen des Stettiner Produktenhandels vertreten eine abweichende Ansicht. Nach diesen steht es nicht im Belieben des Käufers, ob er prüfen oder genehmigen werde. Hier gilt der Kauf unbedingt abgeschlossen und nur bei einem Abweichen der Qualität der Lieferung von der des Vertrages über 1% hat der Käufer das Recht, die Ware zurückzuweisen. In diesem Falle gilt dann der Vertrag als nicht geschlossen.

Die Platzusanzen Hamburgs nennen den Rücktritt des Käufers Wandelung; hier wird also ebenfalls ein unbedingter Abschluß angenommen, dessen Rückgängigmachung nur Wirkungen ex nunc nach sich ziehen kann.

Eine Sonderstellung nehmen dann noch die Usanzen Hamburgs für den Butterhandel ein, bei denen ein Stillschweigen innerhalb der vereinbarten Frist allgemein als Genehmigung gilt, während bei sämtlichen übrigen Usanzen Stillschweigen als Ablehnung gedeutet wird.

Ist die Ware einmal genehmigt, so ist eine spätere Mängelrüge wegen offensichtlicher Mängel nicht mehr zulässig. Für geheime Mängel gelten die allgemeinen Regeln des Handelsrechtes. Wenn einige Usanzen sagen, daß „spätere Reklamationen nicht mehr zulässig seien“, so kann sich dies lediglich auf die offensichtlichen, nicht aber auf die geheimen Mängel beziehen.

Der Kauf auf Besicht bzw. auf Probe ist in folgenden Usanzen berücksichtigt:

Hamburg, § 7: Bei Käufen „auf Nachstechen“ oder „auf Besicht“ kann der Käufer nur Wandelung verlangen.

Diesbezügliche Erklärungen sind bis zur Börse des der Andienung bzw. dem Abschlusse folgenden Tages abzugeben.

Köln, § 15: Ein Kauf „auf Besicht“ ist unter der Bedingung geschlossen, daß die Ware bei der im Zweifel unverzüglich zu erfolgenden Besichtigung dem Käufer zusagt. Ist dies nicht der Fall, so ist ein Geschäft überhaupt nicht zustande gekommen.

Bern, § 14: Ist bei Käufen auf Besichtigung die Ware vom Käufer besichtigt und anerkannt, so ist eine Reklamation gegen deren Qualität nicht mehr zulässig.

Bessere als die im Kaufe bedungene Ware kann nicht zurückgewiesen werden.

Budapest, § 20: Der Käufer muß „auf Besichtigung“ gekaufte Ware, im Falle sie in Budapest lagert, unverzüglich besichtigen und sich hinsichtlich deren Annahme sofort erklären, widrigenfalls das Geschäft als nicht geschlossen gilt.

Danzig, § 12: Beim Kauf von Ware auf Besicht ist dem Käufer zur Besichtigung rechtzeitig Gelegenheit zu geben. Besichtigungsscheine müssen bis 9 Uhr vormittags im Besitz des Käufers sein. Erhält der Verkäufer bis 13 Uhr des auf den Kauf folgenden Werktages und rechtzeitiger Verständigung des Besichtigungsscheines keine Nachricht, daß die Ware nicht angenommen wird, so gilt das Geschäft als zustande gekommen. Im Falle der Nichtannahme bedarf es der Angabe von Gründen nicht.

Stettin, § 12: Ist auf Besicht verkauft, so braucht der Käufer die Ware nur abzunehmen, wenn sie den vertraglichen Bestimmungen entspricht, oder der festgestellte Minderwert 1% nicht übersteigt. Lehnt der Käufer bei größerem Minderwert die Abnahme ab, so gilt das Geschäft als nicht geschlossen. Für die Besichtigung gelten die in § 18 vorgeschriebenen Fristen.

Zürich, § 14, s. Bern, § 14.

Hamburger Butter, § 6: Auf Besicht gekaufte Ware ist spätestens am Vormittag des der Anzeige der Ankunft bzw. Besichtbereitschaft der Ware folgenden Tages zu besehen. Eine Erklärung ist an diesem Tage bis nachmittags 1½ Uhr zu geben; erfolgt bis dahin keine Erklärung, so gilt die Ware als genehmigt. Eine einmal genehmigte Ware kann wegen später sich etwa herausstellender Mängel nicht zur Verfügung gestellt werden, soweit es sich nicht um verborgene Mängel handelt.

Hamburger Kolonialwaren, § 16, s. Köln, § 15, ohne die Worte: im Zweifel unverzüglichen . . .

Hamburger Harz, § 14: Ein Kauf auf Besicht ist unter der Bedingung geschlossen, daß die Ware bei der Besichtigung dem Käufer zusagt.

— — § 3: Geschäfte, die auf Besicht, auf Nachstechen und laut Probe auf Nachstechen geschlossen sind, gelten als genehmigt, wenn nicht der Käufer „bis zur Börse“ des auf den Geschäftsabschluß folgenden Werktages dem Verkäufer eine gegenteilige Erklärung abgibt.

Hamburger Drogen, §§ 14, 3, s. Harz.

Hamburger Gummi, §§ 14, 3: Ebenso.

Hamburger Kakao, § 16, s. Köln, § 15 und § 16, Abs. 1, Zusatz: Wird der Käufer an der Untersuchung der Ware oder Abgabe der Erklärung durch höhere Gewalt oder durch von ihm zu vertretende Umstände verhindert, so hat er dies dem Verkäufer ungesäumt anzuzeigen und ist dem Käufer alsdann eine angemessene Verlängerungsfrist zu gewähren.

Wiener Baumwolle, § 19: Ein Verkauf auf Besicht ist von seiten des Käufers ein bedingter und tritt erst in Kraft, wenn derselbe die Ware besichtigt und genehmigt hat, wonach hinsichtlich der Qualität keine Reklamation mehr statthaft ist. Die Besichtigung oder Bemusterung von seiten des Käufers bzw. dessen Genehmigung hat, wenn nichts anderes vereinbart wurde, binnen 24 Stunden von dem Tage, an welchem die Ware besichtigt oder bemustert werden kann, zu erfolgen, wobei Sonn- und Feiertage ausgeschlossen sind. Versäumt der Käufer diese Frist, so ist der Verkäufer nicht mehr an seinen Antrag gebunden. Kommt kein Geschäft zustande, so sind gezogene Muster wieder zurückzustellen.

Altmetall, § 2: Ware, die nicht auf Besicht gekauft ist, kann wegen offensichtlicher Mängel später nicht beanstandet werden.

g) Auf Nachstechen. Auf Nachziehen. Laut Probe auf Nachstechen

Während beim Kauf „auf Probe“ oder „auf Besicht“ es im Belieben des Käufers stand, ob er prüfen und genehmigen wollte, liegt beim Kauf „auf Nachstechen“ eine weitergehende Bindung des Käufers vor. Hier ist der Kaufvertrag unter der Bedingung geschlossen, daß vertragsgemäße Ware geliefert werde. Der Käufer ist verpflichtet, innerhalb einer bestimmten Frist die Ware durch Entnahme einer Probe aus der gelieferten Menge (mittels Stechers beim Kaffee, durch Herausziehen aus den Baumwollballen) zu prüfen. Entspricht die Ware der vertragsmäßigen Bestimmung, so wird der Vertrag wirksam, entspricht sie nicht der vertragsmäßigen Bestimmung, so kann der Käufer vom Vertrage zurücktreten, er kann Wandelung verlangen, das heißt aber mit Wirkung ex nunc. Ein Recht auf Empfangnahme der Ware unter Minderung des Kaufpreises steht dem Käufer im allgemeinen nicht zu.

Lagert die Ware nach dem Nachstechen noch beim Verkäufer, so ist eine Umlagerung ohne Genehmigung des Käufers wie beim Kauf auf Besicht nicht zulässig.

In den Usanzen des Königsberger Produktenhandels findet sich die inhaltlich der Vertragsbestimmung „auf Nachstechen“ identische Klausel „bis auf stimmende Nachprobe“.

Die Klauseln sind in folgenden Usanzen berücksichtigt:

Hamburg, § 7, s. auf Besicht.

Köln, § 16: Beim Kauf auf Nachstechen oder laut Probe auf Nachstechen übernimmt der Verkäufer keine Gewähr für die vertragsmäßige Beschaffenheit der Ware. Das Recht, vom Geschäft zurückzutreten, hat der Käufer nur, wenn die Prüfung ergibt, daß die Ware den vertragsmäßigen Bedingungen nicht entspricht. Das Recht auf Empfang unter Minderung des Kaufpreises steht ihm in diesem Falle nicht zu.

Hamburger Kolonialwaren, § 17, s. Köln, § 16.

Hamburger Harz, § 15, s. Köln, § 16.

— —, § 24, s. Hamburger Harz auf Besicht, § 24.

— —, § 3, s. Hamburger Harz auf Besicht, § 3.

Hamburger Drogen, § 15, s. Köln, § 16.

— —, § 24, s. Hamburger Harz auf Besicht, § 24.

— —, § 3, s. Hamburger Harz auf Besicht, § 3.

Hamburger Gummi, § 10, s. Köln, § 16.

— —, § 7, s. Hamburger Harz auf Besicht, § 3, mit dem Zusatz: bis zur Börse des auf die Andienung bzw. den Geschäftsabschluß...

Hamburger Kakao, § 16, s. Köln, § 16.

— —, § 3, s. Hamburger Harz, § 3.

h) Nach Besicht

Der Kauf „nach Besicht“ deckt sich in seinen Wirkungen im allgemeinen mit dem früher erwähnten Kauf mit den Klauseln „besichtigt und gut befunden“ und ähnlichen. Dem Käufer steht hier die gesamte Ware vor dem Abschluß zwecks Besichtigung zur Verfügung; es kann daher wegen offensichtlicher Mängel später eine Mängelrüge nicht mehr geltend gemacht werden. Anderseits ist der Verkäufer verpflichtet, den Käufer auf alle wesentlichen Mängel der Ware beim Abschluß aufmerksam zu machen[1]). Wegen geheimer Mängel gelten die üblichen Vorschriften des Handelsrechtes. In diesem Sinne ist die Klausel „nach Besicht“ auch in den folgenden Usanzen enthalten:

Berliner ausländische Hölzer, § 7: Bei einem Kauf auf Besicht sind Mängelrügen ausgeschlossen.

Hamburger Holzusanzen, § 5: Ist ein Kauf nach erfolgter Besichtigung durch den Käufer oder dessen Bevollmächtigten abgeschlossen, so ist die sichtbar erkennbar gewesene Beschaffenheit der Ware für die Lieferung maßgebend.

Wiener Holz, § 146: Bei Verkäufen auf Besicht ist, wenn die Blätter des Bundes in der Reihenfolge ihrer Erzeugung entsprechend dem Wuchs zusammengelegt sind, jede spätere Bemängelung der Qualität ausgeschlossen, ausgenommen den Fall der Hintergehung. Der Verkäufer haftet in keinem Falle für Mängel, die sich erst bei oder nach der Verarbeitung zeigen oder erkennbar werden.

Berliner Brennholz, § 7: Bei Käufen nach Besichtigung sind Rügen wegen heimlicher Mängel zulässig.

Berliner Fett, § 10: Ware, die nach erfolgter Besichtigung gekauft ist, kann wegen nicht verborgener Mängel nicht beanstandet werden.

---

[1]) Staub: Kommentar zu § 360 D.H.G.B., Anm. 5.

i) Nach Muster. Nach Probe

Der Kauf nach Muster oder nach Probe ist ein unbedingter Kauf, bei dem der Verkäufer zusichert, daß die Ware mit dem Muster bzw. der Probe übereinstimmt[1]). Das wesentliche Merkmal des Vertrages besteht einmal in dem Endgültigen seines Abschlusses und dann in der Verpflichtung des Verkäufers, mustergetreue Ware zu liefern.

Diese beiden Punkte sind es denn auch, die in den Usanzen vornehmlich behandelt werden. Bezüglich der Gebundenheit des Käufers werden zunächst nähere Angaben über die Frist der Untersuchung der Ware auf ihre Probegemäßheit gegeben, die von Platz zu Platz und von Usanzen zu Usanzen wechseln. Im Zweifel gelten die allgemeinen Vorschriften des Handelsrechtes, dahin gehend, daß eine Untersuchung ohne schuldhaftes Zögern zu erfolgen habe. Über die Untersuchungspflicht des Käufers im Flaschenweinhandel sagt z. B. ein Gutachten der Handelskammer Oppeln, daß der Käufer (als Wirt) die Untersuchung nicht erst bei der Veräußerung im weiteren Geschäftsverkehr vorzunehmen habe, sondern bereits vorher.

Die Prüfung der Proben und Muster wie auch die Prüfung der gelieferten Ware selber hat im allgemeinen mit der Sorgfalt eines ordentlichen Kaufmannes zu geschehen und erstreckt sich lediglich auf die am Muster oder der Probe bzw. an der Ware wahrnehmbaren, offensichtlichen Mängel. Geheime Mängel, soweit nicht die Haftung des Verkäufers ausgeschlossen wird, unterliegen den allgemeinen Vorschriften des Handelsrechtes über Mängelrüge. Im übrigen ist der Verkäufer verpflichtet, dem Käufer alle der Ware anhaftenden Mängel, insbesondere, wenn sie am Muster nicht oder nur bei besonderer Aufmerksamkeit wahrnehmbar sind, beim Geschäftsabschluß anzuzeigen.

Die Verpflichtung des Verkäufers zur Lieferung mustergetreuer Waren ist ebenfalls von Ware zu Ware verschieden, je nachdem eine vollkommene Mustergetreuheit der Lieferung im Belieben des Verkäufers steht, oder der Ausfall der Lieferung nicht allein vom menschlichen Erzeugungswillen bestimmt wird. Daher wird einmal vollkommene Mustergetreuheit, ein andermal nur annähernde Mustergetreuheit verlangt, während einige Usanzen sogar den Kauf nach Muster mit dem nach Typenmuster identifizieren und so dem Verkäufer weitgehende Abweichungsmöglichkeiten in der Lieferung zugestehen.

Von wichtigen Gutachten wären aus der Textilbranche Gutachten der Handelskammer Oppeln (8. Juli 1904) und Liegnitz (8. Juli 1921) zu erwähnen, die für Lieferung von Stoffen vollkommene Mustergetreuheit verlangen, und ein Zittauer Gutachten (Dezember 1909), das für Schürzen

---

[1]) Staub: Kommentar zu § 382 D.H.G.B.; österreichischen H.G.B., Art. 340.

auch betreffs der Farben Identität mit dem Muster verlangt. Im Gegensatz dazu stehen die unten angeführten Usanzen, die sich in der Hauptsache auf Ernteprodukte beziehen, also in erster Linie auf Produkte, die von dem Ausfall der Ernte und nicht vom menschlichen Erzeugungswillen abhängig sind. Im Kohlenhandel wurde ein Gutachten (Berliner Handelskammer 1913) erstattet, das den Lieferanten bei der Klausel „Qualität wie gelieferte Probewaggons" lediglich verpflichtet, Kohle aus den genannten Distrikten und mit der angegebenen Siebung zu liefern, während für den Kokshandel ein Gutachten (Berlin 1910) dahin lautete, daß für Qualität und Ausfall keine Garantie übernommen werde und lediglich Lieferung aus der vereinbarten Anstalt erfolgen müsse.

Zwei weitere Punkte finden in den Usanzen beim Kauf nach Probe noch eingehende Beachtung, der erste betrifft die Sicherung des Musters vor Vertauschungen und Verwechslungen, der andere die Tragung der Kosten der Probenahme und Musterziehung sowie die Eigentumsverhältnisse an den Mustern und Proben.

Zur Sicherung der Proben und des Musters wird im allgemeinen verlangt, daß das Muster versiegelt aufbewahrt werde. Nur dann ist eine unbedingte Gewähr für die Identität des Musters beim Geschäftsabschluß mit dem bei einer eventuellen Mängelrüge vorgelegten Muster gegeben. Liegt kein gesiegeltes Muster vor, dann gelten im allgemeinen nicht die strengen Qualitätsvorschriften bzw. es wird dem Muster nicht die entscheidende Bedeutung beigelegt. Die einzelnen Usanzen weichen in der Festlegung beträchtlich voneinander ab, weshalb auf diese selbst verwiesen werden kann.

Derjenige Kontrahent, dem die Probe oder das Muster zur Aufbewahrung übergeben wurde, hat für die Vorlegung im Streitfalle Sorge zu tragen. Ist er fahrlässiger- oder schuldhafterweise dazu nicht mehr in der Lage, so trifft ihn die Beweislast im Streite. Die Vermutung spricht in solchen Fällen zugunsten des Gegenkontrahenten[1]).

Die Kosten der Probenahme und Musterziehung hat im allgemeinen der Verkäufer zu tragen. Die diesbezüglichen Regelungen sind in den Usanzen zu finden.

Ob die dem Käufer übergebenen Muster und Proben als ein Teil der Erfüllung anzusehen sind, ist strittig. Man wird im Zweifel sagen können, daß das Muster bzw. die Probe einen besonderen, von der Vertragserfüllung getrennten Zweck hat, daß infolgedessen der Käufer sich die Proben bzw. Muster nicht auf die Erfüllung anrechnen zu lassen oder zu bezahlen braucht[2]). Jedoch nehmen auch hier die Usanzen verschiedene Stellung ein, weshalb aus diesen ein einheitliches Urteil sich nicht fällen läßt.

---

[1]) Staub: Kommentar zu § 382 D.H.G.B., Anm. 9.
[2]) Staub: Kommentar zu § 382 D.H.G.B., Anm. 11.

Der Kauf nach Probe bzw. nach Muster findet sich in folgenden Usanzen:

Innsbruck, § 12: Bei Verkauf nach Muster hat der Verkäufer das Muster mit einem Siegel verschlossen oder amtlich plombiert dem Käufer zu übergeben bzw. auf eine andere zweckentsprechende Art vor Verwechslungen sicherzustellen. Jedes andere Muster kann nur als Type zur allgemeinen Orientierung über die hauptsächlichsten Eigenschaften der Ware gelten. Wer fehlerhafte oder nicht gesunde Ware verkauft, ist auch beim Abschluß nach Muster verpflichtet, vor Abschluß des Geschäftes dem Käufer den Fehler ausdrücklich bekanntzugeben, widrigens er gesunde Ware liefern muß.

Köln, § 15: Bei der Prüfung von Mustern (Proben) braucht der Käufer nicht mehr als die gewöhnliche Sorgfalt anzuwenden. Der Verkäufer hat den Käufer auf die ihm bekannten, nicht oder nur bei besonderer Aufmerksamkeit erkennbaren Fehler, insbesondere Geruch und Käferbesatz, aufmerksam zu machen.

—, § 22: Entnommene Proben sind vom Käufer zu bezahlen. Die Kosten der ersten Probenahme, die vom Lagerhalter oder am Kai berechnet werden, trägt der Käufer, bei c- und f- und Cif-Geschäften der Käufer.

Wien, § 12: Bei Verkauf nach Muster muß auf Verlangen des einen Vertragsteiles das Muster mit dem Siegel des Verkäufers verschlossen oder amtlich plombiert, dem Käufer übergeben werden.

Wer fehlerhafte oder nicht gesunde Ware „nach Muster" verkauft, hat den Fehler, sofern er nicht bei Besichtigung des Musters erkennbar ist, dem Käufer bei Abschluß ausdrücklich bekanntzugeben.

Bern, § 10: Bei Verkäufen nach Muster gilt in Streitfällen als maßgebendes Muster:

a) dasjenige, welches dem Käufer vom Verkäufer versiegelt oder in ähnlicher Weise verschlossen übergeben wurde;

b) dasjenige, welches von beiden Kontrahenten versiegelt oder in ähnlicher Weise gehörig verschlossen dem Börsenvorstand oder einem Dritten zur Aufbewahrung übergeben wurde und dessen Verschluß unverletzt geblieben ist;

c) bei einem Geschäftsabschluß, dem ein ungesiegeltes Muster zugrunde liegt, dasjenige, welches von beiden Parteien anerkannt wird; andernfalls gilt es nur als Typmuster;

d) ist der Käufer nicht in der Lage, das ihm gegebene Muster vorzuweisen, so wird die gelieferte Ware als mustergetreu vermutet, es sei denn, daß der Käufer das Gegenteil beweist;

e) in allen Fällen steht dem anderen Kontrahenten der Gegenbeweis offen.

Breslau, § 25: Bei Verkauf nach Muster ist die Übereinstimmung der Ware mit dem Muster erforderlich.

Budapest, § 40, s. Innsbruck, § 12, Abs. 1.

Cottbus, § 26, s. Köln, § 15, mit Änderung: statt „Käferbesatz": „fremde Beimischungen".

Danzig, § 11: Bei Verkauf nach Muster ist dieses maßgebend, ausgenommen bei Futtermitteln. Hier gilt Verkauf nach Probe als ungefähre Probe (Type), sofern nicht ausdrücklich etwas anderes vereinbart ist. Die Beschaffenheit einer Futtermittelprobe gilt nicht als Zusicherung von Eigenschaften der verkauften Ware.

Bei Prüfung von Mustern hat der Käufer nicht mehr als die gewöhnliche Sorgfalt anzuwenden. Der Verkäufer muß den Käufer auf die ihm bekannten, nicht oder nur bei besonderer Aufmerksamkeit erkennbaren Fehler, insbesondere Geruch und Feuchtigkeit, aufmerksam machen.

Flensburg, § 20: Nach Probe oder unter ähnlicher Bedingung gekaufte Ware gilt als genehmigt, wenn nicht am nächsten Werktag nach Empfang der Ware dem Verkäufer der Käufer eine gegenteilige Anzeige abgibt. Wird der Käufer daran durch höhere Gewalt gehindert, so hat er dies dem Verkäufer ungesäumt mitzuteilen.

—, § 19: Auf Probegenehmigung gekaufte Ware gilt als genehmigt, wenn nicht der Käufer am nächsten Werktag nach Empfang der Probe eine gegenteilige Anzeige an den Verkäufer abschickt.

Flensburger Getreide, § 21, s. Flensburg, § 19.

Graz, §§ 60, 61, s. Wien, l. P., §§ 29, 30.

Hamburger Getreidehändler, No. 1: Von jeder Partie steht dem Käufer 1 kg Probe umsonst zu; weitere Proben sind auf Verlangen ebenfalls zu verabfolgen, müssen aber dem Verkäufer zum Kaufpreis vergütet werden.

— —, No. 2: Ebenso.

— —, No. 4: Von je 50000 kg .... 1 kg Probe ....

— —, No. 2 bis 16 (ohne 7 und 7a): Einwendungen gegen versiegelte Kaufproben sind dem Verkäufer am folgenden Börsentag nach ihrer Überlieferung bis 2 Uhr, Sonnabend bis 1 Uhr nachmittags schriftlich anzumelden.

Halle, § 4, s. Köln, § 15, mit Zusatz: Wer Ware zum Verkauf anbietet, die Mängel aufweist, hat dies auch beim Kauf nach Probe vor Abschluß des Geschäftes dem Käufer ausdrücklich bekanntzugeben.

Kiel, § 21: Bei Verkäufen nach Muster oder Durchschnittsmuster gelten die Verkaufsmuster als ungefähre, soweit nichts anderes vereinbart ist.

Linz, §§ 62, 63, s. Wien, l. P., §§ 29, 30.

Mittel- und Süddeutsche, § 62: Bei Verkauf nach Muster ist dieses maßgebend. Kleinheit und Handhabung sind zu berücksichtigen.

Bei der Prüfung ..., s. Köln, § 15, mit Ergänzung: Geruch, Feuchtigkeit, fremde Bestandteile.

Rheinisch-Westfälische, § 4, s. Köln, § 15.

§ 3: Die Kaufproben gelten als ungefähr, Kleinheit und Handhabung sind zu berücksichtigen.

Stettin, § 3: Der Verkäufer hat dem Käufer Fehler und Mängel der Ware, die am Kaufmuster nicht wahrnehmbar sind, vor dem Geschäftsabschluß ausdrücklich anzuzeigen.

§ 17: Bei Verkauf „loco nach Muster“ gelten hinsichtlich der Mängelrüge die Vorschriften des § 18.

Wien, l. P., § 29: Bei Verkäufen nach offenem Muster muß die Ware mustertreu geliefert werden, jedoch begründet die naturgemäß eingetretene Abweichung eines offenen Musters gegenüber der gelieferten Ware keinen Anspruch auf Entschädigung. Wesentliche Abweichungen vom Kaufmuster begründen nach Maßgabe derselben einen Anspruch des Käufers auf Minderwertsentschädigung oder auf Zurückweisung der gelieferten Ware.

§ 30: Bei Verkäufen nach gesiegeltem Muster muß die Ware dem Kaufmuster genau entsprechen. Jede Abweichung begründet nach Maßgabe derselben einen Anspruch des Käufers auf Minderwertsentschädigung oder auf Zurückweisung der gelieferten Ware.

Zürich, § 9, s. Bern, § 10.

Prager Reis, § 320: Bei Verkauf nach Muster hat der Käufer das Recht, bei Qualitätsunterschied bis 3% auf Annahme unter Minderwertsvergütung: bei Qualitätsunterschied über 3% ohne vereinbarte Minderwertsklausel auf Zurückweisung der Ware oder auf Übernahme mit Minderwertsvergütung; bei Zurückweisung stehen ihm die üblichen Rechte (in § 41 des allgemeinen Teiles der Prager Usanzen enthalten) zu.

Breslauer Samen, § 75: Für Waren aus dem schlesischen Produktionsgebiet gilt das vom Verkäufer übergebene Verkaufsmuster als maßgebend für die Identität der Lieferung, auch wenn sich auf der Mustertüte der Aufdruck Typenmuster befindet. Bei Geschäften nach Typenmuster oder nach ungefährer Probe muß hierauf besonders hingeweisen werden. Der Aufdruck auf der Mustertüte allein genügt ohne besonderen Hinweis nicht.

Chemnitzer Samen, § 57: Bei Geschäften nach Muster wird ein Spielraum nicht gewährt.

Hamburger Samen, § 5: Als Nachstechproben stehen dem Käufer unentgeltlich zur Verfügung bei 100 bis 500 kg 250 g, bei 500 bis 2500 kg 500 g, für weitere je 500 kg je 500 g. Weitere Proben müssen dem Käufer gegen Bezahlung verabfolgt werden.

Königsberger Samen, § 5: Geschäften laut Probe oder „nicht geringer als Typenmuster" wird dieser Spielraum nicht gewährt.

Stettiner Samen, § 12: Ebenso mit Zusatz: Angebote seidenhaltiger Typenmuster sind zulässig.

§ 12: Angemeldete Stückmuster sind vom Käufer zu prüfen und etwaige äußerlich wahrnehmbare Qualitätsabweichungen spätestens an dem zweiten auf den Empfangstag folgenden Werktag zu rügen. Der Käufer ist nicht verpflichtet, das betreffende Muster anders als durch Augenschein auf seine kontraktliche Beschaffenheit zu prüfen. Unbeanständete Stückmuster treten an Stelle der Kaufprobe. Stückmuster, welche nach 12 Uhr eingehen, gelten als am folgenden Werktag empfangen.

Einheitsbedingungen des Futtermittelhandels, § 2: Wird nach Probe (Muster) verkauft, so gelten diese als ungefähre Proben (Typen), sofern nicht ausdrücklich etwas anderes vereinbart ist. Die Beschaffenheit einer Probe gilt nicht als Zusicherung von Eigenschaften der verkauften Ware.

Berliner Kartoffel, § 9: Bei Lieferung von Fabrikkartoffeln auf Grund einer Probe oder eines Musters, welches aus verschiedenen Teilen des Feldes oder aus der zur Lieferung bestimmten Kartoffelmenge gleichmäßig zu ziehen ist, berechtigen Abweichungen bis zu 1% des durchschnittlichen Stärkegehaltes nicht zur Beanstandung.

Berliner Kartoffelstärke, § 7: Wird nach Muster gehandelt, so muß die Ware in jeder Beziehung, insbesondere in bezug auf Ansehen und Beschaffenheit, genau dem Muster entsprechen. Bei Sekunda und abfallenden Qualitäten braucht jedoch die Lieferung nur im Durchschnitt dem Muster entsprechen.

Berliner Holz, § 24: Ist ein Kauf nach Besichtigung oder einer Teilpartie oder auf Grund einer Probesendung abgeschlossen, so ist die sichtbar oder erkennbar gewesene Beschaffenheit der Ware für die Lieferung maßgebend.

Hamburger Holz, § 14: Auf Wunsch zugesandte Muster müssen frachtfrei zurückgesandt werden. Die Muster von nicht gekauften Furnieren bleiben Eigentum des Verkäufers und müssen innerhalb 8 Tagen nach Empfang zurückgeliefert werden.

Oppelner Holz, § 7, s. Berlin, mit Zusatz: ...für die weitere und gesamte Lieferung maßgebend.

Wiener Eier, § 5: Beim Handel nach Stichprobe, bei dem beiderseits ein gewisser Ausfall zur Basis genommen wird, muß die ganze Partie zum vereinbarten Preis bezahlt werden und nur abnormale Kisten können dem Verkäufer zur Verfügung gestellt werden. Abnormale Kisten sind solche, die mehr als 180 Stück Fleck und Faule enthalten.

— —, § 6: Bei Käufen nach Muster hat die ganze Partie dem Muster zu entsprechen. Es ist jedoch Maximum zulässig, daß der Ausschußgehalt, der als Basis bei der Bemusterung angenommen wurde, 15% übersteigen darf, das heißt, wenn das Muster 100 Stück Ausschuß per Kiste enthielt, darf die ganze Partie je 115 Stück Ausschuß enthalten. Ein sich darüber ergebender Ausfall muß dem Käufer vergütet werden. Kalkulationsdurchschnitte sind zulässig.

Bremer Baumwollbörse, § 63: Ist die Baumwolle nach Muster oder nach einer bestimmten Klasse verkauft, so ist der Käufer auch zur Abnahme der abfallenden Baumwolle gegen eine Vergütung nach dem Marktwerte verpflichtet, jedoch hat der Verkäufer dem Käufer, sofern es sich nicht um erhebliche Quantitäten (zirka 5%) handelt, auf alle oder eine Klasse abfallenden Ballen eine Zuschlagsvergütung von 2% des durchschnittlichen Fakturenwertes zu zahlen. Beträgt aber der Abfall in Klasse den Wert von 2 Klassen oder mehr, so hat der Käufer die Wahl, entweder die Partie mit dieser Vergütung zuzüglich einer weiteren Zuschlagsvergütung von 4% des Fakturenwertes abzunehmen oder die Abnahme zu verweigern und den Kaufvertrag gemäß § 46 zu regalieren.

— —, § 111: Für Kost-Frachtgeschäfte: Ebenso ohne: „...oder die Abnahme zu verweigern und den Kaufvertrag gemäß § 46 zu regulieren."

— —, § 85: Für Geschäfte auf Ankunft: Ebenso.

Für ostindische und chinesische Baumwolle, § 63: Bei Verkäufen von ostindischer Baumwolle nach Muster oder nach einer bestimmten Klasse mit gegenseitiger Vergütung für Qualitätsabweichungen nach dem Marktwert, indes an Verkäufer nicht über den Wert einer halben Klasse (Qualitätsgarantie I) oder mit einer besonderen Garantie, daß unter einer bestimmten Klasse nichts geliefert werden darf, ist der Käufer auch zur Abnahme der abfallenden Baumwolle gegen eine Vergütung nach dem Marktwert verpflichtet, jedoch hat der Verkäufer dem Käufer, wenn der Abfall in Qualität (Klasse und Stapel) mehr als den Wert einer halben Klasse beträgt oder wenn Baumwolle unter Garantie fällt, auf die mehr als eine halbe Klasse abfallenden Ballen, abgesehen von unerheblichen Quantitäten (zirka 5%), für den Abfall, soweit er eine halbe Klasse übersteigt, eine Zuschlagsvergütung von 3% des durchschnittlichen Fakturenwertes zu zahlen. Beträgt der Abfall mehr als eine volle Klasse, so hat der Käufer die Wahl, entweder die abfallenden Ballen mit der in Abs. 1 bestimmten Vergütung zuzüglich einer weiteren Zuschlagsvergütung von 6% des Fakturenwertes abzunehmen oder deren Abnahme zu verweigern und gemäß § 46 zu regulieren.

Wenn ostindische Baumwolle nach Muster oder nach einer bestimmten Klasse (Qualitätsgarantie II) verkauft wird, so ist der Käufer auch zur Abnahme abfallender Qualitäten nach dem Marktwert verpflichtet. Beträgt der Abfall durchschnittlich auf die ganze Partie gerechnet in Qualität mehr als den Wert einer vollen Klasse, so hat der Käufer die Wahl, entweder die Partie mit der obigen Vergütung zuzüglich einer Zuschlagsvergütung von 9% des Fakturenwertes abzunehmen oder deren Abnahme zu verweigern und den Kaufvertrag gemäß § 46 zu regulieren.

Ebenso für Verträge auf Ankunft und Kost-Frachtverträge, §§ 85, 111, unter Wegfall des Rechtes zur Annahmeverweigerung und Regulierung.

Danziger Kaffee, § 6: Bei Platzgeschäften. Am Platz befindliche, eingelagerte, noch am Kai liegende oder im Wasserfahrzeug befindliche Ware wird, wenn nichts anderes ausbedungen, nach Muster gehandelt. Die Übereinstimmung der Ware mit dem Muster wird durch Nachstechen festgestellt. Bei nicht mustergemäßem Ausfall der Ware hat der Käufer das Recht, ohne weitere Fristerstellung vom Geschäfte zurückzutreten. Ein Anspruch auf Schadenersatz steht ihm nicht zu.

— —, § 18: Bei Lieferungsgeschäften: Wenn entschieden ist, daß die Qualität der Ware gegenüber der Qualitätsbezeichnung der Verkaufsprobe oder dem Standardmuster, auf Grund welcher der Kauf geschlossen ist, abfällt, so ist der Verkäufer weder verpflichtet noch berechtigt, eine andere Partie als Ersatz anzudienen. Der Käufer hat vielmehr die Ware mit der gegebenenfalls festzusetzenden Vergütung zu empfangen.

— —, § 21: Bei Verkäufen nach Muster, die vom Ursprungsland übersandt sind, ist sowohl bei Platz- wie bei Lieferungsgeschäften der Verkäufer für Veränderungen, die die Ware während der Reise erlitten hat, nicht verantwortlich. Im Zweifel wird angenommen, daß die Veränderung während der Reise entstanden ist.

Hamburger Kaffee, § 7: Hier am Platze befindlicher Kaffee wird, wenn nicht ein anderes bedungen ist, nach Probe, und zwar „auf Nachstechen" gehandelt. Bei nicht probegemäßer Ware hat der Käufer das Recht, ohne weitere Fristerteilung vom Geschäft zurückzutreten; ein Anspruch auf Schadenersatz steht ihm nicht zu.

— —, § 11: Bei Verkäufen hier bearbeiteter, noch nicht fertiggestellter Kaffees nach Handmuster tritt das vom Verkäufer dem Käufer spätestens am Vormittag des dem Geschäftsabschluß folgenden Werktages zur Verfügung zu stellenden Großmuster an die Stelle der Nachstechprobe. Falls die Ware diesem Muster nicht entspricht, hat der Käufer das Recht, die Ware mit oder ohne Erhebung von Schadenersatzansprüchen zurückzuweisen oder sie unter Minderung des Kaufpreises anzunehmen.

Wiener Zucker, § 23: Nach Muster gehandelter Zucker muß dem Muster entsprechen. Bei Verkauf nach Muster ... s. Innsbruck, § 12, Satz 1 u. 2.

Prager Zucker, § 24: Ebenso.

Hamburger Harz, § 13: Bei einem Kauf laut oder nach Probe oder Muster muß die Ware dem Muster entsprechen. Lieferung einer besseren Qualität gilt als gute, vertragsmäßige Lieferung.

— —, § 20, s. Köln, § 22.

Hamburger Gummi, § 10: Bei Käufen von Lokoware nach Probe kann der Käufer einer Ware, falls dieselbe den vereinbarten Bedingungen nicht entspricht, Rückgängigmachung des Kaufes (Wandelung) oder Vergütung des Minderwertes (Minderung) verlangen. Das Recht, beim Mangel einer zugesicherten Eigenschaft solcher Ware statt der Wandelung oder Minderung Schadensersatz wegen Nichterfüllung zu verlangen, steht ihm bei Beanstandungen wegen Qualitätsmängel nicht zu.

Bei Käufen auf Abladung oder Lieferung nach Probe ... kann der Käufer Rückgängigmachung des Kaufes nicht verlangen, wenn die Ware nach ihrer Gattung und Beschaffenheit der kontraktlichen Bezeichnung entspricht und deren etwaiger Minderwert sich in solchen Grenzen hält, daß dem Käufer die Annahme mit einer Vergütung des ausgesprochenen Minderwertes zugemutet werden kann.

Hamburger Drogen, § 20, s. Hamburger Harz, § 20.

— —, § 13, s. Harz, § 13, Abs. 1, Satz 1.

Wollhandelsvereinigung C II, § 3: Wenn ein Geschäft auf Besicht eines Ausfallmusters oder auf Besicht am Ballen abgeschlossen worden ist, so hat der Käufer die Ware zu übernehmen, wenn das Ausfallmuster bzw. die Ballen mit dem Verkaufsmuster übereinstimmen.

Wiener Schafwolle, § 5: Die Entnahme von Mustern ist dem Käufer oder dessen Bevollmächtigten zu gestatten. Die gezogenen Muster sind auf Verlangen des Verkäufers zu wiegen und demselben zu vergüten.

Wiener Baumwolle, § 24: Der Käufer ist bei Kauf nach Muster berechtigt, die gesamte Ware bei der Übernahme zu refüsieren oder Vergütung für Qualitätsdifferenzen zu fordern, wenn die Ware in ihrer Gesamtheit oder nach dem Durchschnitt über eine halbe Klasse gegen die laut Muster kontraktliche Ware abfällt.

— —, § 25: Wenn nur einzelne Ballen eine geringere Qualität erweisen oder überhaupt der Qualitätsunterschied im Durchschnitt nicht die oben bezeichnete Grenze erreicht, so hebt dies das Geschäft nicht auf. (Der Verkäufer ist in solchen Fällen zu einer angemessenen Vergütung berechtigt.)

Wiener Baumwollstreichgarn, § 9: Wenn Garne nach Muster verkauft werden, so ist das Muster mit Datum und Siegel des Verkäufers versehen, in einer eine Verwechslung oder einen Austausch ausschließenden Weise dem Käufer in Verwahrung zu geben.

— Baumwollgarne, § 9: Ebenso.

— Baumwollgewebe, § 8: Ebenso.

Tuchgroßhändler, § 11: Kleine Abweichungen von dem empfangenen Muster berechtigen nicht zur Beanstandung.

Tuchgroßversender: Ebenso.

Züricher Seidenstoffe, § 9: Bei Verkäufen ab Lager werden Gratismuster nicht abgegeben. Bei anzufertigender Ware werden höchstens je 25 cm Gratismuster mitgeliefert oder bonifiziert, wenn 100 m oder mehr von einer Qualität, Farbe oder Disposition bestellt wurden. Für Quantitäten unter 100 m werden nur 15 cm Gratismuster abgegeben.

— —, § 10: Bei Annullierung einer Bestellung sind die Muster zurückzugeben bzw. zur Hälfte zu ersetzen.

Züricher rohe Seide, § 26: Ist eine auf Muster ... gehandelte, vorrätige Ware nicht richtig geliefert, so kann die betreffende Partie nur in ihrer Gesamtheit protestiert werden.

k) Nach Typenmuster. Ungefähr nach Muster. Nach Durchschnittsmuster

In seinem Wesen deckt sich der Kauf nach Typenmuster usw. mit dem Kauf nach Muster bzw. nach Probe. Der Unterschied liegt lediglich in der größeren Freiheit des Verkäufers zur Lieferung minder mustergetreuer Ware, einerlei ob der Kauf nun abgeschlossen wurde nach allgemein gültigen Standardtypen oder ob ein jeweils vorgelegtes Muster als Typenmuster bezeichnet wurde.

Das Typenmuster soll lediglich zur Orientierung über den allgemeinen Charakter der zu liefernden Ware dienen, aber nicht nur, wie Staub für fertige Waren sagt[1]), ein Bild von der äußeren Beschaffenheit der Ware, von ihrer Form, Art und Farbe geben; das Typenmuster ist ebenso maßgebend für die innere Beschaffenheit der Ware.

Da als Type vielfach die Durchschnittsqualität festgelegt wird[2]), und dem Durchschnittsmuster die gleiche Bedeutung beim Kaufvertrag beizumessen ist wie dem Typenmuster, denn beide sollen über den allgemeinen Charakter der Ware unterrichten, lassen sich die Verträge mit diesen Klauseln hier gemeinsam behandeln. Zudem identifizieren einige Usanzen die beiden Ausdrücke. Vielfach wird jedoch dem Begriffe Durchschnittsmuster eine abweichende Bedeutung beigelegt. Und zwar gilt dort das Durchschnittsmuster als aus den verschiedenartigen Qualitäten einer Warenpartie zusammengesetzt. Die Lieferung muß dann im Durchschnitt, braucht aber nicht im einzelnen mit dem Durchschnittsmuster übereinzustimmen.

Wenn Typen- und Durchschnittsmuster lediglich Angaben über den allgemeinen Charakter der Waren geben sollen, dann muß bei Wahrung eben dieses allgemeinen Charakters eine Lieferung, die im übrigen von der Type oder dem Durchschnittsmuster abweicht, vertragsgemäß sein. Das bestätigen auch alle Usanzen, indem sie näher erörtern, in welchem Ausmaße Abweichungen zulässig sind (es schwankt dies zwischen 1% und 5%), und wie die sich ergebenden Differenzen verrechnet werden sollen. Im allgemeinen gilt der Grundsatz, daß eine Zurückweisung der Lieferung nur dann möglich ist, wenn die gelieferte Ware vollkommen von dem Typenmuster abweicht, also nicht einmal dem allgemeinen Charakter nach den vertraglichen Abmachungen entspricht; wegen unwesentlicher Abweichungen kann ein Anstand nicht erhoben werden.

Zwischen diesen beiden Grenzen aber finden für Lieferungen minderer Qualitäten Verrechnungen statt, die im allgemeinen dergestalt vorgenommen werden, daß ein gewisser Prozentsatz, bis zu dem Abweichungen ohne Beanstandungen zulässig sind (zumeist 3%), von dem Gesamtminderwert in Abzug gebracht wird und die sich ergebende restliche Differenz zur Verrechnung gelangt.

Einen anderen Standpunkt nehmen zwei Gutachten der Breslauer Handelskammer ein. Nach ihrer Ansicht dienen Typen- und Durchschnittsmuster nicht zur allgemeinen Orientierung, sie stellen vielmehr eine Durchschnittsqualität dar, unter die der Durchschnitt der gesamten Lieferung nicht sinken darf.

Es heißt da:

Handelskammer Breslau, 6. September 1910: Beim Verkauf nach Type ist eine unwesentliche Abweichung von dem vorgelegten Muster mit

[1]) Kommentar zu § 382, Anm. 5. [2]) Hellauer: a. a. O., S. 272.

der Maßgabe zulässig, daß die Qualität der Lieferung im ganzen keine geringere ist, als sie die Type aufwies. Der Verkauf nach unterlegtem Stückmuster dagegen bedingt eine diesem vollkommen entsprechende Lieferung.

Handelskammer Breslau, 26. Februar 1901: Durch den Verkauf nach Durchschnittsmuster wird der Verkäufer nicht von der Verpflichtung befreit, eine Ware zu liefern, deren Durchschnittsqualität mit dem Durchschnittsmuster übereinstimmt bzw. nicht minderwertiger ausfällt als dieses. Es ist daher vom Standpunkt der Verkehrsüblichkeit aus nicht richtig, daß das Durchschnittsmuster nur ein ungefähres Bild von der Qualität geben soll.

Wie gesagt, steht diese Auffassung der in den Usanzen vertretenen Ansicht entgegen, es sei denn, daß, wie z. B. in den Stettiner Samenusanzen, Lieferung „nicht geringer als Typenmuster" verlangt wird. Aber das ist bereits eine Einengung des Kaufes nach Typenmuster, ein weiteres Eingehen darauf erübrigt sich.

Für die Verträge nach Typenmuster, Durchschnittsmuster und ungefähr nach Muster gelten im übrigen die allgemeinen Bestimmungen, die schon beim Kauf nach Muster dargelegt wurden.

Die erwähnten Klauseln sind in den folgenden Usanzen berücksichtigt:

Bern, § 11: Bei einem Kauf auf Typemuster hat die Ware im allgemeinen dem Muster bis auf einen Minderwert von 1% zu entsprechen.

Budapest, § 41: Erfolgte der Verkauf nach einem Typenmuster, so muß die Ware dem allgemeinen Charakter nach dem Muster entsprechen. Wegen unwesentlicher Abweichungen kann ein Anstand nicht erhoben werden.

Breslau, § 25: Bei Verkauf nach Type gilt die Ware auch bei kleinen Abweichungen als kontraktlich.

Chemnitz, § 6, s. Mittel- und Süddeutsche.

Danzig, § 11: Ist ungefähr nach Muster, Typenmuster oder Durchschnittsmuster verkauft, so sind kleine Abweichungen in Farbe, Körnung, Mahlung und Besatz zulässig.

Cottbus, § 27, s. Mittel- und Süddeutsche, § 6.

Flensburg, § 17: Bei einem Verkauf nach Type sind kleine Abweichungen zulässig. Wenn Gleichmäßigkeit nicht besonders ausbedungen ist, so hat die Ware nur im Durchschnitt den Vertragsbedingungen zu entsprechen.

Flensburger Getreide, § 18: Bei einem Verkauf nach Type sind kleinere Abweichungen zulässig. Es ist in jedem Fall auf die Größe der Probe und Handhabung derselben Rücksicht zu nehmen.

Graz, § 59, s. Wien, l. P., § 28, mit Zusatz: von einem ausdrücklich als Typenmuster (offen und gesiegelt) bezeichneten Muster ....

Halle, § 16: Wenn bei Geschäften nach Typenmuster oder nach ungefährer Probe von der Sachverständigenkommission ein Wertunterschied von nicht mehr als 3% festgestellt wird, so ist die Ware als kontraktlich abzunehmen. Bei größerem Minderwert sind 3% in Anrechnung zu bringen. Ein derartiger Spielraum ist bei Geschäften nach Muster ausgeschlossen.

Königsberg, § 16: Bei Geschäften nach Type muß bei der Lieferung die Eigenart der Ware gemäß der Kaufprobe gewahrt bleiben.

Linz, § 61, s. Wien, l. P., § 28.

Mittel- und Süddeutsche, § 6: Ist ungefähr nach Muster (Typemuster, Durchschnittsmuster) verkauft, so sind kleine Abweichungen in Farbe, Körnung, Mahlung und Besatz zulässig.

Wien, l. P., § 28, s. Budapest, § 40, mit Zusatz: Zur Zurückweisung der gelieferten Ware ist der Käufer nur dann berechtigt, wenn diese vom Typenmuster vollständig abweicht.

Zürich, § 9, s. Bern, § 10, mit Zusatz: ... wenn der Verschluß unverletzt geblieben ist.

Prager Reis, § 319: Bei einem Verkauf laut Typenmuster muß die Lieferung mit der Type dem allgemeinen Charakter gemäß übereinstimmen.

— —, § 320: Bei einem Verkauf nach Type oder Bezeichnung muß der Käufer, falls der Qualitätsunterschied nicht größer als 5% ist, die Ware gegen Vergütung des Minderwertes übernehmen. Beträgt der Minderwert mehr als 5% des vereinbarten Kaufpreises, so ist der Käufer, wenn die Klausel bzw. die Übernahme gegen Minderwertsersatz nicht vereinbart wurde, berechtigt, die Ware entweder gegen Vergütung des Minderwertes zu übernehmen oder sie zurückzuweisen. Im Falle der Zurückweisung stehen dem Käufer die im § 41 angeführten Rechte zu.

Breslauer Samen, § 75: Bei Geschäften nach Typenmuster oder nach ungefährer Probe muß hierauf besonders hingewiesen werden (s. dazu Nach Muster).

Chemnitzer Samen, § 57: Bei Geschäften nach Typenmuster oder „nach ungefährer Probe“ haben bei Feststellung des Wertunterschiedes die Sachverständigen einen Spielraum von 3% zu gewähren und diese bei größeren Abweichungen von dem ganzen Wertunterschied in Abzug zu bringen.

Danziger Saaten, § 69: Bei Geschäften nach Typenmuster oder nach ungefährer Probe haben bei Feststellung eines Wertunterschiedes die Sachverständigen einen Spielraum von 3% zu gewähren und diese bei größeren Abweichungen von dem ganzen Wertunterschied in Abzug zu bringen. Bei Geschäften „nicht geringer als Typenmuster“ wird kein Spielraum gewährt.

Hamburger Samen, § 13: Bei Geschäften nach Typenmuster oder nach ungefährer Probe ist der Käufer verpflichtet, von der Kaufprobe abweichende Lieferung mit jeder schiedsrichterlich festgestellten Differenz zu empfangen, es sei denn, daß die Schiedsrichter die Lieferung als durchaus nicht andienungsfähig erklären.

Königsberger Samen, § 5: Bei Geschäften nach Typenmuster haben nach Feststellung des Minderwertes die Sachverständigen einen Spielraum von 3% zu gewähren und diese bei größeren Abweichungen von dem ganzen Wertunterschied in Abzug zu bringen.

— —, § 12, s. Nach Muster.

Stettiner Samen, § 12: Ebenso.

Bremer Baumwollbörse, § 63: Ist die Baumwolle nach Durchschnittsklasse (average) ohne besondere Garantie (Klausel) verkauft, so ist der Käufer auch zur Abnahme der abfallenden Baumwolle gegen eine Vergütung nach dem Marktwert verpflichtet. Beträgt aber der Abfall in Klasse den Wert von 2 Klassen oder mehr, durchschnittlich auf die ganze Partie gerechnet, so hat der Verkäufer dem Käufer außer der Vergütung nach dem Marktwert eine Zuschlagsvergütung von 4% des Fakturawertes der Partie zu zahlen.

Ist die Baumwolle indessen nach Durchschnittsklasse mit der Garantie verkauft, daß unter einer bestimmten Klasse nichts geliefert werden darf, so muß der Käufer auch den von dieser Garantie abfallenden Ballen abnehmen, jedoch ..., s. Bremer Baumwollbörse „Nach Muster".

— —, §§ 85, 111: Ebenso.

Berliner Kartoffelstärke, § 7: Ist nach Typenmuster gehandelt, so sind kleine Abweichungen in der Farbe gegen das Muster gestattet, jedoch muß der Charakter der Ware (Körnung, Siebung, Reinheit) dem Muster entsprechen.

Prager Zucker, § 23: Zucker, welcher nach Type gehandelt wird, muß der von der Börsenkammer für die betreffende Zuckergattung festgesetzten Type entsprechen.

— —, s. Innsbruck, § 12, Abs. 1, Satz 1 und 2.

Wiener Zucker, § 23: Ebenso.

Hamburger Harz, § 13: Bei einem Kauf laut Typenmuster darf die Ware einen Minderwert bis zu 3% gegenüber dem Muster haben mit Ausnahme von Artikeln, die nach Muster gehandelt werden.

Hamburger Drogen, § 13, s. Harz, § 13, Halbsatz 1 bis ... haben.

Wiener Kaffee, § 6: Bei Verkäufen von schwimmenden oder abzuladenden Kaffees nach Typen ist der Verkäufer verpflichtet, dem Käufer die Firma des Abladers namhaft zu machen, und sind Type und Bestimmung dieses letzteren als Basis zu betrachten.

Wiener Baumwolle, § 20: Bei Verkäufen auf Grund von Durchschnittsproben — zu diesen zählen auch sogenannte Ausfallmuster — hat die Ware nach ihrem Durchschnitt, bei Verkäufen auf Grund von Detailproben, nach jedem Ballen dem Muster zu entsprechen.

— —, § 21: Auf Verlangen eines der Kontrahenten können die im Besitz des Käufers bleibenden Kaufmuster bei Abschluß des Geschäftes gemeinschaftlich versiegelt werden.

— —, § 23: Typen, welche bei Beginn der Saison von den Bezugsplätzen ausgegeben werden, dienen in der Regel nur zur allgemeinen Orientierung, ohne daß darauf eine Garantie für den Ausfall der Ware basiert wird.

Züricher Seidenstoffe, § 11: Die Ware gilt als qualitativ normal geliefert, wenn der Durchschnitt der Stücke dem Typ entspricht. Bei Beurteilung appretierter oder gepreßter Ware ist auf die durch Lagerung eintretende natürliche Veränderung des Stoffes Rücksicht zu nehmen. Unbedeutende Abweichungen in Farbe oder Dessin berechtigen den Käufer nicht zur Zurückweisung der Ware.

— —, § 15: Fällt der Durchschnitt einer Lieferung anders aus als die Type, so kann der Käufer entweder einen angemessenen Rabatt verlangen oder den Kauf rückgängig machen oder Nachlieferung richtiger Ware innert angemessener Frist fordern.

— —, § 16: Sind nur einzelne Stücke nicht annehmbar, so können diese vom Käufer zurückgewiesen werden. Handelt es sich jedoch um Hauptfarben, die für das Sortiment unentbehrlich sind, so ist der Käufer berechtigt, auf Lieferung des Ganzen zu verzichten, falls der Verkäufer Nachlieferung innert angemessener Frist nicht leisten kann.

Wiener Handelsdünger, § 8: Ist nach Typenprobe verkauft, so sind kleine Abweichungen in Farbe und Mahlung zulässig, auch ist die geringe Menge der Probe bei Beurteilung der Ware zu berücksichtigen. Insbesondere gibt bei Knochenmehl Abweichung in der Farbe keinen Grund zur Beanstandung der Ware.

V. Klauseln für die Verteilung der Kosten und die Bestimmung des Erfüllungsortes

Kostenverteilung und Erfüllungsort sind zwei Bestandteile des Kaufvertrages, die an sich vollkommen getrennt voneinander bestehen können. Das deutsche und das österreichische Handelsrecht verlegen den Erfüllungsort einer Leistung an den Ort der Geschäftsniederlassung bzw. den Wohnort des Verpflichteten. Erfüllt hat der Verkäufer, wenn er das zur Leistung seinerseits Erforderliche getan hat. Bis dahin hat er aber auch neben der Gefahr die mit der Leistung verbundenen Kosten zu tragen. So kommt es denn, daß durch diese gesetzliche Vereinigung von Kosten und Gefahr auch dort, wo eine von dieser Zusammengehörigkeit abweichende Vertragsfestlegung getroffen wird, alsbald sich Zweifel ergeben, ob durch diese besondere Festlegung nur der eine oder auch der andere Vertragsbestandteil betroffen sei. Daher begegnen wir kaum irgendwo in den Usanzen größeren Abweichungen als in der Auslegung der die Kostenverteilung oder den Gefahrenübergang betreffenden Klauseln. Es sollen im folgenden zunächst diejenigen Klauseln behandelt werden, die im wesentlichen eine Kostenfestlegung bezwecken.

a) Frachtfrei

Die Klausel „frachtfrei" eines bestimmten Ortes verpflichtet an sich den Verkäufer lediglich, die Ware frei von Fracht an den vereinbarten Ort zu bringen. In diesem Sinne deutet auch eine Anzahl Usanzen die Klausel; diese dem Sprachgebrauch entsprechende Auslegung wird auch im Zweifel entscheidend sein. Andere Usanzen gehen aber weiter und verlangen, daß der Verkäufer auch neben der Fracht die mit ihr verbundenen Nebengebühren, wie Frachtbriefstempel usw., trage. Und schließlich soll nach Ansicht einer weiteren Zahl von Usanzen der Verkäufer die Ware frei von allen Kosten an den benannten Ort liefern.

Die Kosten der Ausladung und des Transportes am Bestimmungsorte treffen auf alle Fälle den Käufer[1]). Für die Kosten der Rückfracht einer eventuell zurückzusendenden Emballage ergibt sich aus den Usanzen kein einheitliches Bild. Lediglich die Usanzen des Magdeburger Getreidehandels legen fest, daß der Verkäufer bei Frachtfrei- und Frankolieferungen auch die Rückfracht für die Emballage zu tragen habe. Ein Gutachten der Berliner Handelskammer für den Milchhandel stellt sich auf den gleichen Standpunkt. Eine Klärung dieser Frage seitens der zuständigen Stellen wäre vorteilhaft. Nach dem Inhalt der Klausel: Abwälzung der Transportkosten auf den Verkäufer, wird man sich allgemein der in den Magdeburger Usanzen vertretenen Auffassung anschließen müssen. Im einzelnen kann auf die unten aufgeführten Usanzen verwiesen werden.

---

[1]) Gutachten der Ältesten der Berliner Kaufmannschaft, Juni 1901.

Die Übernahme des Risikos ist mit der Übernahme der Kosten durch die Klausel frachtfrei nicht verbunden. Das sagt ausdrücklich das Handelsrecht und darüber herrscht auch innerhalb der Usanzen ziemliche Übereinstimmung. Lediglich die Usanzen der Prager Produktenbörse lassen den mit der Klausel frachtfrei (oder franko) genannten Ort als Erfüllungsort gelten; und dann legen die Berliner Holzusanzen fest, daß die Transportgefahr allgemein derjenige zu tragen hat, der auch die Fracht trägt. Die Usanzen der landwirtschaftlichen Produktenbörse von Wien, Graz und Linz bestimmen dann noch, daß der Verkäufer beim Abschluß frachtfrei auch die Kosten einer eventuellen Versicherung zu tragen habe. Der im allgemeinen berechtigte Schluß, daß derjenige, der die Versicherungsprämie gegen eine Gefahr zu tragen habe, auch die Gefahr selber trägt, ist nach dem sonstigen Wortlaut dieser Usanzen nicht zu rechtfertigen; es heißt nämlich dort ausdrücklich, daß der Verkäufer „lediglich die bis zum vereinbarten Orte aufgelaufene Fracht" zu tragen habe.

Aus der Nichtverlegung des Erfüllungsortes durch die Klausel frachtfrei folgt unmittelbar, daß auch eine Verlegung des Ortes der Gewichtsfeststellung nicht erfolgt, daß also das auf der Versendungsstation festgestellte Gewicht maßgebend ist, sofern nicht eine Sonderabmachung, wie „ausgeliefertes Gewicht", getroffen ist. Es drücken dies noch eindeutig die Usanzen der Wiener landwirtschaftlichen Produktenbörse und die der Produktenbörsen von Chemnitz, Dresden, Leipzig aus.

Schließlich ist in den Usanzen noch die Frage erörtert, wer die Frachtkosten zu zahlen habe, ob der Verkäufer oder der Käufer sie zu verauslagen habe. Gutachten der Breslauer Handelskammer aus den Jahren 1907 und 1903 lauten dahin, daß nur bei wertvollen Waren und nur dann, wenn durch die Verauslagung der Fracht dem Käufer keine finanziellen Schwierigkeiten erwachsen, der Käufer sich zur Verauslagung der Fracht zu verstehen habe. Im allgemeinen bedeute dies lediglich ein Entgegenkommen des Käufers. Die diesbezüglichen Ansichten haben sich aber vollkommen geändert. Denn soweit sich die Usanzen mit dieser Frage befassen, stimmen sie alle darin überein, daß der Verkäufer berechtigt sei, die Ware unfrankiert zur Auflieferung zu bringen und der Käufer zur Verauslagung der Fracht verpflichtet sei. Den verauslagten Betrag hat er dann von der Rechnung abzusetzen, ohne Rücksicht auf eine etwaige spätere Fälligkeit des Fakturenbetrages.

Den Verkäufer trifft damit im Falle einer Kreditierung des Fakturenbetrages lediglich das Risiko und eine Kapitalbeanspruchung in Höhe der Leistung seines eigenen Betriebes, der Käufer hat anderseits die Möglichkeit, die Frachtberechnung zu kontrollieren[1]) und, was mir

---

[1]) Sommerfeld: a. a. O.

ebenso wesentlich erscheint, die Fracht braucht erst im Falle des tatsächlichen Ankommens der Ware verauslagt zu werden. So liegt diese Abmachung im Interesse beider Kontrahenten.

Die Klausel frachtfrei findet sich in insgesamt 46 Usanzen; sie bedeutet: Frachtübernahme durch den Lieferanten bei 46. Dazu: Übernahme des Frachtbriefstempels bei 1, Übernahme aller Nebenkosten bei 6, Übernahme der Versicherungsprämie bei 3, Übernahme der Gefahr bei 2, Zahlung der Frachtkosten durch den Käufer ist ausdrücklich festgelegt bei 13.

Im einzelnen findet sich die Klausel in folgenden Usanzen:

Hamburg, § 19: Ist eine Ware frachtfrei eines bestimmten Ortes verkauft, so bleibt der Absendeort der Erfüllungsort.

Innsbruck, § 14: Die Bezeichnung frachtfrei eines Ortes legt dem Verkäufer lediglich die Verpflichtung auf, die Ware kostenfrei bis an die Bahn- oder Schiffstation des betreffenden Ortes zu bringen oder, wenn dort keine solche besteht, bis zu dem Lokale des Käufers bzw. Empfängers unbeschadet des Erfüllungsortes.

Köln, § 40: Ist bedungen, daß eine Ware frachtfrei oder franko eines bestimmten Ortes geliefert werde, so gilt der Verladeort als Erfüllungsort für die Lieferung.

Wien, § 14, s. Innsbruck, § 14, mit Zusatz: Der Verkäufer ist nicht verpflichtet, die Frachtspesen auszulegen, sondern kann verlangen, daß der Käufer diese verauslagt und bei Bezahlung der Ware gegen Vorlage der Dokumente in Abzug bringt.

Österreichische Exporteure: Der Lieferant ist verpflichtet, die Kosten des Transportes bis zur Station X zu tragen, doch reist die Ware auf Gefahr des Bestellers.

Frachtfrei . . X, verzollt: Wie vorstehend, jedoch ist überdies der Eintrittszoll des Bestimmungslandes vom Lieferanten (bzw. vom Exporteur im Verhältnis zum ausländischen Käufer) zu bezahlen; ebenso alle mit der Verzollung verbundenen Kosten und Auslagen.

Breslau, § 15: Ist die Ware frachtfrei einer Station verkauft, so hat der Käufer dem Verkäufer den Frachtbrief mit Zession des Adressaten auf Verlangen zu überlassen.

Chemnitz, § 14: Verkäufer trägt lediglich die Fracht.

Cottbus, § 6: Ebenso; in allen Fällen hat der Käufer die Frachtkosten ohne Rücksicht auf ein vereinbartes Ziel zu verauslagen. Der Frachtbriefstempel geht zu Lasten dessen, der die Fracht zu tragen hat.

Flensburg, § 11: Der Verkäufer trägt lediglich die Kosten der Versendung.

Graz, § 12: Der Beisatz frachtfrei bedeutet, daß die Ablieferung an den im Vertrage genannten Lieferorte zu erfolgen hat. In diesem Falle hat der Verkäufer lediglich die bis zum vereinbarten Lieferungsorte aufgelaufene Fracht sowie die Kosten einer etwaigen Versicherung zu tragen.

Hamburger Getreidehändler, Nr. 2: Bei der Vereinbarung waggonfrei oder frachtfrei gilt der Abladeort als Erfüllungsort.

Halle, § 13: Ist Lieferung frachtfrei oder frei (franko) vereinbart, so hat der Verkäufer die Fracht zu tragen; liefert der Verkäufer unfrankiert, so ist der Käufer berechtigt, den Rechnungsbetrag um die von ihm verauslagte Fracht zu kürzen. Die Transportgefahr trifft bei der Bedingung „frachtfrei“ den Käufer.

Linz, § 13, s. Graz, § 12.

Magdeburg, § 16: Verkäufer trägt die Transportkosten.

Mittel- und Süddeutsche, § 41: Bei Verkäufen franko, frei, frachtfrei oder mit ähnlichen Klauseln übernimmt der Verkäufer die Fracht, der Käufer die gesetzliche Transportgefahr. Die Fracht ist vom Käufer zinsfrei vorauszulegen.

Stettin, § 9: Verkäufer trägt die Fracht und alle Nebengebühren.

Wien, l. P., § 15, s. Graz, § 12.

Rauhfutterhändler (für Rauhfutter und Gemüse), § 16: Ist Lieferung frachtfrei oder frei nach einer benannten Station vereinbart, so hat der Verkäufer die Fracht bis zur benannten Station zu tragen, unbeschadet des Rechtes, die Ware unfrankiert zum Versand zu bringen. Liefert der Verkäufer die Ware unfrankiert, so ist der Käufer berechtigt, den Kaufpreis um die von ihm verauslagte Fracht zu kürzen. Die Transportgefahr trifft in allen Fällen den Käufer. Wenn der Verlader die Sendung durch die Versicherungsstelle des Bundes gegen Transportschäden versichert, so hat der Empfänger die Prämie zu erstatten. Auf Wunsch des Verkäufers hat der Käufer den Frachtbrief dem Verkäufer zu überlassen.

Rauhfutterhändler für Gemüse: Ebenso mit Zusatz: Bei Verkauf ab Kleinbahnstation hat der Verkäufer darauf hinzuweisen, andernfalls hat er die Kleinbahnfracht bis zur Vollbahnstation zu tragen. Der Verlader ist verpflichtet, alle Nebenkosten, die der Käufer nicht zu tragen hat, von der Rechnung abzusetzen.

Berliner Kartoffelstärke, § 9: Wie Rauhfutter, Satz 1 und 2.

Hamburger Kartoffelstärke, § 5: Ware, welche frachtfrei Hamburg verkauft ist, kann nur auf der Bahn, im Waggon oder im Kahn angedient werden.

Stettiner Wein, § 23: Ist frachtfreie Lieferung vereinbart, so hat der Verkäufer lediglich die Fracht, nicht aber das Risiko bis zu der genannten Station zu tragen.

Mainzer Wein, § 24: Ist frachtfreie Lieferung nach einer benannten Station vereinbart, so hat der Verkäufer die Fracht bis zu der genannten Station zu tragen.

Wiener Rohzucker, § 5: Wird eine Ware frachtfrei einer bestimmten, im Vertrage genannten Station verkauft, so hat der Verkäufer den niedrigsten (refaktierten) Frachtsatz zu tragen, welcher zur Zeit der Lieferung von der Übergabsstation bis zu der im Vertrage genannten Station besteht, und zwar ohne Rücksicht auf die Verwendung der Ware. Bei frachtfreien Verkäufen ungesackter Ware ist dem Käufer Tarafracht nur bis zur Höchstgrenze von 1 kg per Sack zu vergüten.

Raffinade, § 26: Ebenso; mit Änderung: ... den offiziellen Frachtsatz. Die etwaige Differenz zwischen dieser Fracht und der Fracht von der Versandstation nach der endgültigen Bestimmungsstation geht zugunsten bzw. zu Lasten des Käufers.

Prager Rohzucker und Raffinadezucker: Ebenso.

Wiener Melasse und Osmosewasser: Ebenso.

Hamburger Drogen, § 40: Ist eine Ware frachtfrei eines bestimmten Ortes verkauft, so bleibt der Abladeort der Erfüllungsort.

Hamburger Kolonialwaren, § 41: Ebenso.

Hamburger Harz, § 40: Ebenso.

Berliner Drogen, § 5, s. Berliner Seife.

Berliner Seife, § 3: Soll die Ware von oder nach einem anderen Orte übersandt werden, so übernimmt der Verkäufer durch die Vereinbarung der frachtfreien Lieferung nicht die Gefahr, von der die Ware unterwegs betroffen wird, es sei denn, daß nach dem Vertrage der Bestimmungsort als Erfüllungsort anzusehen ist. Der Verkäufer braucht die Fracht nicht vorzulegen, sondern kann dem Käufer den entsprechenden Abzug bei Bezahlung des Kaufpreises überlassen.

Prager Spiritus, s. unter Ab.

Stettiner Heringe, § 6: Ist die Lieferung frachtfrei oder franko einer bestimmten Station vereinbart, so hat der Verkäufer die Fracht bis zu der benannten Station zu tragen. Der Verkäufer ist berechtigt, in solchen Fällen die Verladung unfrankiert vorzunehmen und die Fracht von der Rechnung zu kürzen. Die Transportgefahr trifft bei Lieferung frachtfrei den Käufer.

Neußer Ölmüller, § 3: Bei Verkäufen frachtfrei hat der Käufer die Mehrfracht zu bezahlen, die dadurch entsteht, daß der Eisenbahntarif nach Abschluß des Geschäftes erhöht wird.

Wiener Papier, § 16: Bei Verkäufen frachtfrei Station des Empfängers ist der Verkäufer berechtigt, die Auslegung der Fracht seitens des Empfängers zu verlangen, wogegen der Empfänger die ausgelegte Fracht beim Begleich der Faktura in Abrechnung bringen darf.

Wiener Kohle, § 16: Die während der Laufzeit eines Lieferungsvertrages eintretenden Veränderungen der Frachtkosten der Kohle einschließlich der Nebengebühren (auch bei Abschlüssen „frachtfrei und franko“ Bestimmungsstation) gehen zugunsten bzw. zu Lasten des Käufers.

Berliner Holz, § 26: Die Transportgefahr trägt derjenige Teil, der die Fracht zu tragen hat.

Hamburger Holz, § 2: Bei frachtfreier Lieferung sind die Frachtkosten vom Empfänger zu zahlen und vom Rechnungsbetrag zu kürzen. Skonto für Frachtauslagen wird nicht gewährt. Die Gefahr für die nicht rechtzeitige und nicht richtige Ankunft der Ware trägt der Empfänger.

Innsbrucker Holz, § 5, s. Innsbruck, § 14.

Prager Holz, § 7: Die Bezeichnung franko und frachtfrei eines Ortes legt dem Verkäufer die Verpflichtung auf, die Ware kostenfrei bis zu diesem Orte zu bringen. Dieser Ort gilt im Zweifel als Erfüllungsort.

Wiener Holz, § 11, s. Innsbruck, § 14.

Verein deutscher Maschinenbauanstalten: Frachtfrei berührt den Gefahrenübergang nicht.

b) Franko. Frei

Während die Klausel „frachtfrei“ ihrem Wortlaut gemäß den Verkäufer lediglich zur Tragung der Fracht verpflichtet, hat der Verkäufer dem Wortlaut nach bei Anwendung der Klausel „frei“ oder „franko“ alle mit dem Transport bis zu dem genannten Orte verbundenen Kosten zu tragen. Welches diese Kosten sind, ist aus den Usanzen nicht allgemein ersichtlich. Zweifellos umfaßt die Klausel alle die mit dem Transport und einer eventuellen Lagerung bis zum Bestimmungsort unmittelbar verbundenen Kosten. Die Kosten der Abnahme treffen den Käufer, wenn wir, wie es bei der Klausel franko üblich ist, den

Bestimmungsort als Erfüllungsort und die Übergabe dortselbst als die maßgebliche Erfüllungshandlung betrachten. Der Verkäufer hätte also dann bei Bahnlieferung die Ware bis zum vereinbarten Bahnhof ablieferungsbereit, bei Schiffslieferung bis zum vereinbarten Hafen ablieferungsbereit und bei Lieferung mittels Geschirres, wie die Stettiner Usanzen besagen, bis an den Speicher oder Bahnhof oder den ortsüblichen Lösch- oder Ladeplatz nach Käufers Wahl zu bringen. Daß der Verkäufer den Frachtbriefstempel und die Wiegegebühren zu tragen hat, ist in einigen Usanzen noch besonders gesagt.

Die Kosten einer eventuellen Versicherung treffen denjenigen, der nach der jeweiligen Auffassung die Gefahr trägt, also im Zweifel, wie wir sehen werden, den Verkäufer. Bezüglich Zoll und Steuern äußern sich lediglich die Berliner Holzusanzen, die bestimmen, daß die Verkehrssteuern der Fracht folgen. Im übrigen wird man einen eventuellen Zoll nicht durch die Franko-Klausel als gedeckt betrachten dürfen. Dies drücken die Usanzen der österreichischen Exporteure dadurch aus, daß sie, wenn der Zoll ebenfalls vom Verkäufer zu tragen ist, dies der Franko-Klausel zusetzen, so daß die Klausel dann heißt „franko verzollt...". Die Verteilung der Nebenkosten ist im einzelnen in den durch Zusätze erweiterten Franko-Klauseln geregelt. Für die Tragung der Kosten einer Rücksendung der Emballage gilt dasselbe, was bei der Klausel frachtfrei erwähnt wurde.

Wie aber schon bei der Klausel frachtfrei dargestellt, so wurde auch der Klausel „franko" (frei) vielfach eine weitergehende Bedeutung beigelegt. Die scheinbare Zusammengehörigkeit von Kosten und Gefahr führte einer Auslegung der Klausel franko (frei) dahin, daß der Verkäufer neben den Kosten auch die Gefahr der Versendung zu tragen hat. Diese letzte Auffassung von der Klausel kann heute wohl als die herrschende und im Zweifel vereinbarte bezeichnet werden: Den Verkäufer treffen die bis zum vereinbarten Orte auflaufenden Kosten und die Gefahr bis dahin. Wohl ist auch vielfach die gegenteilige Ansicht vertreten, so in einer Anzahl der unten angeführten Usanzen und in einer Anzahl von Gutachten. So sagt ein Sorauer Gutachten für die Textilbranche, daß die Klausel franko Bestimmungsort sich lediglich auf die Transportkosten bezieht, und ein Gutachten der Handelskammer Oppeln (20. August 1908), daß die Vereinbarung franko X nicht zur Übernahme der Gefahr verpflichte. Dem stehen aber wieder Gutachten der Handelskammern Berlin (für den Wollhandel nicht unbestritten 37084/1914), Danzig und Breslau gegenüber, die den oben als heute herrschend bezeichneten Standpunkt vertreten.

Ist so der Bestimmungsort der Ware Erfüllungsort, dann ist für die Gewichtsfeststellung auch das an diesem Orte ermittelte Gewicht maßgebend. Das bringen die Usanzen der Wiener landwirtschaftlichen

Produktenbörse und die der Börsen Chemnitz, Leipzig und Dresden noch besonders zum Ausdruck.

Was bei der Klausel frachtfrei bezüglich der Verauslagung der Fracht durch den Käufer oder Verkäufer gesagt wurde, gilt auch für die Klausel franko (frei): Der Käufer ist im allgemeinen verpflichtet, die Fracht für die vom Verkäufer unfrankiert aufgelieferte Sendung zu verauslagen, kann sich dagegen den Betrag von der Rechnung absetzen. Ein Görlitzer Gutachten vom 16. Juli 1914 für den Kohlenhandel geht sogar so weit, daß es für ein anderes Vorgehen des Verkäufers eine besondere Vereinbarung für nötig hält.

Die Ausdrücke franko und frei sind gleichbedeutend. Lediglich die Usanzen des Berliner Handels mit Kartoffelstärke setzen die Klausel „franko" der Klausel „frachtfrei" gleich, lassen hier die Gefahr den Käufer tragen, während bei der Klausel „frei" die Gefahr den Verkäufer trifft. Diese Unterscheidung konnte sonst nirgends gefunden werden. Es erübrigt sich daher, weiter auf sie einzugehen.

In den 37 Usanzen, in denen die Klausel „franko" (frei) berücksichtigt war, bedeutete sie folgendes: Kosten- und Gefahrenübernahme durch den Verkäufer bis zum vereinbarten Orte bei 24, lediglich Kostenübernahme bei 6, keine Angabe über die Gefahrenübernahme war gegeben bei 6, eine Sonderfestlegung von lokaler Bedeutung war gegeben bei 1, die Pflicht des Käufers zur Verauslagung der Fracht war hervorgehoben bei 12.

Im einzelnen lauten die Usanzen:

Hamburg, § 19: Ist bedungen, daß eine Ware „frei" (franko) eines bestimmten Ortes geliefert werden soll, so gilt der Lieferungsort als Erfüllungsort für die Lieferung.

Innsbruck, § 14: Die Ausdrücke franko, ab, frei, loko bezeichnen den Ort, bis zu welchem der Verkäufer unter Tragung aller Risken die Ware zu bringen hat und der als Erfüllungsort anzusehen ist.

Köln, § 40: Ist bedungen, daß eine Ware franko oder frachtfrei eines bestimmten Ortes geliefert werden soll, so gilt der Verladeort als Erfüllungsort für die Lieferung.

Wien, § 14, s. Innsbruck, § 14.

Österreichische Exporteure: Franko ..X: Der Lieferant ist verpflichtet, die Ware unter Tragung aller Kosten und aller Risken bis zum Bestimmungsort zu bringen. — Franko: ..X verzollt: Wie oben mit Zusatz, s. frachtfrei.

Chemnitz, § 14: Verkäufer trägt Kosten und Gefahr; die Ware ist dem Käufer bis zum Bestimmungsort in vertragsmäßiger Beschaffenheit zu liefern. In allen Fällen ist der Käufer zur Zahlung von Fracht und Zoll als Vorlage verpflichtet. Der Frachtbriefstempel geht zu Lasten dessen, der die Fracht zu tragen hat.

Cottbus, § 6: Verkäufer trägt die Versendungskosten und die Gefahr.

Flensburg, § 11: Verkäufer trägt die Kosten und die Gefahr.

Flensburger Getreide, § 13: Franko und frachtfrei bedeutet, daß der Verkäufer die Transportkosten trägt. Bei franko trägt der Verkäufer auch die Gefahr des Transportes, das heißt der Empfangsort des Käufers ist der Erfüllungsort, bei frachtfrei trägt der Käufer die Gefahr des Transportes, das heißt Erfüllungsstation für die Lieferung ist der Abladeplatz.

Graz, § 12, s. unter Ab.

Halle, § 12, s. unter Ab.

—, § 13: Die Transportgefahr trifft bei franko (frei) den Verkäufer.

Hamburger Getreidehändler, Nr. 2: Bei der Vereinbarung „frei" gilt der Bestimmungsort als Erfüllungsort.

Linz, § 12, s. Graz, § 13, s. unter Ab.

Magdeburg, § 16: Der Verkäufer trägt Kosten und Gefahr.

Süddeutsche und Mitteldeutsche, s. frachtfrei.

Stettin, § 9: Verkäufer trägt Kosten und Gefahr.

Wien, l. P., § 15: Die Bezeichnung franko verpflichtet den Verkäufer, alle Kosten bis zum angegebenen Bestimmungsort der Ware, einschließlich jener der amtlichen Abwage, zu tragen.

Früchtegroßhändler, § 4: Transport und Witterungsgefahr geht stets zu Lasten des Käufers auch bei Frankolieferungen.

Rauhfutterhändler, s. frachtfrei.

Berliner Kartoffelstärke, s. frachtfrei.

Berliner Holz, § 26: Die Transportgefahr trägt derjenige Teil, der die Fracht zu tragen hat. Bei Verkäufen ab Verladestation unter Frachtvergütung bis zur Empfangsstation trägt der Käufer die Transportgefahr.

Frei Empfangsort heißt bei mehreren Bahnhöfen frei Empfangsbahnhof.

Bei Teilladungen auf dem Wasserweg hat der Empfänger das Ufergeld entsprechend seinem Frachtanteil zu zahlen.

In jedem Fall, auch bei Franko- und Cif-Verkäufen sind die Frachten und Zölle vom Käufer skonto- und zinsfrei zu verauslagen.

Der Frachtträger hat Anspruch auf den Frachtbrief. Wiegegelder, Frachtbriefstempel und Verkehrssteuern folgen der Fracht.

Berliner ausländische Hölzer, § 4: Ist bei Versandgeschäften frachtfrei oder franko verkauft worden, so ist die Fracht vom Empfänger zu verauslagen. Auch in diesem Falle hat der Käufer die Transportversicherung zu veranlassen. Kassaskonto wird auf die Fracht in keinem Falle gewährt.

Fracht und Verpackungsspesen sowie Transportgefahr trägt der Käufer.

Breslauer Holz, § 4, s. Berlin, § 26, Satz 1.

Innsbrucker Holz, § 5: Die Ausdrücke franko, ab, frei, loko bezeichnen den Ort, bis zu welchem der Verkäufer die Ware kostenfrei unter Tragung aller Risken zu bringen hat und der als Erfüllungsort zu betrachten ist.

Königsberger Holz, § 21: Für alle Lieferungen auch bei Franko- und Cif-Verkäufen soll der Abladeort als Leistungsort gelten. Abs. 2, s. Berlin, § 26, Satz 2.

Mitteldeutsche Hölzer, § 1: Erfüllungsort für die Lieferung ist der Ort, wo sich die Ware zum Zwecke des Versandes oder einer etwa vereinbarten Übergabe an den Käufer befindet. Der Erfüllungsort wird dadurch nicht geändert, daß der Verkäufer die Versendung der Ware übernimmt.

Holzeinfuhrhändler, § 2, s. Mitteldeutsche, § 1.

—, § 3: Die Transportgefahr geht zu Lasten des Käufers, sobald der Verkäufer die Ware dem Spediteur, Frachtführer oder der Beförderungsanstalt ausgeliefert hat.

Prager Holz, s. frachtfrei.

Wiener Holz, § 11, s. Innsbruck, § 5.

Berliner Brennholz, § 10: Bei Franko-Verkäufen ist der Empfänger verpflichtet, die Fracht gebührenfrei zu verauslagen.

Bayerisches Brennholz: Beim Verkauf frei Empfangsstation gilt als gebräuchlich, daß der Käufer die Fracht von dem Rechnungsbetrag abzuziehen hat. Sind Verladegebühren, Wiegegebühren, Lagerplatzpacht und sonstige Gebühren nachgenommen, so sind diese von dem Verkäufer ebenfalls zu kürzen.

Wiener Rohzucker, § 5: Bei Franko-Verkäufen ist der Bestimmungsort zugleich der Erfüllungsort. Die Ware ist frachtfrei und spesenfrei an den Erfüllungsort zu stellen. Dem Käufer ist nicht gestattet, die Ware nach einem anderen Orte zu disponieren. Die Rezepissegebühr wird als Bestandteil der Fracht angesehen.

Wiener Raffinade, § 26: Bei Franko-Verkäufen ist die Ware fracht- und spesenfrei an die betreffende Bahn- oder Schiffsstation zu stellen. Bestehen an einem Bestimmungsort mehrere Bahnhöfe, so ist die Ware fracht- und spesenfrei an den für den Versender günstigsten Bahnhof zu senden. Eine Disponierung der Ware nach einem anderen Orte steht dem Käufer nicht zu. Die Stationsgebühr ist als Bestandteil der Fracht anzusehen.

Prager Rohzucker, § 5: Ebenso; statt Rezepissegebühr: Stationsgebühr.

Prager Raffinade: Ebenso, ohne letzten Satz.

Stettiner Heringe, § 6, s. frachtfrei.

Hamburger Harz, § 40, s. Hamburg.

Hamburger Drogen, § 40: Ebenso.

Hamburger Kolonialwaren, § 41: Ebenso.

Wiener Baumwollstreichgarne, § 11, s. unter Ab.

c) Franko Station. Frei Station

Zur näheren Erklärung der mit den Klauseln „franko“ und „frei“ verbundenen Übernahme der Nebenkosten dient unter anderem der Zusatz „Station“. Die Klausel „franko Station“ drückt im wesentlichen das aus, was wir als Inhalt der Franko-Klausel überhaupt bezeichnet haben: Der Verkäufer hat alle Spesen und die Gefahr bis zur vereinbarten Station zu tragen, einerlei ob dies nun die Ankunfts- oder Verladestation ist; er hat die Ware, wenn franko Station des Bestimmungsortes verkauft wurde, an der Bestimmungsstation zur Ablieferung bereit zu halten bzw., wenn franko Station des Absendeortes verkauft wurde, die Ware an der Verladestation bereit zu halten oder selbst zur Verladung zu bringen, wobei allerdings die Kosten der Einladung in den Waggon bereits den Käufer treffen.

In folgenden Usanzen ist diese Klausel berücksichtigt:

Innsbruck, § 15: Der Ausdruck „franko Station“, „frei Station“ bedeutet, wenn damit die Aufgabsstation gemeint ist, daß alle diese (s. unter franko Waggon) Spesen den Käufer treffen und der Verkäufer die Ware auf seine Kosten nur bis zur Aufgabsstation zu schaffen hat.

Ist bei „franko (frei) Station“ die Bestimmungsstation gemeint, so hat der Käufer die Ablade- und Auflegegebühr sowie alle sonstigen, mit der Auslieferung des Frachtgutes verbundenen Spesen zu tragen.

Wien, § 15: Ebenso.

Bern, § 25: Die Lieferung ist erfüllt: Bei Verkäufen franko Station, wenn entweder der Frachtbrief an den Empfänger ausgefolgt worden ist oder die Ware angekommen und die Stationsverwaltung zur Übergabe an den Empfänger angewiesen ist.

Der Verkauf franko Station drückt nur die Parität aus; es steht dem Käufer frei, die Ware auf eine andere beliebige Station zu disponieren. In diesem Falle sind die Frachtdisparitäten zu verrechnen.

Bayerisches Brennholz, § 5: Beim Verkauf frei Empfangsstation gilt als gebräuchlich, daß der Käufer die Fracht an dem Rechnungsbetrag abzusetzen hat. Sind Verladegebühren, Wiegegebühren, Lagerplatzpacht und sonstige Gebühren nachgenommen, so sind diese von dem Verkäufer ebenfalls zu kürzen.

Verkäufe frei Station sind so zu verstehen, daß der Verkäufer das Brennholz verladegerecht an den zuständigen Bahnhof anfährt und maßgerecht bereitstellt. In diesem Fall und bei Kauf ab Wald oder vom von der Bahn entfernten Lagerplatz trägt der Käufer Wiege- und sonstige Bahngebühren.

d) Frei Bahn. Bahnfrei

Ungefähr die gleiche Bedeutung haben die Klauseln frei Bahn, bahnfrei. Im allgemeinen wird darunter eine Franko-Lieferung auf den Bahnlagerplatz verstanden bzw., wenn sofortige Verladung möglich ist, an das Transportmittel. Die Klausel bezieht sich fast nur auf den Absendeplatz. Eine abweichende Auffassung nehmen die Usanzen des Bundes deutscher Rauhfutterhändler und des Magdeburger Getreidehandels ein, die unter der Klausel „bahnfrei" auch die Einladung in den Eisenbahnwaggon verstehen. Bei diesen beiden Usanzen ist auch die Möglichkeit einer Lieferung „bahnfrei Bestimmungsort" berücksichtigt und bedeutet hier, daß der Käufer die Ware aus dem Waggon abzunehmen, der Verkäufer bis dahin die Kosten und Gefahr zu tragen habe.

In den Usanzen heißt es:

Hamburg, § 19: Frei Bahn heißt frei an die Bahn (Abgangsbahnhof).

Köln, § 40: Ebenso.

Flensburg, § 1, s. unter Ab.

Magdeburg, § 15: Ist eine Ware, die nach auswärts zu senden ist, bahnfrei oder schiffsfrei verkauft, so hat der Verkäufer die Ware in den Eisenbahnwaggon oder in das Schiff zu liefern. Die Anforderung des Eisenbahnwaggons hat der Verkäufer zu bewirken. Ist eine Ware, die von auswärts ankommt, bahnfrei oder schiffsfrei verkauft, so hat der Käufer die Ware aus dem Eisenbahnwagen oder dem Schiff abzunehmen.

—, § 17: Ist Lieferung frei Hafenbahn, frei Kaiwaggon oder Parität frei Kaiwaggon Magdeburg vereinbart, so wird zur Deckung aller Unkosten für Sackband, Sacktransport, für Rangieren, Überführen usw. eine Pauschalsumme laut Tarif der vereinigten Spediteure zu Lasten des Käufers nachgenommen.

Ist frei Eisenbahnwagen Magdeburg oder Parität frei Eisenbahnwagen Magdeburg vereinbart, gehen vorerwähnte Spesen zu Lasten des Verkäufers.

Stettin, § 7: Ist eine Ware, die nach auswärts zu liefern ist, bahnfrei oder kahnfrei Stettin zu liefern, so hat der Verkäufer die Ware an den Eisenbahnwaggon oder an das Fahrzeug zu liefern.

Stettiner Heringe, § 5: Bei Verkäufen frei Bahn oder frei Kahn hat der Verkäufer die Ware bis zum Eisenbahnwaggon oder bis zum Fahrzeug zu liefern. Einladekosten hat der Käufer zu tragen. Bei Wasserverladungen hat der Käufer außerdem das Bollwerksgeld zu zahlen.

Hamburger Harz, s. Hamburg.

Hamburger Drogen, s. Hamburg.

Hamburger Kolonialwaren, s. Hamburg.

Rauhfutterhändler, § 13: Ist eine Ware, die nach auswärts zu senden ist, bahnfrei oder schiffsfrei zu liefern, so hat der Verkäufer die Ware in den Eisenbahnwaggon oder in das Schiff zu liefern. Der Verkäufer hat mangels entgegenstehender Vereinbarungen den Schiffsraum zu stellen. Ist eine Ware, die von auswärts ankommt, bahnfrei oder schiffsfrei abzunehmen, so hat der Käufer die Ware aus dem Eisenbahnwagen oder dem Schiff abzunehmen.

—, Gemüse, § 9: Ebenso mit Zusatz: Der Verkäufer ... hat die Eisenbahnwagen anzufordern und muß für gründliche Säuberung sorgen und darf in keinen unausgewaschenen Salz- oder Kalkwaggon irgendwelcher Art verladen.

Berliner Kartoffelstärke, § 9, s. unter Ab.

e) Waggonfrei. Frei Waggon. Franko Waggon. Franko (frei) in den Waggon. Franko (frei) Waggon Station ... auf den Wagen gelegt, Waggonverladen

Einen spezielleren Inhalt haben dann die Klauseln frei Waggon usw. Im wesentlichen für den Verladeplatz geltend bestimmen sie, daß der Verkäufer die Ware in das Transportmittel zu bringen habe. Erst die Ablieferung in das Transportmittel bildet den maßgeblichen Erfüllungsakt, bis dahin treffen den Verkäufer Kosten und Gefahr[1]).

Bezieht sich die Klausel auf den Bestimmungsort der Ware, dann will sie besagen, daß den Verkäufer alle Haupt- und Nebenkosten und, soweit dies der Franko-Klausel entspricht, auch die Gefahr bis zum Einlangen des Waggons an dem vereinbarten Bestimmungsort treffen.

Das Ausladen und die weitere Behandlung der Ware ist dann Sache des Käufers[2]).

In allen Fällen hat der Verkäufer für die Beschaffung und Bereitstellung des Waggons Sorge zu tragen.

Die Usanzen der Süd- und Mitteldeutschen Produktenbörsen bestimmen dann noch, daß alle Sonderkosten zu Lasten des Käufers gehen, einerlei wo sie entstanden sind. Leider fehlt eine nähere Erläuterung des Begriffes Sonderkosten, es sollen darunter aber scheinbar nicht regelmäßige Kosten verstanden sein.

---

[1]) Gutachten der Handelskammer Berlin, März 1922.

[2]) Gutachten der Handelskammer Oppeln vom 22. Februar 1908.

Im übrigen wird die Klausel in folgenden Usanzen berücksichtigt:

Hamburg, § 19: Frei Waggon heißt frei in den Waggon.

Innsbruck, § 15: Die Ausdrücke franko Station, frei Station bedeuten, wenn damit die Aufgabsstation gemeint ist, daß alle diese Spesen den Käufer treffen, und der Verkäufer die Ware auf seine Kosten nur bis zur Aufgabsstation zu schaffen hat.

Ist bei franko Station die Bestimmungsstation gemeint, so hat der Käufer die Ablade- und Auflegegebühr sowie alle sonstigen mit der Auslieferung des Frachtgutes verbundenen Spesen zu tragen.

Köln, § 30, s. Hamburg.

Wien, § 15: Ebenso.

Budapest, § 10: Die Bezeichnung „ins Schiff gelegt, in den Waggon gelegt" bedeutet, daß der Verkäufer sämtliche Kosten der Aufgabe inklusive Einlade- und Abwagegebühr zu tragen hat. Bei Rinfusaverladungen in Schiffen hat der Verkäufer die Pflicht, die zwecks Verladung nötige Schaufelung auf eigene Kosten zu bewerkstelligen.

Chemnitz, § 14, s. Ab.

Cottbus, § 6, s. Ab.

Flensburg, s. Ab.

Magdeburg, § 17, s. frei Bahn.

Mittel- und Süddeutsche, s. frei Station.

Stettin, § 12: Ist Lieferung frei Waggon Stettin vereinbart, so hat die durch die Überführung der Waggons vom Hauptgüterbahnhof entstehenden Kosten der Käufer zu tragen, in umgekehrter Richtung der Verkäufer.

Ist Lieferung frei Kaiwaggon Stettin vereinbart, so hat die durch die Überführung der Ware vom Freibezirk usw. nach dem Hauptgüterbahnhof entstehenden Kosten der Käufer zu tragen, in umgekehrter Richtung der Verkäufer.

Berliner Holz, § 26: Frei Waggon ohne Benennung der Verladestation bedeutet frei Waggon Reichsbahn. Liegt eine benannte Station an mehreren Bahnen, so heißt frei Waggon dieser Station frei Waggon Reichsbahn.

Kärntnerische Hölzer, § 5: Bei Verkäufen frachtfrei oder franko Waggon des Bestimmungsortes trifft die Fracht und alle wie immer Namen habenden auf der Frachtkarte direkt oder im Weg eines Nachtrages und einer Richtigstellung verrechneten Nebengebühren mit Ausnahme allfälliger Lagerzinse und Wagenstandsgebühren an der Bestimmungsstation den Verkäufer. Insofern und insoweit dieser sie nicht selber berichtigt hatte können dieselben vom Fakturenbetrag ohne weiteres in Abzug gebracht werden. Bei Verkäufen franko Waggon der Verladestelle treffen sämtliche obbezeichneten Spesen den Käufer. In beiden Fällen trägt der Käufer die Abladekosten, Verzollungs- und sonstigen Spesen, insofern nichts anderes ausdrücklich vereinbart wurde.

Innsbrucker Holz, § 5: Ebenso.

Wiener Holz, § 11, s. Ab.

Bayerisches Brennholz, § 5: Ein Verkauf frei verladen Waggon schließt ein, daß der Verkäufer die Verlade-, Wiege- und Lagerplatzgebühren selbst übernimmt.

Stettiner Heringe, § 5: Bei Verkäufen „frei Waggon" hat der Verkäufer die Ware in den Eisenbahnwagen zu liefern. Die Kosten für Verschnüren und den Frachtbriefstempel trägt der Käufer.

Wiener Baumwolle, § 52: Wenn zu verschiffende oder schwimmende Ware franko Magazin oder franko Waggon verkauft wird, schließt dies sinnverstanden die Spesen bis dahin ein, ohne an den übrigen Verkaufsbedingungen etwas zu ändern. Hinsichtlich des Gewichtes solcher Waren gilt, wenn nichts anderes vereinbart wurde, das Originalgewicht.

Bremer Baumwollbörse, § 91: Die Klausel franko Waggon bezieht sich lediglich auf die Preisberechnung und bedeutet, daß der Verkäufer die Transportkosten bis an den Waggon und die Kosten der Verladung in den Waggon zu tragen hat.

— —, § 95: Falls die Ware nach erfolgter Andienung vor der Verladung in den Waggon infolge höherer Gewalt verlorengeht, so ist der Kaufvertrag hinsichtlich der verlorengegangenen Baumwolle gemäß §§ 46, 47 ohne Strafvergütung zu regulieren. Als Regulierungspreis ist der Marktwert des 2. Geschäftstages nach Eintritt des Ereignisses maßgebend.

Hamburger Harz, § 40, s. Hamburg.

Hamburger Drogen, § 40, s. Hamburg.

Hamburger Kolonialwaren, § 41, s. Hamburg.

Prager Reis, § 323: Unter franko Waggon ist Verladung einschließlich der Kosten der Verladung in den Waggon zu verstehen (franko in den Waggon).

Hamburger Reis, § 1: Bei Verkäufen waggonfrei oder aus einem Fahrzeug ist das von unparteiischen Wägern oder Kornumstechern ermittelte Gewicht maßgebend. Frei Kaiwaggon oder Parität frei Kaiwaggon verkaufte Ware ist transito zu liefern.

Londoner Rohzink, § 9: Frei Waggon (F.O.R.) Swansea geliefertes Zink soll durch die Hütte bei der Lieferung verwogen werden.

— —, § 10: Wenn Zink ab Lagerhaus oder frei Waggon Swansea geliefert wird, so gilt der Liquidationskurs des Börsentages vor dem Tage der Originaldeklaration; eine etwaige Differenz ist zahlbar an dem auf dem Deklarationsschein für die Lieferung bestimmten Tage.

f) Frei Haus. Franko Haus.

Auch bei dieser Klausel ist es nicht unbestritten, ob der Verkäufer Kosten und Gefahr bis an (das heißt vor) das Haus oder in das Haus zu tragen hat. Die Mehrzahl der Usanzen steht auf dem Standpunkt, daß „frei Haus“ Lieferung in das Haus bedeutet, und daß bis zur Ablieferung in den Empfangsräumen den Verkäufer Kosten und Gefahr treffen. Ein Gutachten der Breslauer Handelskammer lautet dahin, daß der Verkäufer die Kosten bis zur Ablieferung in den Lagerräumen zu tragen habe, sofern diese nicht höher als im zweiten Stockwerk gelegen sind[1]). Kommt der Klausel „frei Haus“ die Bedeutung „Lieferung bis in die Empfangsräume“ zu, dann ist sie identisch mit den Klauseln „frei Speicher“, „frei Keller“; dann aber ist die von der Handelskammer Breslau gemachte Einschränkung, obwohl im Interesse des Verkäufers gelegen, nicht haltbar, sofern man nicht auch die Wirkung der soeben erwähnten Klauseln in dem gleichen Sinne beschränken will.

Einen anderen Standpunkt vertritt ein Gutachten der Magdeburger Handelskammer für den Handel mit Glas. Der Verkäufer hat

[1]) Breslau, 22. Mai 1907.

die Ware auf seine Kosten und Gefahr bis vor das Haus zu liefern, die Kosten der Abnahme treffen bereits den Käufer. Ein Brauch des Verkäufers, die Abladung mit eigenen Leuten vorzunehmen, stellt sich lediglich als eine Gefälligkeit dar (16. Januar 1924). (Ebenso ein Gutachten der Ältesten der Berliner Kaufmannschaft vom Juni 1901 und der Handelskammer Berlin für den Handel mit Papier [627/1919].)

In den Usanzen heißt es:

Österreichische Exporteure: Franko Haus ..X: Der Lieferant ist verpflichtet, die Ware unter Tragung aller Kosten und Risken bis in das Haus (Magazin) des Bestellers zu tragen.

— —, Franko Haus ..X, verzollt: Wie oben, jedoch ist überdies der Eintrittszoll des Bestimmungslandes vom Lieferanten (bzw. vom Exporteur im Verhältnis zum ausländischen Käufer) zu bezahlen; ebenso alle mit der Verzollung verbundenen Kosten und Auslagen.

Berliner Wein, § 3: Bei Platzgeschäften hat der Verkäufer die Ware frei Haus (Wohnung oder Keller) des Empfängers zu liefern. Die Gefahr geht auf den Käufer über, sobald die Ware in den Räumen des Empfängers abgeliefert ist.

Bei Versandgeschäften erfolgt die Lieferung frei Bahnhof des Lieferanten.

Mainzer Wein, § 24: Ist frei Haus des Käufers vereinbart, so trägt der Verkäufer im Großhandel alle Kosten der Lieferung bis vor das Haus, im Kleinhandel bis in das Haus des Bestellers.

— —, § 25: Der Versand geschieht auf Gefahr des Käufers entsprechend § 447 B.G.B. Nur im Kleinhandel bei Platzgeschäften oder wenn frei Haus vereinbart ist, trifft die Gefahr den Verkäufer.

Stettiner Wein, § 23, s. Mainz, § 24.

— —, § 24, s. Mainz, § 25 mit Zusatz: Die Versicherung bei „frei Haus" ist Sache des Verkäufers. (Gilt auch für Mainz e contrario aus § 26.)

g) Ins Haus gestellt

Die Klausel „ins Haus gestellt", wie sie in den Prager Usanzen für den Mehlhandel mit den in Böhmen ansässigen Bäckern vorkommt, geht einen Schritt weiter und enthält die Verpflichtung des Käufers zur Lieferung der Ware in die Empfangsräume. Lädt der Käufer aber die Ware selber ab, so hat er dafür eine Vergütung zu beanspruchen. So heißt es in den Prager Mehlusanzen:

§ 87: Wird die Ware „ins Haus gestellt" verkauft, so hat der Verkäufer die Verpflichtung, die Ware dem Käufer zum Haus zuzuführen, als Abladegebühr 20 h per 100 kg vom Fakturenbetrag in Abrechnung zu bringen. Dagegen hat der Käufer die Verpflichtung, die Ware durch seine Leute vom Wagen abtragen zu lassen.

Eine Besonderheit findet sich noch in den Usanzen des deutschen Schrotthandels. Dort hat die Klausel „frei Station Revier" folgende Bedeutung:

Schrotthandel, § 4: Frei Station Revier oder „frei Station rheinisch-westfälisches Revier" bzw. „frei Werk Revier" oder „frei Werk rheinisch-westfälisches Revier" bzw. „frei Lager Revier" oder „frei Lager rheinisch-westfälisches Revier" heißt frachtfrei nach allen geographisch zwischen den Plätzen Dortmund, Hagen, Düsseldorf und Rheinhausen-Trumersheim gelegenen Stationen bzw. Verbandswerken bzw. Lagerplätzen, diese Städte und Lagerplätze selbst eingeschlossen.

Während bis jetzt die im Landverkehr üblichen Ergänzungen zur Franko-Klausel besprochen wurden, sollen jetzt die im Schiffahrtsverkehr üblichen Klauseln betrachtet werden. Es sind dies die folgenden:

h) Frei Ufer. Franko Kai

Analog den Klauseln franko (frei) Bahn(hof), franko (frei) Station im Landverkehr werden im Schiffsverkehr die Klauseln frei Ufer und franko (frei) Kai verwandt. Für Absende- und Bestimmungsort geltend bedeuten sie, daß der Verkäufer die Ware frei auf den vereinbarten Verlade- oder Löschplatz zu stellen habe. Dabei gilt die jeweilige Auslegung der Klausel frei (franko) für Kosten- und Gefahrtragung.

Nach den beiden Usanzen, in denen diese Klausel berücksichtigt ist, treffen den Verkäufer lediglich alle Kosten der Beförderung bis an das Ufer bzw. an den Kai einschließlich des Ufergeldes, während er nur nach den Usanzen der österreichischen Exporteure auch die Gefahr übernimmt.

Was bei der Klausel frei Ufer Bestimmungsort die genaue Verteilung der Kosten anlangt, so ist einem Berliner Gutachten für den Kohlenhandel (Berlin 1868/1905) zu entnehmen, daß die Klausel „frachtfrei Ufer" das Ufergeld einschließt. Anderer Ansicht ist Zander[1]), der das Ufergeld zu den Kosten der Abnahme rechnet und es damit den Käufer tragen läßt. Auf Grund des Inhaltes der Usanzen und nach dem Wortlaut der Klauseln kann ich mich dieser Auffassung nicht anschließen. Lediglich die am Ufer (Kai) durch Verschulden des Käufers entstehenden Kosten gehen zu Lasten des Käufers.

Demgegenüber umfaßt schon ihrem Wortlaut gemäß die Klausel „frei an das Ufer" des Bestimmungshafens nicht mehr die Ausladekosten und das Ufergeld[2]). Ist aber das Ufer des Absendeplatzes gemeint, so dürfte eine Abweichung von der Klausel „frei Ufer" nicht gegeben sein.

Österreichische Exporteure: Franko Kai: Der Lieferant hat die Ware auf seine Rechnung und Gefahr auf den vereinbarten Verladekai zu stellen.

Mitteldeutsche Holzusanzen, § 6: Ist frei Ufer Empfangsstation zu liefern, so trägt der Verkäufer das Ufergeld und die Kosten der Beförderung der Ware auf den angewiesenen Platz, es sei denn, daß dieser weiter als 50 m von der Liegestelle entfernt ist.

---

[1]) A. a. O., S. 36.

[2]) Danziger Gutachten vom 22. November 1869.

i) Frei in die Schute[1])

Einen Schritt weiter geht die Klausel „frei in die Schute". Diese in den Hamburger Usanzen vorkommende Klausel gilt im wesentlichen für den Absendeplatz und bedeutet, daß der Verkäufer die Ware auf seine Kosten und Gefahr in die Schute absetzen läßt.

Es heißt in den Usanzen:

Hamburger Kolonialwaren, § 41: Bei „frei in die Schute" trägt der Verkäufer die Kosten und Gefahr des Absetzens.

Hamburger Harz, § 40: Ebenso.

Hamburger Drogen, § 40: Ebenso.

Hamburger Kakao, § 32: Ebenso.

k) Frei Seeschiffsseite. Längsseits Seeschiff. Franko zum Seeschiff. Free alongside ship (f. a. s.)

Hatte der Verkäufer durch die Klausel „frei in die Schute" Kosten und Gefahr bis zur Einladung in die Schute übernommen, so erweitert sich seine Verpflichtung durch die Klausel „frei Schiffsseite" usw. bis zur Heranbringung der Schute an das Seeschiff. Von da an treffen Kosten und Gefahr den Käufer. Ob nun die Ware sofort in das Seeschiff übernommen wird oder ob infolge irgendwelcher Umstände die Übernahme nicht möglich ist und dadurch Überliegegelder entstehen, ist für den Verkäufer gleichgültig. Die dann entstehenden Kosten, wenn sie nur ohne Verschulden des Verkäufers entstehen — und dasselbe gilt auch für die Gefahr —, treffen den Käufer.

Es heißt in den Usanzen:

Hamburg, § 19: Frei Schiffsseite heißt: frei an das Schiff. Bei frei Schiffsseite sind, falls der Verkäufer rechtzeitig angeliefert hat, etwaige Überliegekosten zu Lasten des Käufers.

Deutsche Exporteure: Bei frei Schiffsseite hat der Verkäufer die Ware auf seine Rechnung und Gefahr längsseits des Schiffes zu liefern.

Hamburger Harz, § 40, s. Hamburg.

Hamburger Drogen, § 40, s. Hamburg.

Hamburger Kolonialwaren, § 41, s. Hamburg.

Hamburger Kakao, § 32, s. Hamburg.

Prager Reis, § 323: Bei Verkäufen „franko zum Schiff" muß der Verkäufer die Ware bis zum Schiff liefern.

Hamburger Kartoffelstärke, § 5: Bei Ankünften „frei Schiffsseite" hat der Verkäufer die statistische Gebühr zu tragen. Die Kosten für das Umstellen der Waggons nach der Amsinckstraße usw. sollen zur Hälfte dem Käufer, zur Hälfte dem Verkäufer zur Last fallen.

---

[1]) Schuten (Schuiten) sind breitgebaute, flache Leichterfahrzeuge, dienen in Seehäfen zum Heran- und Fortbringen der Ladung auf Seeschiffe, die nicht am Kai liegen, ferner zum Warentransport auf Flüssen und Kanälen.

l) Frei Kahn. Frei Schiff. Frei Floß. Ins Schiff (gelegt). Schiffsfrei. Kahnfrei. Frei Schlepper. Schleppverladen

Diese Klauseln erweitern die Verpflichtung des Verkäufers dergestalt, daß er nunmehr auch die Kosten und die Gefahr der Übernahme der Ware in das Schiff zu tragen hat. Die Klauseln können sich sowohl für den Absende- wie für den Bestimmungsort verstehen.

Im ersteren Falle decken sie sich vollkommen mit der ihrer Bedeutung halber gesondert behandelten Fob-Klausel. Die Einzelheiten sind dort besprochen. Eine Ausnahme allerdings findet sich, und zwar in den Stettiner Usanzen für den Handel mit Heringen. Dort heißt es, daß bei Abschlüssen „frei Kahn" der Verkäufer die Waren nur bis zum Fahrzeug zu bringen habe. Die Einladekosten sowie das Bollwerksgeld habe der Käufer zu tragen. Ferner bedeutet in den Kölner Usanzen frei Schiff: freie Lieferung bis zur Ladestelle der Schiffsagentur. Im übrigen setzen die Usanzen die Klauseln frei Kahn usw. Absendeort der Klausel fob gleich.

Versteht sich die Klausel für den Bestimmungsort, so hat der Käufer die Kosten und Gefahr des Transportes bis zum vereinbarten Bestimmungshafen zu tragen. Die Kosten der Ausladung und alle sonstigen damit verbundenen Spesen treffen den Käufer. Die Bereitstellung des Fahrzeuges ist in diesem Falle Sache des Verkäufers.

Die Usanzen frei Kahn usw. Absendeort sind bei den Usanzen der Fob-Klausel aufgezeichnet. Hier folgen die Usanzen für die Klauseln „frei Kahn" usw. Bestimmungsort:

Wien, § 15, s. unter fob; wenn sich die Ausdrücke auf die Bestimmungsstation beziehen, hat der Verkäufer die Ware auf seine Kosten bis zur Bestimmungsstation zu schaffen; alle Kosten der Ausladung aus dem Transportmittel trägt jedoch bereits der Käufer.

Flensburger Getreide, § 12: Ist eine von auswärts kommende Ware bahnfrei abzunehmen, so hat der Käufer die Ware aus dem Eisenbahnwagen abzunehmen.

Halle, § 14: Ist Lieferung kahnfrei Empfangsstation vereinbart, so hat der Verkäufer die Transportgefahr zu tragen. Die Gestellung des Fahrzeuges hat durch den Verkäufer zu geschehen.

Magdeburg, § 15: Ist eine Ware, die von auswärts ankommt, bahnfrei oder schiffsfrei verkauft, so hat der Käufer die Ware aus dem Eisenbahnwagen oder dem Schiff abzunehmen.

Mitteldeutsche Holzusanzen, § 6: Ist „frei Kahn Empfangsstation" zu liefern, so trägt der Käufer die nach Ankunft dort entstehenden Bugsier-, Löschungs- und sonstigen Kosten, wie Ufer-, Kran- und Liegegeld, Zollabfertigungsgebühren u. dgl.

Rauhfutterhändler, § 13: Ist eine Ware, die von auswärts ankommt, schiffsfrei abzunehmen, so hat der Käufer die Ware aus dem Schiff zu übernehmen.

Berliner Kartoffelstärke, § 9, s. unter Ab.

m) Franko Bord. Frei an Bord. Free on board (fob)

In der Entwicklung des Inhaltes der Fob-Klausel (ich verstehe darunter alle drei oben genannten und ähnliche Klauseln) kommt am deutlichsten der heutige Inhalt der Franko-Klauseln überhaupt zum Ausdruck. Während die Auffassung der in Frage kommenden Wirtschaftskreise schon lange dahin ging, daß die Fob-Klausel den Verkäufer zur Übernahme von Kosten und Gefahr bis zur vereinbarten Lieferung in das Schiff verpflichte, entschied erst in letzter Zeit das hanseatische Oberlandesgericht, durch die tatsächlich herrschende Auffassung dazu gezwungen, im Gegensatz zu seiner früheren Ansicht, nach der den Verkäufer lediglich die Kosten trafen, dahin, daß den Verkäufer Kosten und Gefahr bis an Bord des Schiffes treffen[1]).

In diesem Sinne beurteilen auch sämtliche Usanzen die Fob-Klausel sowie alle die im vorigen Abschnitt erwähnten Klauseln „franko Kahn" usw. Die einzige Ausnahme für die letzteren wurde ja bereits dort erwähnt.

Im Verhältnis zum Schiffsführer bedeutet die Fob-Klausel die Verpflichtung des Verkäufers, die zu Wasser herangeschaffte Ware bis an das Schiff zu bringen. Die Kosten der Einladung fallen dem Schiffer zu[2]).

Von den vom Käufer zu tragenden Kosten bis an Bord des Schiffes werden in den Usanzen einige ausgenommen. Zunächst sollen nach den Usanzen der süd- und mitteldeutschen Produktenbörsen alle Sonderkosten dem Käufer zur Last fallen. Davon ist bereits früher gesprochen worden. Die Stettiner Usanzen für landwirtschaftliche Produkte bestimmen, daß die Eisbrecher- und Vertiefungsabgaben dem Käufer zur Last fallen. Zander dehnt diese Bestimmung auf sämtliche Usanzen aus. Ich glaube, daß man durch derartige analoge Auslegungen ein Moment zu großer Willkür in die Auslegung der Usanzen trägt; denn wo gesagt ist, daß der Verkäufer alle Kosten zu tragen hat, ist diese Einschränkung nicht begründet, zumal den Verkäufer die Gefahr des Transportes und damit wohl auch das Risiko unvorhergesehener Kosten trifft.

Ein Gutachten für den Kohlenhandel[3]) äußert sich dahin, daß zur Ablieferung bis an Bord auch die Beschaffung der Ausfuhrbewilligung gehöre und damit auch die Ausfuhrabgaben von dem inländischen Verkäufer zu tragen seien. Im Zweifel wird man sagen müssen, daß alle Kosten bis an Bord des Schiffes zu Lasten des Verkäufers gehen. Im übrigen sei auf die Usanzen selber verwiesen.

Wer für die Beistellung des Schiffsraumes zu sorgen habe, ist nicht einheitlich geregelt. Soweit die Usanzen diese Frage klären, urteilen sie

[1]) Sommerfeld: a. a. O.

[2]) Zander: a. a. O., S. 36; Staub: Kommentar zu § 346, 17 D.H.G.B.

[3]) Handelskammer Hannover 1923.

folgendermaßen: Bei der Klausel „kahnfrei“ sagen 2 Usanzen, daß der Verkäufer, 1 daß der Käufer, bei der Klausel fob 4, daß der Käufer, und 1, daß der Verkäufer den Schiffsraum zu stellen habe. Es läßt sich also ein einheitliches Urteil darüber nicht fällen; es wird vielmehr je nach Lage des Einzelfalles bald der Käufer, bald der Verkäufer das Recht und die Pflicht zur Stellung des Schiffsraumes haben. Im Zweifel wird man dem Käufer, der ja auch das Risiko des Transportes mit dem Fahrzeug trägt, das Recht und damit die Pflicht zur Bereitstellung des Laderaumes zuerkennen müssen.

Stellt der Käufer den Schiffsraum, dann ergeben sich daraus Verpflichtungen für ihn bezüglich einer Verständigung des Verkäufers über Ort und Zeit der Verladung. Es sei dieserhalb auf die unten zitierten Usanzen des Hamburger Handels mit Harz usw. verwiesen.

Es ließe sich also zusammenfassend sagen: Bei der Fob-Klausel im Verhältnis von Käufer und Verkäufer hat im Zweifel der Verkäufer alle Kosten sowie die Gefahr bis zur Einladung der Ware an Bord des Seeschiffes zu tragen. Die Bereitstellung des Laderaumes obliegt dem Käufer. Im einzelnen finden sich die Fob-Klausel und die verwandten Klauseln in folgenden Usanzen:

Hamburg, § 19: Frei Bord, frei an Bord heißt: frei auf das Schiff.

Innsbruck, § 15: Die Ausdrücke „ins Schiff gelegt“, in den Waggon, auf den Wagen gelegt, franko Waggon, frei Waggon, franko Bord, frei Waggon Station... bedeuten, daß der Verkäufer die Ware nicht nur auf seine Kosten bis zur Aufgabsstation zu schaffen, sondern auch fertig zur Abfahrt zu stellen habe, mithin sämtliche Kosten der Aufgabe, Abwage und Verladung, darunter insbesondere den Frachtbriefstempel, die Ablege- und Auflagegebühr sowie alle sonstigen in der Aufgabsstation erwachsenen Spesen zu tragen hat.

Köln, § 40: Fob heißt: frei auf das Schiff; frei Schiff heißt: freie Lieferung bis zur Ladestelle der Schiffsagentur.

Wien, § 15: Die Ausdrücke ins Schiff, in den Waggon, auf den Wagen gelegt, franko Waggon, frei Waggon, franko Bord, frei an Bord, fob, franko Waggon Station..., frei Waggon Station... bedeuten, daß der Verkäufer die Ware nicht nur auf seine Kosten bis zur Aufgabsstation zu schaffen, sondern auch fertig zur Abfahrt zu stellen habe, mithin sämtliche Kosten der Aufgabe und Verladung einschließlich aller eisenbahntarifarischen Nebengebühren, sofern diese nicht im Frachtbrief verrechnet sind und vom Empfänger eingehoben werden, zu tragen hat.

Deutsche Exporteure: Bei Geschäften fob oder frei Schiffsseite hat der Verkäufer die Ware auf seine Rechnung und Gefahr an Bord bzw. längsseits des Schiffes zu liefern.

Hamburger Exporteure: Ebenso.

Österreichische Exporteure: Der Lieferant hat die Ware auf seine Rechnung und Gefahr an Bord des ausgehenden Seedampfers zu liefern.

Berlin, § 37: Bei Geschäften auf Lieferung kahnfrei hat der Käufer die Ware spätestens am letzten Werktag der vereinbarten Frist bis 5 Uhr nachmittags dem Käufer an dem vereinbarten Erfüllungsort zur Verfügung zu stellen.

Berlin, § 39: Mängel hat der Empfänger drahtlich innerhalb 24 Stunden nach Ankunft der Ware dem Verkäufer unter Angabe der Gründe anzuzeigen.

Breslau, § 3: Bei Abschlüssen „frei Kahn Abgangshafen" (fob) hat der Käufer für die Bereitstellung des notwendigen Kahnraumes zu sorgen.

Budapest, § 10: Die Bezeichnung „ins Schiff gelegt" oder in den Waggon gelegt bedeutet, daß der Verkäufer sämtliche Kosten der Aufgabe inklusive Einlade- und Abwagegebühr zu tragen hat.

Bei Rinfusalieferung von Schiffsladungen hat der Verkäufer die Pflicht, die zwecks Verladung nötige Schaufelung auf eigene Kosten zu bewerkstelligen.

Chemnitz, § 17: Unter „kahnfrei" ist zu verstehen, daß die Ware frei ab Kahn der bestimmten Hafenstation zu liefern ist und bis dahin die Gefahr der Versendung, insbesondere etwaige Qualitätsminderungen der Verkäufer zu tragen hat. Die Ware ist vom Käufer im Bestimmungshafen gegen Zahlung zu übernehmen.

Flensburg, § 1: Für Geschäfte, die ab, frei ab, frei Hafenbahn, frei Bahnwagen, frei an Bord, c und f, und cif geschlossen sind, gilt der Abladeplatz als Erfüllungsort.

—, § 10: Ist eine Ware „bahnfrei" oder „frei an Bord eines Schiffes" zu liefern, so hat der Verkäufer die Ware frei in den Eisenbahnwagen oder frei an Bord zu liefern. Der Verkäufer hat für die Gestellung der Eisenbahnwagen (und gemäß § 4 „der Schiffsräume") zu sorgen.

Flensburger Getreide, § 1, 12: Ebenso.

Halle, § 14: Bei Verkäufen fob oder kahnfrei ab Verladestation hat der Verkäufer die Ware frei an Bord zu liefern und bis dahin die Transportgefahr zu tragen. Die Gestellung des Fahrzeuges hat durch den Käufer zu geschehen.

Ist die Lieferung „kahnfrei" Empfangsstation vereinbart, so hat der Verkäufer die Transportgefahr zu tragen. Die Gestellung des Fahrzeuges hat durch den Verkäufer zu erfolgen.

Magdeburg, § 15, s. bahnfrei.

—, § 17: Ebenso.

Stettin, § 8: Bei Fob-Geschäften hat der Käufer die Eisbrecher- und Vertiefungsabgaben zu tragen. Diese Kosten sind vom Ablader zu verauslagen.

Wien, l. P., § 15: Schiffsfrei (gleichbedeutend mit fob) heißt so viel wie ab Versandstation.

Rauhfutterhändler, § 13, s. bahnfrei.

Berliner Kartoffelstärke, § 10: Fob bedeutet, daß der Verkäufer die Ware auf seine Kosten und Gefahr frei an Bord eines Schiffes zu liefern hat. Den Schiffsraum hat der Käufer zu stellen.

Berliner Holz, § 26, s. frei Waggon.

Wiener Holz, § 6, s. unter ab.

Bremer Baumwollbörse, § 98: Die Klausel franko Bord bezieht sich lediglich auf die Preisberechnung und bedeutet, daß der Verkäufer die ortsüblichen Kosten bis an Bord ausschließlich Schiffahrtsabgaben zu tragen hat.

— —, s. auch § 95: franko Waggon.

Stettiner Heringe, § 5, s. unter frei Bahn.

Hamburger Harz, § 32: Bei einem fob getätigten Kaufe hat der Käufer dem Verkäufer auf Verlangen die zur Ausführung der Fob-Lieferung erforderlichen Anweisungen unter Übersendung des Schiffszettels unverzüglich zu geben. Kommt der Käufer dieser Verpflichtung nicht nach, so hat der Verkäufer das Recht, die Ware für Rechnung und Gefahr des Käufers einzulagern. Die aus dem Verzuge des Käufers sich ergebenden weiteren Rechte des Verkäufers werden durch diese Bestimmung nicht berührt.

Liefert der Käufer die Schiffspapiere für einen Dampfer, der noch nicht ladebereit ist, und entstehen dadurch besondere Kosten, so hat der Käufer diese zu tragen.

Verlangt der Käufer bei vereinbarter Fob-Lieferung, daß die Ware auf ein Freihafenlager geliefert werde, so hat der Verkäufer diesem Verlangen zu entsprechen und hat damit den Vertrag erfüllt, indem hinsichtlich der Andienung an die Stelle der Fob-Dokumente die Empfangsbestätigung des Lagerhalters tritt. Etwa dadurch entstehende Mehrkosten hat der Käufer dem Verkäufer zu vergüten.

— —, § 40, s. Hamburg.

Hamburger Kolonialwaren: Ebenso wie § 32.

— —, § 41.

Hamburger Kakao, § 32: Ebenso.

Hamburger Drogen, § 32: Ebenso.

Prager Reis, § 323: Bei Verkäufen franko Schiff muß der Verkäufer die Ware bis auf das Schiff liefern.

Rhein- und Ruhrhafen-Spediteure, § 17: Bei Notierung fob Seeschiff und ab Seeschiff ist direkter Umschlag aus dem Rheinschiff in das Seeschiff oder umgekehrt und rechtzeitige Lade- bzw. Lösch- und Annahmebereitschaft des letzteren vorausgesetzt. Ist direkter Umschlag unmöglich, so gelangen die dadurch hervorgerufenen Unkosten besonders zur Verrechnung. Wechselt das Seeschiff Lade- und Löschplatz, so gehen die dadurch etwa entstehenden Kosten und Folgen zu Lasten der Waren. Vom Seeschiff erhobene Löschungskosten oder Kosten über Kai sind im Übernahmesatz niemals enthalten. Spätestens 3 Tage vor Ankunft des Seeschiffes müssen dem Spediteur die Einfuhrpartien angemeldet sein.

Der Spediteur ist nicht verpflichtet, mehrere Schiffe zugleich längsseits Seeschiff bereit zu halten. Ebenso hört seine Verpflichtung zur Schiffsraumgestellung bzw. Längsseitslieferung auf, wenn es mit Gefahr für sein Schiff verbunden ist, an die Lade- bzw. Löschstelle bzw. an das Seeschiff zu gelangen, oder dem Fahren oder Liegen daselbst behördliche Vorschriften entgegenstehen.

n) c und f, cif, caf, Kost – Versicherung – Fracht. cif und i, cific

Im Verlaufe der Entwicklung des Überseegeschäftes erwies sich die Notwendigkeit des Distanzhandels mit einer für den Käufer gegebenen festen Kalkulationsbasis. Dieser Anforderung entsprach das Kost-Fracht-Geschäft (c und f), bei dem der Verkäufer alle Kosten bis zur Einladung der Ware in das Schiff (cost, coût) und die Seefracht (freight, fret) übernahm, also alle jene Kosten, die einer größeren Schwankung unterworfen sind. Da der Abschluß der Versicherung gegen die Transportgefahr ebenfalls am leichtesten durch den Verkäufer zu bewerkstelligen war, wurde ihm dieser in dem Cif-Geschäft (cost, insurance, freight bzw. französisch coût, assurance, fret, deutsch Kost — Versicherung — Fracht) übertragen.

Die Cif-Klausel stellt damit eine Erweiterung der Fob-Klausel dar. Die Übernahme der „Kosten“ in der Cif-Klausel deckt sich inhaltlich mit der Übernahme der aus der Fob-Klausel entspringenden Verpflichtungen: Der Verkäufer hat die Waren auf seine Rechnung und Gefahr bis an Bord des Schiffes zu bringen. Dann aber hat er weiter die Kosten des Seetransportes sowie die Kosten der Versicherung der Ware gegen die Transportgefahr zu tragen. Ebenso wie man bei der Fob-Klausel die Verlegung des Gefahrenübergangsortes an den Absendehafen erst in letzter Zeit anerkannte, so hielt man bei der Cif-Klausel zunächst den Wohnort des Verkäufers für den Erfüllungsort der Lieferung, erkannte aber dem in der Cif-Klausel benannten Orte als Ablieferungsorte Rechte bezüglich der Qualitäts- und Quantitätsermittlung zu[1]). Erst allmählich hat sich die in den Usanzen heute einheitlich zum Ausdruck kommende Auffassung durchgesetzt, daß durch die Cif-Klausel der Erfüllungsort an den Abladeplatz verlegt wird: Bis zur Einladung in das Schiff treffen alle Gefahren den Verkäufer, erst von dem Augenblick der Einladung an geht die Gefahr auf den Käufer über. Dieser Abladeplatz gilt auch als Ablieferungsplatz: Qualitäts- und Quantitätsermittlung dieses Platzes sind, sofern vorschriftsmäßig vorgenommen, für den Käufer bindend. Das entspricht auch ganz dem Gedanken Staubs, der bei der früheren Auffassung schon sagt, daß in allen Fällen das Interesse des Verkäufers an baldiger Gewißheit oberster Grundsatz sein müsse. Allerdings können Ausnahmebestimmungen getroffen werden, wie „gesund ausgeliefert“ oder „ausgeliefertes Gewicht garantiert“; aber das liegt schon außerhalb der Cif-Klausel.

Erfüllt hat der Verkäufer, wenn er die Ware zur Verladung gebracht und dem Käufer die vorschriftsmäßigen Verladedokumente angedient hat. Die Gefahr allerdings geht auf den Käufer schon mit der Verladung über. Daß die Verladung allein noch nicht Erfüllungshandlung sein kann, geht schon daraus hervor, daß der Verkäufer nach der Verladung die Verladedokumente an einen Dritten veräußern und diesem damit die Verfügungsgewalt über die Ware übertragen kann. Erfüllt hat der Verkäufer erst, wenn er das zur Leistung seinerseits Erforderliche getan hat; das hat er aber erst, wenn er dem Käufer auch die Verschiffungsdokumente angedient hat. (Dieser Gedankengang ist der Vorlesung Prof. Oberparleiters entnommen, der sich dabei im wesentlichen auf das englische Recht stützt. Anderer Ansicht ist Hellauer[2]).

Bezüglich der 3 Hauptkosten: Kosten bis an Bord, Versicherung und Seefracht, können wohl keinerlei Zweifel entstehen. Der Preis muß so gestellt sein, daß er diese umfaßt. Streitig sind die mit der Ver-

---

[1]) Zander: a. a. O., S. 37; Breslauer Gutachten vom 16. Juli 1901 und vom 8. Februar 1908; Staub: Kommentar zu §§ 372, 373, 377.

[2]) A. a. O., S. 415ff.

sendung verbundenen Nebenkosten. Übereinstimmung besteht darüber, daß der Käufer die Kosten der Ausladung aus dem Schiff und alle weiteren Kosten zu tragen hat. Was die sonstigen Kosten angeht, so stehen von den Usanzen, in denen ich die Cif-Klausel fand, 2 auf dem Standpunkt, daß den Verkäufer lediglich die 3 in der Klausel enthaltenen Kostengruppen treffen, alle Nebenkosten zu Lasten des Käufers gehen[1]). Die Mehrzahl der Usanzen vertritt eine andere Auffassung. Nach 3 Usanzen treffen den Verkäufer sämtliche mit der Versendung der Ware verbundenen Kosten. Eisbrecher- und Vertiefungsabgaben hat nach den Stettiner Usanzen der Verkäufer zu tragen. Im einzelnen sei auf die Usanzen selber verwiesen. Im Zweifel wird man annehmen dürfen, daß nach dem Sinne der Klausel, dem Käufer eine sichere Kalkulationsbasis zu schaffen, die Nebenkosten bis in den Bestimmungshafen dem Verkäufer zur Last fallen. Ein Gutachten der Handelskammer Breslau sagt, daß der Verkäufer die sämtlichen Unkosten usw. zu tragen habe (8. Februar 1908)[2]).

Die tatsächliche Bezahlung der Fracht und sonstigen Nebenkosten wird im Zweifel durch den Käufer zu erfolgen haben. Es entspricht dies der allgemein vertretenen Auffassung bei den Franko-Klauseln überhaupt, zu denen die Cif-Klausel ja auch gehört. Dem Käufer ist dann durch Abzug der jeweiligen Kosten von der Rechnung doch die feste Kalkulationsbasis geboten.

Den Abschluß der Versicherung hat der Verkäufer nach den Grundsätzen eines ordentlichen Kaufmannes zu bewerkstelligen. Einige Usanzen schreiben vor, daß die Versicherung bei anerkannt guten Versicherern zu erfolgen habe. Der Verkäufer haftet natürlich für den Abschluß der Versicherung, allerdings ist zumeist eine Haftung für den Fall der Zahlungsunfähigkeit des Versicherers ausgeschlossen. Sehr häufig wird, auf Grund besonderer Vereinbarung, auch die Versicherung von dem Käufer selber abgeschlossen.

Welchen Betrag der Verkäufer zu versichern habe, ist in den Usanzen nicht einheitlich geregelt. Nach 2 Usanzen ist der Fakturenwert, das heißt also der in dem Cif-Preis gegebene Wert der Ware zu versichern, andere Usanzen bestimmen, daß auch der Zoll mitversichert werden müsse, und schließlich verlangt die Mehrzahl der Usanzen auch die Versicherung eines zwischen 2% und 10% schwankenden, imaginären Gewinnes. Dieser imaginäre Gewinn kann im wesentlichen nur als eine Versicherung des dem Käufer bei Verlust der Ware entgehenden Gewinnes aufgefaßt werden. Denn der Gewinn des Verkäufers ist ja bereits im Cif-Preis enthalten, eine Versicherung darüber hinaus kommt einer

---

[1]) Ebenso Gutachten der Handelskammer Berlin 2718/1913.

[2]) Ähnlich ein Gutachten der Ältesten der Berliner Kaufmannschaft vom Dezember 1897.

Überversicherung gleich, die dann von der Versicherungsgesellschaft im Schadensfalle auch nicht vergütet wird. Lediglich zugunsten des Käufers erscheint die Mitversicherung eines imaginären Gewinnes durch den Verkäufer berechtigt. Eine Begründung einer eventuellen „Überversicherung" könnte man höchstens in den im Verlustfalle sich ergebenden sonstigen Kosten und Aufwendungen finden. Doch ist es fraglich, ob die Versicherungsgesellschaften diesen anerkennen werden.

Die Usanzen knüpfen dann an die Cif-Klausel noch einige weitere Wirkungen bezüglich der Mängelrügen, Lieferfristen und Zahlungen.

Da diese einmal den sonst üblichen Bedingungen entsprechen und in ihrer Einzelbedeutung von Platz zu Platz und von Ware zu Ware wechseln, ist eine einheitliche Betrachtung nicht möglich. Es sei dieserhalb auf die Usanzen selber verwiesen.

Soll der Preis außer den Kosten des Transportes auch noch die Zinsen umfassen, wie dies vielfach im Exporthandel nach Indien und Ostasien vorkommt[1]), dann wird der Preis als ein Cif- und i- (interest) Preis und wenn er auch noch die besonders zur Anrechnung kommende Kommission umfassen soll, als ein Cific-Preis angestellt. Nur in den Usanzen der österreichischen Exporteure sind diese Klauseln berücksichtigt.

Sollen die Ausladespesen ebenfalls vom Verkäufer getragen werden, so wird die Cif-Klausel noch durch das Wort „gelandet" (landed, transbordé) ergänzt.

Für das Verhältnis von Empfänger und Schiffer geben weder die Usanzen noch die Gutachten nähere Anhaltspunkte. Man wird wohl, ähnlich wie bei der Fob-Klausel, annehmen dürfen, daß alle Manipulationen auf dem Schiff, also das Bereitstellen der Ware bis zur Übernahme von Bord, dem Schiffer zur Last fallen und in der Fracht abgegolten sind, die Kosten der Abnahme von Bord aber bereits zu Lasten des Empfängers gehen. Das deckt sich auch mit der Forderung nach einer festen Kalkulationsbasis für den Käufer, da er ja die infolge der jeweiligen Beschaffenheit des Ankunftshafens dort sich ergebenden Kosten kennen muß.

Es findet sich die Cif-Klausel in folgenden Usanzen:

Hamburg, § 18: Bei Kost-, Fracht- und Cif-Geschäften ist der Abladeort der Erfüllungsort für die Lieferung.

Bei diesen Geschäften hat der Käufer die Deklarationsabgabe sowie den Konnossementstempel und die die Ware treffende Kailadungsgebühr zu zahlen.

Innsbruck, § 32: Bei einem Geschäft inklusive Kosten, Versicherung und Assekuranz (F. K. A., cif) hat der Verkäufer die Kosten der Verladung, Fracht und Assekuranz, sonst aber keine weiteren Spesen zu tragen. Er haftet nicht für die Schäden und Gefahren, von welchen die Ware während des Transportes betroffen werden könnte.

[1]) Oberparleiter: Gesammelte Beiträge, S. 55.

Köln, § 38, s. Hamburg, § 18, ohne: „und die die Ware treffende Kailadungsgebühr".

Wien, § 16, s. Innsbruck.

Österreichische Exporteure: c und f: Im Preise sind die Land- und Seefracht und sämtliche Kosten bis Bord des in Bestimmungshafen eingehenden Dampfers enthalten mit Ausnahme der Seeversicherung.

— —: cif: Im Preise der Ware sind die Land- und Seefrachtversicherung und sämtliche Kosten bis Bord des in Bestimmungshafen eingehenden Dampfers enthalten.

— —: cifc: Dieselbe Bedeutung wie cif, jedoch ist im Preise die Kommission inbegriffen.

— —: cifci: Dieselbe Bedeutung wie cifc, dazu kommen noch die Zinsen.

— —: cif gelandet (landed): Dieselbe Bedeutung wie cif, jedoch sind im Preis auch die Kosten für die Ausladung der Ware im Bestimmungshafen (Leichtergebühren) inbegriffen.

— —: Bei der Klausel c und f und bei allen Cif-Klauseln sind in den Kosten, die der Verkäufer zu tragen hat, die Kosten für die Beschaffung einer Konsulatsfaktura nicht inbegriffen.

Bei der Deckung der Seeversicherung ist auf Wunsch des Käufers ohne Preisaufschlag ein den Fakturenwert bis zu 20% übersteigender Betrag, welcher den imaginären (supponierten) Nutzen darstellt, mitversichert.

Berlin, § 36: Wenn Ware cif verkauft ist, so hat der Verkäufer sämtliche über die verkaufte Ware ausgestellten Ladescheine, mit Ausnahme des beim Frachtführer befindlichen, der als Frachtbrief gilt, eine Versicherungsurkunde und drei ordnungsgemäße, vom Frachtführer versiegelte Proben an den Käufer zu liefern.

Dem Käufer ist vor Abfertigung der Ladung Gelegenheit zu geben, die Ware im Kahn besichtigen zu lassen, wenn er dieses Verlangen vor Beginn der Lieferfrist stellt.

Ist ausländische Ware unverzollt gehandelt, so hat der Verkäufer den Zollbetrag mitzuversichern. Die Versicherungsurkunde muß den Rechnungsbetrag ohne Abzug der Fracht um 3% übersteigen und von einer als erstklassig bekannten Gesellschaft ausgestellt sein.

Ordnungsmäßige Proben müssen den Durchschnitt der gelieferten Ware darstellen und einen Inhalt von je ungefähr ½ kg haben.

—, § 40: Einwendungen gegen die Beschaffenheit der cif gekauften Ware sind bei Vorlegung der versiegelten Schifferproben unter Angabe der Gründe zu erheben. Hat der Käufer vor Abfertigung der Ladung die Ware im Kahn besichtigt, so muß er die Mängel innerhalb 24 Stunden nach vorgenommener Besichtigung drahtlich unter Angabe der Gründe dem Verkäufer anzeigen. Zwischenverkäufer haben die Mängelrüge unverzüglich drahtlich weiterzugeben. Das Recht der Mängelrüge ist nach Ablauf von 2 Werktagen nach der Besichtigung erloschen. Der Käufer hat unverzüglich zwei beglaubigte und versiegelte Proben von ungefähr je ½ kg vorzulegen.

Die Entscheidung über solche Einwendungen wird gemäß § 23 herbeigeführt. Falls jedoch Berliner Schiedsgericht oder Berliner Arbitrage vereinbart ist, erfolgt Entscheidung durch das Schiedsgericht des Vereines Berliner Getreide- und Produktenhändler.

Chemnitz, § 18: Unter Cif-Binnenstation ist zu verstehen, daß der Preis den Wert, die Versicherungs- und andere Kosten und die Fracht bis zur vereinbarten Wasserstation enthält. Bei Verladung von losem Getreide sind vom Schiffer und dem Ablader gemeinschaftlich Proben zu ziehen und zu versiegeln. Bei Verladung von Sackgut sind Proben in beglaubigter Form zu ziehen.

Sind an den Verladestellen von einer Handelskammer oder dem Vorstand einer Börse ernannte Sachverständige oder Probenehmer vorhanden, so müssen diese in erster Linie herangezogen werden.

Die Gefahr der Versendung der Ware trägt der Käufer.

Mangels anderer Vereinbarung ist Zahlung gegen Übergabe des Konnossements, der Schifferprobe bzw. beglaubigter Proben (bei Sackgut) und der Polizze innerhalb 24 Stunden nach Vorzeigung Zug um Zug zu leisten.

Die Höhe der Versicherungssumme muß den Fakturenbetrag einschließlich Fracht und Zoll um 5% übersteigen.

Verkäufer ist berechtigt, Teilladungen anzudienen, jedoch nicht unter 30 t auf ein Konnossement. Auf rechtzeitiges Verlangen des Käufers ist der Verkäufer verpflichtet, ihm oder seinem Vertreter Gelegenheit zu geben, die Ware am Orte der Verladung im Stück zu prüfen und in seinem Beisein 5 kg Muster gegen Bezahlung zu ziehen.

Auch ist der Käufer berechtigt, die Ware am Orte der Verladung durch Sachverständige, vorzugsweise solche, die von der Handelskammer oder dem Vorstand einer Börse ernannt sind, prüfen und über den Befund der Ware ein Gutachten erstatten zu lassen.

Bemängelungen der Qualität berechtigen nicht zur Zahlungsverweigerung. Der Käufer ist dagegen berechtigt, den Minderwert gemäß den Bestimmungen der Börsenschiedsgerichtsordnung feststellen zu lassen, und der Verkäufer verpflichtet, den festgestellten Minderwert innerhalb 24 Stunden bar zu vergüten. Ist Naturalgewicht vereinbart, so ist das am Orte der Verladung ordnungsgemäß ermittelte Gewicht maßgebend.

Die Ermittlung des Naturalgewichtes hat auf Grund der Schopperschen Getreidewaage und der dazu gehörigen Listen zu erfolgen. Ist jedoch Abladegewicht von einem überseeischen Hafen vereinbart, so richtet sich die Feststellung des Naturalgewichtes nach dem in dem betreffenden Hafen gültigen Handelsgebrauche.

Flensburg, § 1, s. Fob.

Flensburger Getreide, § 1, s. Ab.

Halle, § 14: Bei Cif-Verkäufen hat der Verkäufer die Fracht, Versicherung und etwaige sonstige Kosten der Versicherung zu tragen. Die Transportgefahr geht zu Lasten des Käufers. Die Versicherung muß den Rechnungsbetrag zuzüglich Fracht um 5% übersteigen.

Süddeutsche Spezialbestimmungen für Cif-Geschäfte:

Unter Cif-Geschäften versteht man diejenigen Abschlüsse, die entweder zwischen zwei Kontrahenten ausdrücklich als Cif-Geschäfte bezeichnet werden oder wobei der Preis auf Grundlage „cif“ vereinbart ist.

§ 1. Verkäufe zu Cif-Bedingungen verstehen sich:

Ware geliefert frei an Bord im Einladehafen, einschließlich Fracht und Versicherung bei anerkannt guten Versicherern bis zum Bestimmungshafen. Die Reisegefahr geht zu Lasten des Käufers.

§ 2. Will der Verkäufer dem Käufer eventuell entstehende Hoch- oder Kleinwasserzulagen oder damit zusammenhängende Liegegelder auferlegen, so muß er dies bei dem Geschäftsabschluß bedingen, andernfalls diese Spesen als Frachtanteil ihn selbst angehen.

§ 3. Im übrigen gelten die allgemein üblichen Konnossementsbedingungen. Sie gelten auch für ein entstehendes Fehlgewicht, wenn bei den zusammenlegbaren Partien zuvor eine Verteilung der Ware zwischen den verschiedenen Empfängern stattgefunden hat.

§ 4. Zollpflichtige Ware hat der Verkäufer so zu versichern, daß der Zollbetrag mit eingeschlossen ist, auch wenn das Geschäft transito zum Abschluß kam. In letzterem Falle hat der Käufer dem Verkäufer die dafür vorgelegte Versicherungsprämie zu vergüten.

§ 5. Der Verkäufer hat auf den Bruttofakturenbetrag 2% Mehrwert zugunsten des Käufers mitzuversichern. Ist die Polizze auf einen noch höheren Betrag ausgestellt, so gilt dieser Mehrbetrag zugunsten des Verkäufers versichert.

§ 6. Der Verkäufer ist berechtigt, 5% mehr oder weniger als die vereinbarte Menge zu liefern. Davon sind 2% zum Verkaufspreise, das übrige zum Tagespreis (Konnossementsdatum) gegenseitig zu verrechnen.

Im Falle der Über- oder Unterschreitung der zulässigen Höchst- oder Mindestmenge ist der Käufer berechtigt, auf Grundlage der Vertragsmenge (ohne Spielraum) abzurechnen.

§ 7. Bezüglich der Lieferfristen gelten die Bestimmungen des § 20 der Allgemeinen Einheitsbedingungen mit der Abweichung, daß die in Ziffer a) vorgesehene Lieferzeit auf sechs Werktage, die unter b) vorgesehene auf 18 Werktage verlängert wird.

§ 8. Wird die vertraglich vereinbarte Lieferzeit nicht eingehalten, so hat der Nichtsäumige das Recht, ohne Nachfriststellung zurückzutreten, vorbehaltlich aller seiner Rechte aus dem Vertrag.

§ 9. Im Falle des Eintretens dauernder oder vorübergehender Erfüllungshindernisse gelten die Bestimmungen des § 33, Ziffer 1 und 2, der Allgemeinen Einheitsbedingungen mit der Maßgabe, daß die in Ziffer 2 vorgesehene Frist von 8 auf 18 Werktage erhöht wird.

§ 10. (Streikklausel.) Wird die Erfüllung durch Aufruhr, Streik und Aussperrung verhindert, so verlängert sich die Verladefrist bis zu drei Wochen nach Beendigung des Erfüllungshindernisses. Der Verkäufer hat indessen nur dann auf die vorstehende Klausel Anspruch, wenn der Name des Hafens oder der Häfen, jedoch nicht mehr als drei, von wo die Verladung bewirkt werden soll, angegeben ist oder wenn er dem Käufer nicht spätestens zum ersten Tage der vereinbarten Verladefrist drahtlich mitgeteilt wird. Weiterverkäufer müssen diese Erklärungen unverzüglich drahtlich weitergeben.

Stettin, § 25: Bei Cif-Verkäufen hat der Verkäufer die Kosten der Abladung, Fracht und Assekuranz bis zum Bestimmungshafen zu tragen.

Bei Cif-Verkäufen hat der Verkäufer sämtliche über die verkaufte Partie ausgestellten Ladescheine, Konnossemente mit Ausnahme des beim Frachtführer oder Schiffer verbleibenden Exemplars, eine Versicherungsurkunde sowie bei Kahnverladungen in loser Schüttung ordnungsgemäß versiegelte Proben an den Käufer, soweit ausbedungen, zu liefern.

Die Versicherungsurkunde muß den Rechnungsbetrag um 3% übersteigen und von einer anerkannt guten Versicherungsgesellschaft ausgestellt sein.

Ordnungsmäßig genommene Abladeproben stellen die Durchschnittsqualität der gelieferten Partie dar.

Wenn mehrere Empfänger an einer Partie beteiligt sind, darf der einzelne nur 1% weniger herausnehmen als ihm laut Konnossement oder Faktura zusteht. Der letzte Empfänger hat den Rest abzunehmen und mit den Interessenten das Mehr oder Weniger nach Verhältnis ihrer Anteile zum Cif-Preis der Ware am letzten Löschungstage in bar auszugleichen. In Zweifelsfällen ist der Cif-Preis durch 2 Mitglieder der Fachkommission für den Getreidehandel, die von dem Vorsitzenden der Fachkommission bestimmt werden, festzustellen. Bei Beschädigungen hat der Kontrolleur oder, sofern ein solcher nicht vorhanden ist, der Hauptempfänger zu bestimmen, welcher Prozentsatz von der Ladung einbehalten werden soll. Die beschädigte Ware ist demnächst unter sämtlichen Ladungsbeteiligten im Verhältnis ihrer Anteile und unter Vergütung sämtlicher dadurch entstandenen Unkosten zu verteilen. Differenzen sind dabei zum Tagespreis am letzten Löschungstage von den Ladungsbeteiligten unter sich zu verrechnen.

Wien, l. P., § 15: Ex Schlepp (gleichbedeutend mit cif) bedeutet, daß die angediente Ware im Schlepp ausladebereit zur Verfügung gestellt werden muß. Der Käufer hat die Ausladung zu besorgen und sämtliche hiemit verbundenen Kosten einschließlich der Abwage zu tragen. Den Verkäufer treffen nur die Mehrkosten einer von ihm besonders verfügten Abwage.

Schlußschein des Deutsch-Niederländischen Kontrakts: Die Polizzen.... müssen in Höhe von 3% über dem Rechnungsbetrag geliefert werden.

Berliner Holz, § 26: Die Transportgefahr trägt derjenige, der die Fracht zu tragen hat. In jedem Falle sind Frachten und Zölle vom Käufer skonto- und zinsfrei zu verauslagen.

Innsbrucker Holz, § 9, s. Innsbruck, § 32, mit Zusatz: Im Schadensfalle gebührt die ganze Assekuranzsumme einschließlich des mitversicherten imaginären Gewinnes dem Käufer.

Königsberger Holz, § 21: Für alle Lieferungen, auch bei Franko- und Cif-Verkäufen, soll der Abladeort als Leistungsort gelten.

Prager Holz, § 9: Ebenso.

Wiener Holz, § 14: Ebenso.

Bremer Baumwollbörse, § 113: Wenn die Seeversicherung nach dem Kaufvertrag durch den Käufer zu erfolgen hat, so hat dieser 10% imaginären Gewinn auf den Netto-Fakturenbetrag mitzuversichern. Die Landbeschädigung ist in die Versicherung einzuschließen.

Bei On-call-Verträgen hat der Verkäufer, solange der Preis nicht fixiert ist, die Baumwolle zum vollen Marktwert zuzüglich 10% imaginären Gewinn versichert zu halten.

Wiener Baumwolle, § 15: c f heißt: Kosten und Fracht im Preise inbegriffen bis zu dem beim Verkauf bezeichneten Ankunftshafen. In diesem Falle ist die Assekuranz Sache des Käufers. Cif heißt: Kosten, Assekuranz, Fracht im Preise inbegriffen bis zu dem beim Verkaufe bezeichneten Ankunftshafen. Hier übernimmt der Verkäufer die übliche Assekuranzbesorgung und die Verantwortung dafür, daß die Ware zum mindesten für den Wert des Fakturenbetrages versichert ist. Eine Mehrversicherung ist besonders zu vereinbaren.

— —, § 51: Bei C- und f- und Cif-Konditionen trägt der Käufer die Spesen der Ausladung vom Bord und des Transportes zum Magazin oder zur Bahnstelle und da er auch die Gefahren hievon zu tragen hat, ist es seine Sorge ob ihn die Assekuranz bis dahin deckt.

Hamburger Kolonialwaren, § 39, s. Köln, § 38, mit Zusatz:

Maklergebühren sind, auch wenn die Fracht am Bestimmungsort zu zahlen ist, vom Bruttobetrag zu zahlen.

Bei C- und f- und Cif-Geschäften können Partien, welche bereits untersucht sind, nicht angedient werden.

Der Verkäufer ist bei C- und f- und Cif-Geschäften verpflichtet, die Dokumente, sobald sie in seinen Besitz gelangt sind, dem Käufer unverzüglich einzuhändigen (bei verspätetem Eintreffen auch nach der Entlöschung).

Hamburger Harz, § 37: Bei C- und f- und Cif-Geschäften ist der Abladeort der Erfüllungsort für die Lieferung. Partien, welche hier bereits untersucht sind, können nicht angedient werden.

Liefert der Verkäufer dem Käufer die Dokumente erst nach der Entlöschung der Ware, so haftet er diesem für die hiedurch verursachten Unkosten. Maklergebühren sind, auch wenn die Fracht erst am Bestimmungsort zu zahlen ist, vom Bruttobetrag zu berechnen.

— —, § 3: Bei C- und f- und Cif-Geschäften hat der Käufer die Ware nach der beendeten Entlöschung des Schiffes unverzüglich, soweit dies nach ordnungsmäßigem Geschäftsgange tunlich ist, zu untersuchen, und wenn sich ein Mangel zeigt, dem Verkäufer unverzüglich Anzeige zu machen. Zeigt der Verkäufer dem Käufer schon vor der Beendigung der Entlöschung des Schiffes an, daß die Ware entlöscht sei, so beginnt die Frist für die Untersuchung und Erklärung mit der Erstattung dieser Anzeige. Erfolgt die Einhändigung der Dokumente erst nach der Entlöschung des Schiffes, so beginnt die vorerwähnte Frist erst mit der Einhändigung der Dokumente. Unterläßt der Käufer die Mängelanzeige, so gilt die Ware als genehmigt, es sei denn, daß es sich um einen versteckten Mangel handelt, der bei der ordnungsmäßigen Untersuchung nicht erkennbar war.

Hat der Käufer bei C- und f- und Cif-Geschäften die Ware weiterverkauft und die Dokumente dementsprechend weitergegeben, so genügt es zur Wahrung seiner Rechte, wenn er die ihm von seinem Käufer erklärte Mängelanzeige unverzüglich weitergibt. Er hat aber für die rechtzeitige Erstattung der Mängelanzeige seitens seines Abnehmers und dessen Nachmänner seinem Verkäufer einzustehen.

— —, § 4: Die Verwiegung der Ware hat innerhalb 5 Werktagen, gerechnet von dem Zeitpunkte des Beginnes der Erklärungsfrist, zu erfolgen. Ansprüche wegen Untergewichtes müssen mit tunlicher Beschleunigung längstens innerhalb je zweier Werktage von jedem Beteiligten gegenüber seinem Vormann weitergegeben werden. Hat Arbitrage stattgefunden, so beginnt die Frist erst mit der Zustellung des Arbitrageattestes an den letzten Käufer.

— —, § 7: Bei Cif- und C- und f-Geschäften ist das hier ermittelte Untergewicht über 1% vom Verkäufer zu vergüten, soweit es nicht nachweislich auf Havarie oder andere vom Absender nicht abwendbare äußere Beschädigungen zurückzuführen ist. Reklamationen wegen Untergewichtes auf Teilmengen sind nicht zulässig. Bei Terpentinöl findet ein Abzug nicht statt.

— —, § 9: Die Kosten der Gewichtsfeststellung trägt bei Cif- und C- und f-Geschäften nach ausgeliefertem Gewicht der Käufer.

Hamburger Drogen, §§ 37, 3, 4, 7: Ebenso.

Hamburger Gummi, § 3: Hamburg ist der Erfüllungsort für Verkäufer und Käufer, ausgenommen bei Cif- und C- und f-Geschäften.

— —, § 5: Bei Cif-Geschäften hat der Verkäufer die Ware gegen Verlust und frei von 3% Beschädigung jedes Kollo eine Taxe einschließlich Diebstahl, Beraubung, Abhandenkommen, Kriegsminen- und Torpedogefahr zum Vertragspreis plus 10% imaginären Gewinn zu versichern. Die Polizze muß die Risken von Haus zu Haus decken bis wenigstens 15 Tage nach Entlöschung am Bestimmungshafen.

Stimmt die gelieferte Polizze nicht mit den vorstehenden Bedingungen überein, so ist sie durch eine Bankgarantie zu ersetzen.

Hamburger Gummi, § 7, s. Harz, § 7, mit Zusatz: Für Gewichtsfeststellung bei C- und f- und Cif-Geschäften gilt die Sonderbestimmung, daß die Verwiegung der Ware baldigst, spätestens aber innerhalb 6 Werktagen nach erfolgter Entlöschung zu geschehen habe.

— —, § 9, s. Harz, § 9.

Danziger Kaffee, § 15: Bei Geschäften Kost, Fracht und cif Seeplatz findet Berechnung statt, sobald die Dokumente (etwaiger Versicherungsschein oder Teilschein oder Lieferschein) in Danzig zur Verfügung stehen. In Fällen, wo das Konnossement geliefert wird, genügt eine Ausfertigung, jedoch hat der Verkäufer für Nachlieferung des vollen Satzes Sorge zu tragen. Bei verspäteter Vorlage der Dokumente, soweit sie durch Verschulden des Verkäufers entstanden ist, hat der Verkäufer die Mehrkosten zu tragen. Lagerscheine gelten nicht als Konnossement oder Teilschein oder Lieferschein. Alle bei bzw. nach der Entlöschung auf der Ware lastenden Kosten, wie Verkehrssteuern, Umschlagsgebühr, Aussuchen der Sache am Kai, Musterziehen, Lagermiete, Speditionsgebühr usw., gehen zu Lasten des Käufers.

Befindet sich bei Cif-Verkäufen die Ware bereits in Danzig oder Neufahrwasser auf Lager, so ist der Verkäufer verpflichtet, vor Geschäftsabschluß dieses bekanntzugeben. Geschieht dies nicht, so hat der Verkäufer die Mehrkosten zu tragen. Seeversicherung bei Cif-Verkäufen ist vom Verkäufer bis zur Höhe des Verkaufspreises gedeckt zu halten. Die Deckung von Diebstahl, Minen-, Torpedo-, Kriegs- und Repressaliengefahr fällt nicht unter die Verpflichtung des Verkäufers.

Hamburg mit Deutschland und Österreich, § 9, s. Danzig, § 15 ohne den Satz „Lagerscheine gelten....." und ohne den Satz „Befindet sich bei..... bis..... zu tragen".

Wiener Kaffee, § 8: Bei Cif-Verkäufen sind die Assekuranz-Gesellschaft, die Versicherungsbedingungen und der versicherte Wert dem Käufer anzugeben. Bei C- und f- und Cif-Geschäften trägt der Käufer die Gefahr und die Spesen der Ausladung vom Bord des Transportes zum Magazin oder zur Bahnstation.

Hamburger Kakao, § 18: Bei Kost und Fracht und Cif-Geschäften ist der durch Arbitrage erkannte Minderwert auf das Abladegewicht zu rechnen und kommt nur bei solchen mit ausgeliefertem Gewicht auf das am Bestimmungsort kaiseitig ermittelte Gewicht zur Berechnung.

— —, § 20: Entnommene Proben sind zu berechnen.

Hamburger Kork, § 4: Bei Verkäufen von Korkrinde ab Herstellungsland oder bei Cif-Verkäufen kommt das im Herstellungsland ermittelte Gewicht zur Berechnung.

Stettiner Heringe, § 7: Bei Cif-Verkäufen hat der Verkäufer die Kosten der Verladung, Seeversicherung und Fracht zu tragen; bei Cif-Verkäufen ab Stettin ferner Eisbrechergebühren und die Vertiefungsabgaben auf der Schiffahrtsstraße Stettin—Swinemünde. Andere Abgaben trägt der Käufer.

o) Ex Schiff. Frei von Bord. Ex Magazin

War bei der Klausel „in das Schiff“ oder „frei an Bord“ die Einladung der Ware in das Schiff Sache des Verkäufers, so ist bei den Klauseln „ex Schiff“ oder „frei von Bord“ die Ausladung der Ware aus dem Schiff und bei der Klausel „ex Magazin“ aus dem Magazin Sache des Käufers. Kosten und Gefahr bis zur Ausladung treffen den Verkäufer, Kosten und Gefahr der Ausladung und der weiteren Behandlung der Ware treffen bereits den Käufer. Im einzelnen bestimmen die Usanzen, daß der Käufer auch die Kosten der Abwage zu tragen habe.

Für das Verhältnis von Schiffer und Empfänger bei der Klausel „frei von Bord“ äußert sich ein Königsberger Gutachten für den Kohlenhandel (10. Januar 1900), daß der Schiffer auf seine Kosten die Einfüllung in Körbe und das Aufschaffen an Deck vorzunehmen habe. Das Abtragen der Körbe ist bereits Sache des Käufers.

Hat der Käufer Säcke oder sonstige Emballage beizustellen, so treffen ihn alle aus einer eventuellen Verzögerung oder ungenügender Bereitstellung der Emballagen sich ergebenden Kosten. Der Verkäufer hingegen hat den Käufer rechtzeitig über das Eintreffen der Ware zu unterrichten.

Es heißt in den Usanzen:

Budapest, § 9: Die Bezeichnung „ex Schiff zu übernehmen“ legt dem Käufer die Verpflichtung auf, außer sämtlichen Kosten der Abwage und der Übernahme auch die etwaigen Baggerungsgebühren, die Pflastermaut und andere örtliche Gebühren zu entrichten.

—, § 8: Die Bezeichnung „aus dem Magazin zu übernehmen“ legt dem Käufer die Verpflichtung auf, sämtliche Kosten der Abwage und der Übernahme aus eigenem zu tragen.

Flensburg, § 10: Ist eine von auswärts kommende Ware „bahnfrei“ oder „frei von Bord“ abzunehmen, so hat der Käufer die Ware aus dem Eisenbahnwagen oder vom Bord des Schiffes abzunehmen.

Mittel- und Süddeutsche, § 43: Sonderkosten gehen auch dann zu Lasten des Käufers, wenn ex Schiff, bordfrei, ab Schiff oder waggonfrei oder franko Käufers Station verkauft ist, einerlei ob sie schon im Seehafen oder unterwegs oder am Verkäufers Domizil entstanden sind.

Rheinisch-Westfälische, § 14: Lieferung oder Abnahme „aus Schiff“ bedeutet, daß die Ware während der gesetzlichen Löschfrist des Schiffes oder der Partie nach Käufers Wahl empfangen werden muß. Hat in diesem Falle der Käufer die Säcke zu stellen, so müssen sie bei Greifbarwerden der Partie zur Stelle sein. Vorausgesetzt wird hiebei, daß der Verkäufer den Käufer rechtzeitig vor Eintreffen des Schiffes in Kenntnis gesetzt hat.

Bei Abschlüssen von mehr als 50 t genügt es, wenn die Säcke so zeitig zur Stelle sind, daß die Verladung über die Löschzeit des Schiffes oder der Partie gleichmäßig verteilt werden kann. Ergibt sich wegen Sackmangels des Käufers oder Fehlens von ausführbaren Verladevorschriften die Notwendigkeit, die Ware zu Boden zu nehmen, oder kommt wegen Mangels an Lagerraum das Schiff in Liegetage, so hat der Käufer die entstehenden Kosten zu tragen.

Londoner Rohzink, § 4: Lieferung ex Schiff oder ex Kai Liverpool: Im Zusammenhang mit der Ankündigung über den Ort und die Art und Weise der Lieferung muß der Name des Dampfers deklariert werden, und zwar spätestens am 2. Werktage des Monats, der dem im Kontrakt für die Abladung genannten Monat folgt, und nicht später als am Tage vor der erwarteten Ankunft des Dampfers im Entladungshafen; indes ist die Deklaration ungültig, falls infolge eines Zusammenstoßes, Unfalls oder Streiks die Ankunft des Dampfers eine Verzögerung erleidet, sofern diese Deklaration vor dem Eintreffen einer Nachricht über derartige Verzögerungen abgegeben worden sind. Die Dokumente müssen dem Käufer rechtzeitig ausgehändigt werden, um ihm die rechtzeitige Abnahme der Lieferung bei dem Löschen des Dampfers zu ermöglichen.

Londoner Blei, § 9: Mangels sonstiger Abmachung ist alles „ex Dampfer" gelieferte Blei in den Räumen und auf Kosten des Käufers zu wiegen, wobei es dem Verkäufer freisteht, den Posten nachzuwiegen; jedoch hat er diese Kosten zu tragen, wenn das ursprüngliche Gewicht ohne nennenswerte Abweichung bestätigt wird.

Blei ex Kai ist auch zu wiegen bei der Lieferung ab Kai, ausgenommen Warrantblei, das ab öffentliches Lagerhaus geliefert wird; in diesem Falle muß das Warrantgewicht anerkannt werden.

p) Sotto palanca, sous palan

Kosten und Gefahr des Transportes und der Ausladung treffen den Verkäufer bei Anwendung der in den Usanzen des Holzhandels zu findenden Klauseln „sotto palanca", „sous palan"; während die Ware „von der Schiffswinde bzw. dem Kran gehoben schwebt"[1]), gehen Kosten und Gefahr auf den Käufer über. Erfüllungsort ist also der Bestimmungshafen. Allerdings geht die Verpflichtung des Verkäufers nicht so weit wie in den Klauseln „frei Ufer Bestimmungshafen", „frei Kai Bestimmungshafen", bei denen die Kosten und die Gefahr des Aufsetzens am Ufer oder Kai ebenfalls noch den Verkäufer traf. Die Kosten und Gefahr des Aufsetzens treffen bei diesen Klauseln bereits den Käufer. Daß dem Verkäufer, der die Gefahr der Reise trägt, auch die Versicherungssumme im Verlustfalle gebührt, ist selbstverständlich; und da es sich durch diese Festlegung des Erfüllungsortes um ein Lokogeschäft handelt, trifft ihn auch die Verpflichtung zu einer eventuellen Nachlieferung.

Es heißt in den Usanzen:

Innsbrucker Holzusanzen, § 9: Bei Verkäufen sotto palanca, sous palan hat der Verkäufer die Kosten der Verladung, Fracht und Assekuranz zu tragen und geht die Ware auf seine Gefahr. Im Schadensfalle gebührt dem Verkäufer die ganze Assekuranzsumme einschließlich eines etwa mitversicherten imaginären Gewinnes, jedoch trifft ihn die Verpflichtung zur Ersatzlieferung.

Prager Holz, § 9: Ebenso.

Wiener Holz, § 14: Ebenso.

---

[1]) Hellauer: a. a. O., S. 361.

q) Frei hinter Käufers Speicher. Geeigneter Speicher

In den Hamburger Usanzen findet sich dann noch die Klausel „frei hinter Käufers Speicher“, derzufolge der Verkäufer auch die Kosten und die Gefahr bis vor einen zu Wasser erreichbaren Speicher im Hafengebiet zu tragen hat. Ist eine Auslieferung aus augenblicklichen Umständen heraus zu Wasser nicht möglich, so ist der Verkäufer verpflichtet, die Ware zu Lande frei vor die Türe des betreffenden Speichers zu liefern. Der Käufer ist zur unverzüglichen ununterbrochenen Abnahme verpflichtet.

Es heißt in den Usanzen:

Hamburg, § 13: Bei der Klausel „frei hinter Käufers Speicher“ ist der Käufer verpflichtet, einen zu Wasser erreichbaren Speicher im Gebiet des Hamburger Hafens anzuweisen. Wenn die Auslieferung zu Wasser durch Eis, Wassermangel oder sonstige höhere Gewalt verhindert wird, ist der Verkäufer berechtigt und auf Verlangen des Käufers verpflichtet, die Ware zu Lande frei vor die Tür des angewiesenen Speichers zu liefern.

Mit dieser Klausel verkaufte Waren müssen, wenn sie bis 5 Uhr angedient sind, am nächsten Werktag aufgenommen werden.

Geschieht die Aufnahme der ordnungsmäßig angedienten Ware nicht innerhalb genannter Frist bzw. bei in genannter Frist nicht zu bewältigenden Mengen nicht in ununterbrochener Folge, so sind die durch die Verzögerung entstehenden Kosten vom Käufer zu tragen.

Kolonialwaren Hamburg, § 33: Ebenso, aber statt 5 Uhr: 4½ Uhr.

Hamburger Harz, § 29: Ebenso, aber statt „wenn sie bis 5 Uhr...“: wenn sie bis 4½ Uhr und an Tagen mit Frühbörse bis 1 Uhr angedient sind.

Hamburger Drogen, § 30: Ebenso wie Hamburg.

Hamburger Kaffee, § 24: Ebenso.

Hamburger Kakao, § 28: Ebenso.

r) Frei auf Käufers Schale

Einen Schritt weiter geht dann die Klausel frei auf Käufers Schale, bei der den Verkäufer nicht nur die Verpflichtung zur Auslieferung bis an den Speicher trifft, bei der er vielmehr verpflichtet ist, die Ware frei auf die Wagschale im Lager des Käufers zu liefern. Im übrigen gelten die schon für die Franko-Klauseln allgemein festgestellten Bedingungen.

Es heißt in den Usanzen:

Hamburg, § 14: Wenn bei „frei auf Käufers Schale“ zu liefernden Waren der Verkäufer vom Käufer nicht in die Lage versetzt wird, die ordnungsmäßig angediente Ware innerhalb der genannten Frist auf Käufers Lager aufzubringen, so sind die durch die Verzögerung entstehenden Kosten vom Käufer zu tragen.

Hamburger Kolonialwaren, § 34: Ebenso.

Hamburger Harz, § 30: Ebenso.

Hamburger Drogen, § 30: Ebenso.

Hamburger Kakao, § 28: Ebenso.

Hamburger Kaffee, § 24: Ebenso.

Für die beiden letzten Klauseln gemeinsam gilt nach den Hamburger Usanzen eine strengere Verpflichtung des Käufers zur Mängelrüge, die ja auch infolge der größeren Prüfungs- und Hintergehungsmöglichkeit durch den Käufer geboten scheint. Es heißt in den Usanzen für den Kaffeehandel (§ 24):

Eine etwa in Frage kommende Prüfung der mit obgenannten Klauseln verkauften Waren hat sofort nach Einlagerung derselben zu erfolgen. Etwaige Einwendungen gegen die Ware in Gemäßheit dieser Usanzen sind seitens des Käufers spätestens am ersten Werktage nach geschehener Einlagerung dem Verkäufer bis zur Börse schriftlich mitzuteilen, andernfalls die Ware als genehmigt gilt. Bei Domingo-Kaffee ist eine dem einzelnen Falle entsprechend billige Fristverlängerung zu gewähren.

s) Transito

Bei der Besprechung der einzelnen Franko-Klauseln hatten wir gesehen, daß durch diese Klauseln ein Zoll nicht gedeckt war. Übernimmt aber der Verkäufer den Zoll, so kann er dies durch die Klauseln „verzollt", „inklusive Zoll" zum Ausdruck bringen, während eine ausdrückliche Ablehnung der Übernahme der Zollkosten durch die Worte „unverzollt", „exklusive Zoll" oder schließlich „transito" erklärt wird.

Transito bedeutet ursprünglich „zur Durchfuhr" und aus der Zollfreiheit der Durchfuhr- (Transit-) Güter wurde dann der Klausel „transito" die Bedeutung unverzollt beigelegt. Nach den Usanzen der Wiener Börse versteht sich ein transito gestellter Preis sowohl ausschließlich Zoll als auch ausschließlich Warenumsatzsteuer.

Die Usanzen der Linzer Börse bestimmen dann noch, daß der Verkäufer sich eventuell Ursprungszeugnisse zu beschaffen und diese dem Käufer kostenfrei auszuliefern habe.

Die Klausel findet sich lediglich in den österreichischen Usanzen und hat dort folgende Bedeutung:

Innsbruck, § 31: Ausländische Waren, für welche ein Einfuhrzoll besteht, sind stets verzollt abzuliefern, insofern sie nicht ausdrücklich „transito" verkauft sind.

Linz, § 19: Werden ausländische Waren, über welche seitens der Konsularbehörden Ursprungszertifikate ausgefolgt werden, transito verkauft, ist der Verkäufer gehalten, diese Zertifikate zu beschaffen und dieselben dem Käufer bei Übergabe der Ware kostenfrei auszufolgen.

Wien, § 9: Der Preis für transit gehandelte Waren versteht sich im Zweifel ausschließlich österreichischen Einfuhrzolls und ausschließlich Warenumsatzsteuer.

t) Frachtparität. Frachtbasis. Frachtgrundlage

Mit dem weiteren Fortschreiten der Kartellierung und Vertrustung wird man häufiger in den Kaufverträgen die Klausel „Frachtparität" oder „Frachtbasis" finden. Überall da, wo eine Lieferung von verschiedenen Erzeugungs- oder an verschiedene Absatzorte möglich ist, wo daher die eine Partei bei Vertragsabschluß sich das Recht der Lieferung von oder nach einer später zu bestimmenden Station sichern will, die Gegenpartei aber eine sichere Kalkulationsgrundlage für die Ermittlung der Frachtkosten verlangt, so insbesondere im Produktenhandel, spielt diese Art der Verrechnung der Transportkosten eine größere Rolle.

Die Literatur[1]) unterscheidet die Begriffe „Frachtparität“ und „Frachtbasis“ dem Sprachgebrauch entsprechend derart, daß sie die Vereinbarung einer ideellen Verladestation als Frachtbasis, die Vereinbarung einer ideellen Empfangsstation als Frachtparität bezeichnet. Die Praxis und mit ihr die Usanzen machen diesen Unterschied zumeist nicht und gebrauchen die Begriffe bald für die Verlade-, bald für die Empfangsstation.

Man will durch diese Vertragsabmachung, ohne den Erfüllungsort oder Gefahrenübergang zu berühren, einer der beiden Vertragsparteien die Möglichkeit einer festen Kalkulationsgrundlage geben. Wenn eine Ware Basis einer bestimmten Station verkauft wurde, dann ist es für den Käufer gleichgültig, von welchem Orte aus der Verkäufer die Ware liefert; als Kosten der Versendung treffen ihn nur die Kosten von der Paritätsstation bis zur Empfangsstation. Wenn die Ware Parität einer Empfangsstation gekauft wurde, dann treffen den Verkäufer lediglich die Frachtkosten von der Verladestation bis zur Paritätsstation, einerlei wohin der Käufer die Ware richten läßt. Jede Mehr- oder Minderfracht ist von dem die tatsächliche Versendungs- bzw. Empfangsstation bestimmenden Teil zu tragen.

Nehmen wir an, ein Wiener Syndikat habe Waren nach München, Frachtbasis Wien, verkauft, könne aber auch von Preßburg oder Passau liefern. Liefert es nun von Passau, so zahlt der Münchner Käufer an die Bahnverwaltung zunächst die Fracht von Passau nach München (denn die Verpflichtung des Käufers zur Zahlung der Fracht besteht hier ebenso wie bei den Franko-Abschlüssen), muß aber dem Syndikat die Differenz zwischen der Fracht Wien—München und Passau—München vergüten. Liefert das Syndikat von Preßburg, dann zahlt der Münchner wohl zunächst die Fracht Preßburg—München, belastet aber das Syndikat mit der Differenz Preßburg—München und Wien—München. Auf alle Fälle trifft den Käufer nur die Fracht Wien—München. Insoweit stimmen die Usanzen überein und erlauben auch nur eine eindeutige Auslegung.

Zweifel entstehen jedoch, wenn die Richtung des Transportes besonders festgelegt ist und eine nachträgliche Änderung der Bestimmungsstation erfolgt. Der größte Teil der Usanzen gibt keine Auslegungsregeln für diesen Fall. Auch Sommerfeld läßt in seinem Aufsatz diesen Fall

[1]) Hellauer: a. a. O., S. 360.

vollkommen unbeachtet. Vollkommen eindeutige Auslegungsregeln geben unter anderen die Grazer und Linzer Fruchtbörsen; diese Auslegungen dürften auch analog für die übrigen Usanzen gelten. Es heißt dort:

Wird eine Ware Parität einer als Verladestation zu betrachtenden Station verkauft, so ist der Verkäufer berechtigt, dieselbe auch ab einer anderen Station als der Paritätsstation zu liefern. Wurde dabei die Transportrichtung im Vertrage nicht bestimmt, so ist die gegenseitige Verrechnung der Frachtdifferenz auf der Grundlage vorzunehmen, daß der Käufer die Fracht von der Paritätsstation bis zur Empfangsstation zu zahlen hat und der durch Verladung von einer anderen Station entstandene Frachtunterschied vom Verkäufer zu tragen bzw. diesem zu ersetzen ist. Ist dagegen im Vertrage die Transportrichtung bezeichnet, so hat ohne Rücksicht auf die tatsächliche Transportroute der Ware die gegenseitige Verrechnung in der Weise zu erfolgen, daß der Verkäufer jenen Frachtunterschied zu vergüten bzw. ersetzt zu bekommen hat, welcher sich aus der Verladung von einer anderen als der Paritätsstation bis zu der im Vertrage genannten Ankunftsstation ergibt....

Ist also im Vertrage die Transportrichtung nicht vereinbart, dann findet die Frachtverrechnung in der oben geschilderten Weise statt. Wurde aber die Transportrichtung vereinbart, dann findet die Verrechnung nur in dieser vereinbarten Richtung statt. Ändert der Wahlberechtigte die ursprünglich angegebene Richtung nicht, dann deckt sich die Verrechnung vollkommen mit jener, bei der eine Transportrichtung nicht vereinbart war. Wäre in obigem Beispiel die Richtung München vereinbart, dann ergäbe sich keine andere Verrechnung. Liefert der Verkäufer von einem näher gelegenen Orte, wird ihm die Minderfracht vergütet, liefert er von einem weiter gelegenen Orte, hat er die Mehrfracht zu tragen. Ändert der Käufer aber nachträglich die ursprünglich festgelegte Transportrichtung, so hat er zunächst die tatsächlich entstehende Fracht zu bezahlen; dann aber hat er mit dem Verkäufer die Differenz: „tatsächliche Verladestation—ursprüngliche Bestimmungsstation" und „Paritätsstation—ursprüngliche Bestimmungsstation" zu verrechnen. In unserem Beispiel ergäbe dies folgende Verrechnung, wenn die Transportrichtung München angegeben war und der Käufer nachträglich nach Budapest umdisponierte: Bei Versendung von Passau zahlt der Käufer die Fracht Passau—Budapest und hat dem Verkäufer außerdem die Differenz: Wien—München und Passau—München zu vergüten, da ja diese Differenz dem Verkäufer auf alle Fälle zu vergüten ist. Der Käufer hat damit außer der an sich gegenüber der Paritätsstation schon erhöhten Fracht noch dem Verkäufer jene Differenz zu vergüten. Man könnte diese Mehrbelastung des Käufers vielleicht als eine Strafe für die Änderung der ursprünglich angegebenen Richtung ansehen und sie eventuell damit begründen. Man wird sie aber im wesentlichen damit begründen müssen, daß der Verkäufer im Hinblick auf die vereinbarte Bestimmungsstation in seiner Unternehmung Dispositionen getroffen hat, die er sonst aus Gründen der optimalen Ausnutzung einzelner Betriebe nicht getroffen hätte, oder daß er bereits auf die am Versandorte lagernde Ware Transportkosten aufgewandt hat, in der Erwartung eines Weiterversandes in dieser Richtung.

Weniger begründet ist die Verrechnung aber dann, wenn der Verkäufer von einem Orte liefert, welcher der im Vertrage genannten Bestimmungsstation entfernter und der nachträglich genannten Bestimmungsstation näher gelegen ist. Wenn in unserem Beispiel der Verkäufer von Preßburg aus liefert, der Verkäufer nach Budapest umdisponiert, dann hat der Käufer zunächst die niedrigere Fracht zu zahlen und belastet dazu den Verkäufer noch mit der Differenz: Preßburg—München und Wien—München.

Bei dem Verkäufer wäre diese Belastung zu verstehen, da ihn ja auf alle Fälle bei einer Versendung nach der ursprünglichen Bestimmungsstation diese Differenz getroffen hätte. Die so erfolgte Vergütung an den Käufer ist aber kaum begründet. Denn daß ihn für die nachträgliche Änderung eines Vertragsteiles eine Strafe traf, war zu verstehen, daß ihm aber dafür eine Vergütung zuteil werde, läßt sich nicht rechtfertigen, es sei denn, daß dem Käufer durch die Kenntnis der tatsächlichen Versandstation die Abwicklung anderer als der ursprünglich beabsichtigten Geschäfte ermöglicht wird.

Einige Usanzen erörtern dann noch die Möglichkeit, daß die Ware aus einem bestimmten Erzeugungsgebiet stammen muß. Es ist daher nicht richtig, wenn Sommerfeld sagt, daß durch die Aufgabe einer „Parität" keinerlei Vereinbarungen über die Provenienz getroffen würden[1]).

Es wird vielmehr sehr häufig durch die Paritätsstation zugleich eine bestimmte Produktionsgegend bezeichnet oder durch die Usanzen die Lieferungsmöglichkeit auf ein bestimmtes Gebiet begrenzt (Budapest, Prag). Die Budapester Usanzen verlangen, daß die Ware in solchen Fällen in der betreffenden Produktionsgegend zur Verladung kommt. Die Mittel- und Süddeutschen Produktenbörsen verlangen hingegen im Fall einer solchen Vereinbarung lediglich, daß die Ware aus dem vereinbarten Erzeugungsgebiet stammen muß. Die Prager Spiritususanzen verlangen allgemein bei Paritätsabmachung Verladung in dem betreffenden Kronland. Die übrigen Usanzen, soweit sie überhaupt diesen Fall beachten, lassen Auslegungen in dem einen oder anderen Sinne zu, da sie eine „sinngemäße" Vereinbarung voraussetzen.

Es wird sich wohl schwer eine generelle Festlegung treffen lassen, sicher ist aber, daß die Bestimmung „Ware eines bestimmten Erzeugungsgebietes muß auch in diesem Gebiet zur Verladung kommen" den An-

---

[1]) Sommerfeld: a. a. O.

sprüchen des Verkehrs nicht gerecht werden kann. Umfassender erscheinen daher die Bestimmungen der süddeutschen Produktenbörsen, die lediglich verlangen, daß die Ware dann, wenn die Angabe einer Paritätsstation auch als Festlegung des Erzeugungsgebietes gelten soll, aus dem vereinbarten Gebiet stammen muß. Die Festlegung einer Frachtbasis oder Frachtparität ist Kostenverrechnung, die Frage nach dem Erzeugungsgebiet gehört in die Qualitätsbestimmung, weshalb ein weiteres Eingehen auf jene Frage sich in diesem Zusammenhang erübrigt. Als Besonderheit wäre noch die Bestimmung der Kölner Usanzen zu nennen, die eine unvorhergesehene Erhöhung der Frachttarife zu Lasten des Empfängers gehen lassen.

Dann bestimmen die Magdeburger Usanzen, daß der Käufer die Rückfracht für die Emballage ebenfalls nur bis zur Paritätsstation (Basisstation) zu tragen habe. Diese letztere Bestimmung dürfte dem Sinne der Klauseln entsprechen und analog auf die übrigen Usanzen Anwendung finden können.

Wie schon erwähnt, hat die Paritätsklausel lediglich für die Kostenverrechnung Bedeutung, eine Änderung des gesetzlichen oder sonst festgelegten Erfüllungsortes wird durch sie nicht bewirkt.

Die Zahlung der Frachtspesen erfolgt, wie ebenfalls bereits angedeutet wurde, in der Mehrzahl der Fälle durch den Käufer. Der Verkäufer ist nicht verpflichtet, die Frachtkosten auszulegen.

Schließlich ist noch zu erwähnen, daß einige Usanzen an Stelle der Klauseln „Frachtparität", „Frachtbasis" in dem gleichen Sinne die Klauseln „frachtfrei", „franko", „ab" verwenden. Es sei auf diese Usanzen selber verwiesen.

In den Usanzen heißt es:

Innsbruck, § 16: Wird eine Ware Parität einer als Verladestation zu betrachtenden Station verkauft, so ist der Verkäufer berechtigt, die Ware auch ab einer anderen Station als der Paritätsstation jedoch von derselben Produktionsgegend zu liefern, sofern eine solche ausdrücklich oder sinngemäß vereinbart erscheint. Wurde dabei die Transportrichtung im Vertrage nicht bestimmt, so ist die gegenseitige Verrechnung der Frachtdifferenz auf der Grundlage vorzunehmen, daß der Käufer die Fracht von der Paritätsstation bis zur Empfangsstation zu zahlen hat und der durch Verladung von einer anderen Station entstandene Frachtunterschied vom Verkäufer zu tragen bzw. diesem zu ersetzen ist. Ist dagegen im Vertrage die Transportrichtung bezeichnet, so hat ohne Rücksicht auf die tatsächliche Transportroute der Ware die gegenseitige Verrechnung der Frachtdifferenz in der Weise zu erfolgen, daß der Verkäufer jenen Frachtunterschied zu vergüten bzw. ersetzt zu bekommen hat, der sich aus der Verladung von einer anderen als der Paritätsstation bis zu der im Vertrage benannten Ankunftsstation (bzw. Route) ergibt. Der Geschäftsabschluß Parität einer als Bestimmungsstation zu betrachtenden Station berechtigt den Käufer, die Versendung der Ware an eine andere als die vereinbarte Bestimmungsstation zu fordern. In diesem Falle hat der Verkäufer die Fracht von der Verladestation bis zu der Paritätsstation zu tragen.

Bei der Frachtverrechnung sind auch die bestehenden Kürzungssätze (Refaktien) zu berücksichtigen.

Köln, § 41: Ist in Frachtgleichheit (Parität) einer Versand- oder Empfangsstation verkauft und wird von oder nach einer anderen Station geliefert, so geht die Mehr- oder Minderfracht nach der tatsächlichen Empfangsstation oder Versandstation zum Nachteil oder Vorteil des Verkäufers bzw. Käufers, gleich aus welcher Ursache sich die Frachtdifferenz ergibt. Mehrkosten aus Transporttarif- oder Transportweg-Veränderungen, die beim Kaufabschluß nicht vorauszusehen waren, gehen zu Lasten des Empfängers.

Wien, s. frachtfrei.

Breslau, § 15, s. Chemnitz, § 16, ohne: „was insbesondere...." bis „.... ausgedrückt werden kann".

Budapest, § 35: Die Bezeichnung einer Paritätsstation dient bloß zur Feststellung der Frachtverrechnungsbasis.

Erfolgt die Lieferung an der Paritätsstation, so findet eine Frachtverrechnung nicht statt. Lieferbar ist Ware jeder Provenienz. Wurde jedoch die Paritätsstation zugleich als Produktionsgegend bezeichnet, so kann nur in dieser Gegend geerntete Ware an jedweder Station dieser Gegend, die Paritätsstation inbegriffen, geliefert werden.

Gibt es an dem als Paritätsstation vereinbarten geographischen Orte eine Eisenbahn- und eine Schiffahrtsstation, so ist Bahnlieferung zu verstehen. Gibt es an diesem Orte mehrere Eisenbahnstationen, so ist der Verkäufer berechtigt, an irgendeiner dieser Stationen zu liefern.

Haben die Vertragsteile die Transportrichtung oder die Relation vereinbart, so haben sie ohne Rücksicht auf den Bestimmungsort der Ware jenen Frachtunterschied zu verrechnen, der in der vereinbarten Richtung oder Relation zwischen Paritäts- und Verladestation besteht.

Haben die Vertragsteile die Transportrichtung nicht vereinbart, so haben sie jenen Frachtunterschied zu verrechnen, der in der Richtung der tatsächlichen Bestimmungsstation der Ware zwischen der Paritäts- und der Verladestation besteht.

Chemnitz, § 16: Wenn Parität einer als Versandstation zu betrachtenden Station verkauft ist, was insbesondere durch den Zusatz „ab" oder „Waggon frei" ausgedrückt werden kann, so gehen die durch Lieferung ab einer anderen Station entstehenden Frachtvor- und -nachteile zugunsten oder Lasten des Verkäufers.

Ist Parität einer Empfangsstation verkauft, was insbesondere durch den Zusatz „frachtfrei" oder „franko" ausgedrückt werden kann, so fallen die Vorteile oder Nachteile der Versendung nach einer anderen Station dem Käufer zu. Im Zweifelsfalle, wenn z. B. beide Kontrahenten im Paritätsorte wohnen, gilt die Paritätsstation als Empfangsstation.

Cottbus, § 7: Parität Empfangsstation: Vor- und Nachteile einer Versendung nach einer anderen Station treffen den Käufer.

— —: Parität Versandstation: Vor- und Nachteile der Versendung von einer anderen Station treffen den Verkäufer.

Danzig, § 24: Parität Versandstation, s. Cottbus.

— —: Parität Empfangsstation: Ebenso.

Graz, § 36, s. Innsbruck, § 16.

Halle, § 12: Parität (Frachtgrundlage) Versandstation, s. Cottbus.

— —: Parität (frei, frachtfrei, Frachtgrundlage) Empfangsstation, s. Cottbus.

Königsberg, § 10: Parität Versandstation, s. Cottbus.
— —: Parität Empfangsstation, s. Cottbus.
Linz, § 39, s. Innsbruck, § 16.

Kiel, § 16: Ist als Frachtgleichheit oder Frachtbasis ein bestimmter Ort vereinbart, so hat der Verkäufer das Recht, auch von einem anderen Orte aus Ware vertraglicher Art und Herkunft zu liefern, wenn der Frachtunterschied verrechnet wird.

Magdeburg, § 18: Bei Geschäften mit der Vertragsbestimmung: Frachtgrundlage oder Frachtparität einer benannten Station hat der Verkäufer das Recht, die Ware von einer ihm beliebigen Station zu liefern. Der Käufer hat, wenn er die Ware nach einer anderen Station als der Paritätsstation verfügt, dem Verkäufer die tarifmäßige Bahnfracht von der Paritätsstation nach der Station, wohin er die Ware verfügt (Bestimmungsstation) zu vergüten, einerlei, von welcher Station die Ware verladen ist. Der Verkäufer hat die Ware frachtfrei Bestimmungsstation zu liefern.

Bei Paritätsverkäufen hat der Käufer die Rückfracht für leere Säcke nur bis zur Paritätsstation zu tragen (§ 16).

Mittel- und Süddeutsche, § 15, s. Innsbruck, § 16, Abs. 1.

— —, § 16: Ist die Ware eines bestimmten Erzeugungsgebietes „Parität einer als Verladestation zu betrachtenden Station“ verkauft, so gelten die Bestimmungen des § 15 mit der Maßgabe, daß die Ware aus dem vereinbarten Erzeugungsgebiet stammen muß.

— —, § 17: Ist die Ware eines bestimmten Erzeugungsgebietes „Parität einer als Bestimmungsstation zu betrachtenden Station“ verkauft, so hat die Fracht von der Verladestation bis zur Paritätsstation der Verkäufer zu vergüten.

— —, § 18: In jedem Falle ist der Käufer berechtigt, die Ware an eine andere als die vereinbarte Paritätsstation zu verfügen.

Rheinisch-Westfälische, § 22: Parität Versandstation: Vorteile und Nachteile der Versendung von einer anderen Station treffen den Verkäufer. Ist in Frachtgleichheit einer Empfangsstation verkauft und eine Versandstation oder ein Versandbezirk vereinbart und wird nach einer anderen Station geliefert, so geht die Mehr- oder Minderfracht zum Nachteil oder Vorteil des Käufers.

Ist in Frachtgleichheit einer Bestimmungsstation verkauft und eine Versandstation oder -bezirk nicht vereinbart, oder ist franko oder frachtfrei einer Bestimmungsstation verkauft, so sind Frachterhöhungen zum Nachteil, Frachtermäßigungen zum Vorteil des Verkäufers, soweit nicht Gesetzes- oder Tarifbestimmungen im Wege stehen.

Stettin, § 10: Bei Geschäften mit der Vertragsbestimmung Frachtbasis oder Frachtparität einer Station hat der Verkäufer das Recht, die Ware von einer ihm beliebigen Station zu liefern. Die entstehenden Frachtdifferenzen sind gegenseitig zu verrechnen.

Wien, l. P., § 40, s. Innsbruck, Abs. 1, Abs. 2 mit Zusatz: Ist dagegen die Transportrichtung im Vertrage bezeichnet, so hat der Käufer, ohne Rücksicht auf die tatsächliche Transportroute der Ware, die Fracht von der Paritäts- bis zu der Empfangsstation zu tragen. Sonst wie Innsbruck.

Allensteiner Kartoffeln, § 2: Frachtparität (F. Basis, ab Parität) Versandstation: Vorteile und Nachteile der Versendung ab einer anderen Station treffen den Verkäufer.

Berliner Kartoffeln, § 2: Parität Versandstation s. Cottbus. Parität Empfangsstation s. Cottbus.

Rauhfutterhändler, § 17: Ist bei Geschäften mit der Vertragsbestimmung Frachtbasis oder Frachtparität die Paritätsstation als Verladestation vereinbart, so hat der Verkäufer das Recht, die Ware auch ab einer anderen zu liefern. Der Käufer hat hiebei in jedem Falle die tarifmäßigen Frachtkosten von der Frachtparitätsstation bis zu der Bestimmungsstation zu tragen. Sind die tarifmäßigen Frachtkosten von der Versandstation nach der Bestimmungsstation größer als von der Paritätsstation, so hat die Mehrkosten der Verkäufer zu tragen; sind sie geringer, so kommt die Ersparnis dem Verkäufer zugute.

Ist die Frachtparitätsstation als Empfangsstation vereinbart, so hat der Käufer das Recht, die Ware auch nach einer anderen als der Frachtparitätsstation zu nehmen. Der Verkäufer hat hiebei in jedem Falle dem Käufer die tarifmäßigen Frachtkosten bis zur Paritätsstation zu vergüten.

Sind die tarifmäßigen Frachtkosten von der Verladestation nach der Bestimmungsstation größer als nach der Paritätsstation, so hat die Mehrkosten der Käufer zu tragen; sind sie geringer, so kommt die Ersparnis dem Käufer zugute.

Berliner Kartoffelstärke, § 11: Frachtparität oder Frachtbasis bedeutet, daß der Käufer in jedem Falle die Fracht von der Paritätsstation bis zum Empfangsort zu zahlen hat.

Innsbrucker Holz, § 6: Bei Verkäufen „Parität Waggon" einer Station oder Parität einer Station darf nur der der Parität entsprechende Betrag von der Fakturensumme in Abzug gebracht werden. Als Erfüllungsort bei Käufen „Parität Station" gilt die Versandstation.

Prager Holz, § 8: Ebenso.

Wiener Holz, s. unter frachtfrei.

Wiener Rohzucker, § 5: Wird der Preis auf Frachtbasis einer im Vertrag genannten Station zu der Bestimmungsstation gestellt, so ist die Frachtdifferenz nach den zur Zeit der Lieferung bestehenden niedrigsten (refaktierten) Frachtsätzen, und zwar einerseits dem Frachtsatz von der im Vertrag angeführten ersten Station nach der im Vertrag benannten Bestimmungsstation, anderseits der Fracht von der Lieferstation nach der im Vertrage genannten Bestimmungsstation zu verrechnen. Dem Käufer bleibt die Disponierung der Ware auch nach einer anderen als der im Vertrag genannten Bestimmungsstation vorbehalten. Bei Frachtfrei- und Frachtbasis-Verkäufen kann der Verkäufer, wenn der Vertrag keine Übergabsstation nennt, von jeder Station liefern.

Raffinade, § 26: Wird eine Ware auf Frachtbasis einer bestimmten im Vertrag benannten Station und einer im Vertrag genannten Bestimmungsstation gestellt, so trägt der Käufer den offiziellen Frachtsatz von der im Vertrag genannten ersten Station nach der im Vertrag genannten Bestimmungsstation. Die Differenz zwischen dieser Fracht und der Fracht, die von der Lieferstation nach der im Vertrag genannten Bestimmungsstation gilt, ist zwischen den Vertragsteilen für und wider zu verrechnen.

Bei Frachtfrei- und Frachtbasis-Verkauf ist der Versandort als Erfüllungsort zu betrachten; dem Käufer bleibt die Verfügung über die Ware nach einer anderen als der im Vertrage genannten Station gewahrt. Unterbleibt die rechtzeitige Verfügung über die Ware, so gilt bei Geschäften mit der Klausel frachtfrei die Station, bis zu welcher der Verkäufer die Fracht trägt bzw. bei Verkäufen mit der Klausel „Frachtbasis" die im Vertrage genannte Bestimmungsstation als endgültige Bestimmungsstation, wohin der Verkäufer die Ware absenden kann.

Melasse und Osmosewasser: Ebenso.
Prager Rohzucker, § 5, s. Wiener Rohzucker, § 5.
Prager Raffinade, § 27, s. Wiener Raffinade, § 26.

u) Ab

Zander steht, beeinflußt durch ein Breslauer Gutachten vom 23. März 1903, auf dem Standpunkt, daß die Klausel „ab" lediglich die Kostenverteilung regle. In dem gleichen Sinne urteilt ein Gutachten der Plauener Handelskammer für Textilwaren (September 1919).

Sämtliche Usanzen, soweit sie die Klausel „ab" erörtern, äußern sich aber dahin, daß diese Klausel eine besondere Festlegung des Erfüllungsortes bezwecke. Bis zu dem mit dem Beisatz „ab" bezeichneten Orte hat der Verkäufer, von da an der Käufer die Kosten und die Gefahr des Transportes zu tragen. Und da in der Praxis mit dem Beisatz „ab" gewöhnlich der Absendeort der Ware bezeichnet wird, wirkt sich die Klausel „ab" dahin aus, daß den Käufer die gesamten Transportkosten und das gesamte Risiko der Versendung treffen. In diesem Sinne äußert sich auch ein Gutachten der Breslauer (!) Handelskammer vom Juli 1890 für den Kohlenhandel. Es heißt da: „Ist der Preis ‚ab Versendungsstation' vereinbart, so gilt dieser als Erfüllungsort, wenn die Sendung auch unter Frankofracht verladen worden ist, da in diesem Falle die vom Absender übernommene Frankatur lediglich als ein für den Empfänger verauslagter Betrag anzusehen ist." Aus einem Gutachten der Handelskammer Oppeln (29. November 1901), nach dem bei der Klausel „ab Verladestation" das am vereinbarten Verladeort festgestellte Gewicht maßgebend ist, kann man die gleiche Auffassung entnehmen[1]).

Maßgebend ist aber, daß alle Usanzen heute einheitlich die Auffassung des Handelsverkehres dahin zum Ausdruck bringen, daß der mit dem Beisatz „ab" benannte Ort als Erfüllungsort anzusehen sei.

Es fragt sich noch, wenn „ab" Verladestation verkauft wurde, welche Kosten und Gefahren an diesem Platze den Käufer oder den Verkäufer treffen. Entsprechend den auf den Bestimmungen des Handelsrechtes basierenden Erwägungen bei den Franko-Klauseln möchte ich auch hier sagen, daß den Verkäufer die Kosten und die Gefahr bis zur Ablieferung der Ware an die Transportunternehmung bzw. an die von dieser angewiesenen Lagerplätze treffen. Die Einladung in die Waggons ist schon Sache des Käufers. Die Usanzen geben leider hierüber keine oder wenigstens keine einheitliche Auskunft. Lediglich die Hamburger Usanzen definieren „frei ab Hamburg" als frei ab Kahn, frei Schiffsseite, frei Kahn. Aus dem bereits erwähnten Oppelner Gutachten kann man die gleiche Auffassung entnehmen. Einen anderen Standpunkt vertritt ein Gutachten der Berliner Handelskammer (2582/1905), das

[1]) Ebenso ein Gutachten der Handelskammer Berlin, 45396/1916.

sagt: Nach Handelsbrauch hat nicht der Verkäufer, sondern der Käufer das Rollgeld zur Bahn zu tragen, wenn „ab Berlin“ verkauft ist. Ich halte, wie bereits gesagt, diese Auffassung nicht dem allgemeinen Handelsgebrauch entsprechend. Man wird in derartigen Zweifelsfällen stets gemäß den Vorschriften des Handelsrechtes urteilen müssen und da kann, wenn der benannte Platz der Erfüllungsort sein soll, lediglich die Übergabe an die Transportunternehmung die maßgebliche Erfüllungshandlung sein. In dem gleichen Sinne äußert sich ein Gutachten der Frankfurter Handelskammer vom September 1922, daß der Verkäufer die Kosten bis zur Verladestelle zu tragen habe. Die Berliner Usanzen für den Handel mit Kartoffelstärke gehen noch weiter und verlangen vom Verkäufer auch die Einladung der Ware in das Transportmittel auf seine Rechnung und Gefahr.

Will man die Wirkung der Klausel „ab“ einengen oder erweitern, dann können dazu Zusätze, wie „Waggon“, „Lager“, „Fabrik“ usw., verwandt werden; „ab“ allein bedeutet soviel wie „ab Station“ dieses Ortes.

Die Klausel „ab“ findet sich in folgenden Usanzen:

Innsbruck, § 14, s. Franko.

Hamburg, § 19, s. Hamburger Kolonialwaren, § 41.

Wien, § 14, s. Franko.

Budapest, § 7: Der im Vertrage mit dem Beisatz ab bezeichnete geographische Ort gilt im Zweifel als Erfüllungsort.

Chemnitz, § 14: Ist „ab“ oder „waggonfrei“ einer Station zu liefern, so trägt der Käufer die Kosten der Versendung von der benannten Station ab und es trifft ihn auch die Gefahr der Versendung. Der Verkäufer ist berechtigt, zu verlangen, daß der Käufer die Ware an der benannten Station prüft mit der Wirkung, daß der Verkäufer erst dann zur Verladung verpflichtet ist, wenn der Käufer die Qualität genehmigt hat. Der Käufer ist verpflichtet, die Ware am Lieferungsort bei Übernahme zu bezahlen. In diesem Falle und bei frachtfreier Lieferung ist der Verkäufer bei rechtzeitigem Verlangen verpflichtet, dem Käufer die Besichtigung der Ware vor der Absendung zu gestatten.

Cottbus, § 6: Ist waggonfrei oder ab einer Station zu liefern, so trägt der Käufer die Kosten der Versendung von der benannten Station ab und es trifft ihn auch die Gefahr der Versendung.

Flensburg, § 1, s. unter Fob.

Flensburger Getreide, § 1: Für Geschäfte, die ab, frei ab, frei Hafenbahn, frei Bahnwagen, frei an Bord oder c und f oder cif geschlossen sind, gilt der Abladeplatz als Erfüllungsort für die Lieferung der Ware.

Graz, § 12, s. Franko.

Linz, § 12, s. Franko.

Prag, § 12, s. Franko.

Wien, l. P., § 15: Der Beisatz „ab . . .“ bezeichnet den Erfüllungsort.

Berliner Kartoffelstärke, § 9: Ist ab, frei ab oder bahnfrei (frei Waggon) oder kahnfrei (schiffsfrei, frei Schiff) Fabrik oder Verladeort zu liefern, so hat der Verkäufer die Ware auf seine Kosten und Gefahr in den Eisenbahnwagen oder in das Schiffsfahrzeug zu liefern.

Hamburger Kolonialwaren, § 41: Frei ab Hamburg heißt frei ab Kahn oder frei Schiffsseite oder frei Bahn nach Käufers Wahl.

Berliner Holz, s. Franko.

Breslauer Holz, s. Franko.

Innsbrucker Holz, s. Franko.

Wiener Holz, s. Franko.

Hamburger Eier, s. Franko.

Hamburger Harz, § 40, s. Hamburger Kolonialwaren, § 41.

Prager Spiritus, § 3: Ab Prag verkaufte Lokowaren hat der Verkäufer nach seiner Wahl ab einem in Prag befindlichen Unternehmen oder Magazin zu liefern. Ist bedungen, daß die ab Prag verkaufte Ware von auswärts einzulangen hat, so erfolgt die Auflieferung auf einem der nachstehend angeführten Bahnhöfe nach Wahl des Verkäufers. Prag St.E.G., Prag F.J.B., Prag Oe.N.W.B. usw.

Letztere Bestimmung gilt auch für Verkäufe frachtfrei Prag.

Hamburger Kork, § 5: Die Lieferung ab Wohnort des Verkäufers erfolgt entweder ab Kai oder ab Lager. Der Versand geschieht für Rechnung und Gefahr des Käufers.

v) Ab Lager. Ab Magazin. Ab Speicher. Ab Boden. Ab Fabrik. Ab Haus. Ab Kai. Ab Waggon

Durch diese Klauseln wird die Verteilung der jeweils entstehenden Nebenkosten genauer geregelt. Da die Mehrzahl dieser Klauseln sowohl für die Empfangsstation als für die Versandstation gelten kann, ergeben sich für die Kostenverteilung verschiedene Bedeutungen. In den Usanzen werden die beiden Bedeutungen vielfach nicht getrennt behandelt; daher entstehen des öfteren Unklarheiten über die Einbeziehung von gewissen Kostengruppen, die wohl bei der einen Bedeutung, nicht aber bei der anderen zu verstehen sind.

Im allgemeinen kann man sagen, daß einerlei, ob die Klauseln sich auf den Absendeort oder den Bestimmungsort beziehen, der Verkäufer die Ware verladebereit dem Käufer an der vereinbarten Stelle zur Verfügung zu halten hat, daß aber die Kosten der Abnahme an dieser Stelle, und nur diese, bereits vom Käufer zu tragen sind. In diesem Sinne äußert sich ein Gutachten der Handelskammer Oppeln (29. März 1920), ferner Gutachten der Handelskammern Dresden (November 1919), Berlin (August 1920), Berlin (September 1920), Frankfurt (November 1920), Handelskammer für das Wuppertal (August 1919) und ein Gutachten der Handelskammer Hannover (Oktober 1908). Das letztere sowie ein Gutachten der Ältesten der Berliner Kaufmannschaft (Juni 1903) legt die Klausel „ab Waggon Versandstation“ dahin aus, daß den Verkäufer alle Kosten und Gefahren bis zur Einladung in den Waggon treffen.

Soweit diese und die folgenden Klauseln auf die Erfüllungszeit Einfluß haben, sei auf den diesbezüglichen Abschnitt verwiesen.

Über die Einzelheiten mögen die Usanzen Auskunft geben:

Hamburg, § 12: Wird ab Kai verkaufte Ware nicht am Kai gelöscht, so hat der Verkäufer sie frei an eine vom Käufer zu bezeichnende, zu Wasser erreichbare Landungsstelle im Gebiet des Hamburger Hafens zu bringen.

—, § 19: Bei „frei ab Lager", „frei ab Kai" verkauften Waren trägt der Käufer die Kosten des Absetzens. Frei ab Hamburg heißt frei ab Kai oder frei Schiffsseite oder frei Bahn nach Käufers Wahl.

Köln, § 24: Ist Lieferung ab Lager ohne nähere Angaben oder ab Lager Köln verkauft, so kann nur von einem Lager im Gebiet der Stadt Köln geliefert werden.

—, § 40: Bei ab Kai oder ab Waggon trägt der Käufer die Gefahr und die Kosten des Absetzens. Bei ab Lager, frei ab Lager, frei Fuhre, frei Waggon oder frei Bahn trägt der Verkäufer die Gefahr und die Kosten des Absetzens.

Wien, § 15: Bei Verkäufen ab Lager, ab Magazin, ab Speditionslager, ab Lagerhaus trägt der Verkäufer alle Kosten der Auslieferung einschließlich der Kosten für Zession, Abwage u. dgl.

Österreichische Exporteure: Es bedeutet ab Fabrik: Beim Kauf ab Fabrik ist der Lieferant verpflichtet, die Waren auftrags- und termingemäß franko aller Kosten in der Fabrik versandbereit zu halten.

Berliner Handel, loko, § 19: Die Kosten der Ablieferung trägt bei ab Bahn gekauften Waren der Käufer, wenn keine Verwiegung stattfindet. Findet nun Verwiegung statt, so sind die Kosten von beiden Teilen zur Hälfte zu tragen. Beim Kauf ab Kahn oder ab Speicher trägt der Käufer, beim Kauf frei Wagen oder frei Eisenbahnwagen der Verkäufer die Kosten. Die durch Umschütten entstehenden Kosten trägt der Käufer.

Für Getreide, Futtermittel, landwirtschaftliche Sämereien: Ebenso.

Bern, § 25: Die Lieferung ist erfüllt bei Verkäufen ab Lager, wenn die Ware angekommen und die betreffende Lagerhausverwaltung angewiesen ist, die Ware unter Bemusterung zur Verfügung des Käufers zu halten.

Budapest, § 7: Die Bezeichnung: zu übernehmen ab Bahn, Schiff, Magazin usw.... legt dem Käufer die Verpflichtung auf, die Ware an dem im Vertrage genannten Orte gemäß den Bestimmungen des § 30 zu übernehmen.

—, § 30: Die mit der Übergabe verbundenen Arbeitsspesen, nicht die Waage und Abladegebühr, trägt bei Getreide, Hülsenfrüchten, Ölsaaten zu $^2/_3$ der Käufer, zu $1/3$ der Verkäufer. Andere Waren hat der Verkäufer bloß zu ebener Erde auf die Waage zu legen.

Flensburg, § 12: Ist Lieferung ab Boden vereinbart, so hat der Verkäufer die Ware frei auf das Fuhrwerk des Käufers zu liefern.

Flensburger Getreide, § 8: Ab Speicher gekaufte Ware ist innerhalb 3 Werktage abzunehmen.

— —, § 14: Ist die Lieferung ab Lager vereinbart, so versteht sich der Preis

a) im Verkehr zwischen Großhandel und Wiederverkäufern ausschließlich Kosten bis frei auf das Fahrzeug des Käufers;

b) im Verkehr zwischen Großhandel und Verbraucher einschließlich Kosten bis frei auf das Fahrzeug des Käufers.

Rauhfutterhändler, § 14: Ist Lieferung ab Boden vereinbart, so ist die Ware bis an die Tür oder Luke des Speichers zu liefern.

Hamburger Holz, § 2: Sämtliche Verkäufe gelten ab Lager, ab eigenem Lagerplatz, frei Fuhre oder frei Fahrzeug, andernfalls gehen sämtliche Absatz- und Aufladekosten zu Lasten des Käufers.

Innsbrucker Holz, § 6: Bei Verkäufen ab Waggon oder ab Schiff Bestimmungsort hat der Käufer die Fracht und die damit verbundenen Nebengebühren für Rechnung des Verkäufers zu bezahlen, jedoch wird der verauslagte Betrag von der Fakturensumme ohne Skonto in Abzug gebracht.

Prager Holz, § 8: Bei Verkäufen ab Waggon Verladestation hat der Verkäufer sämtliche aufgelaufenen Kosten einschließlich der Verladespesen aus eigenem zu tragen.

Bei Verkäufen ab Waggon oder ab Schiff Bestimmungsort hat der Käufer die Fracht und die damit verbundenen Nebengebühren für Rechnung des Verkäufers zu bezahlen, jedoch wird der verauslagte Betrag von der Fakturensumme ohne Skonto in Abzug gebracht.

— —, § 19: Bei Verkäufen ab Waggon Verladestation haftet der Verkäufer bloß für die Qualität bis an die Bestimmungsstation.

Wiener Holz, § 12: Bei Verkäufen ab Lager trägt der Verkäufer alle Kosten der Auslieferung einschließlich der Kosten für Zession, Abwage usw.

— —, § 13: Bei Verkäufen ab Waggon Bestimmungsstation hat der Käufer die Fracht und die damit verbundenen Nebengebühren für Rechnung des Verkäufers zu bezahlen, jedoch wird der verauslagte Betrag von der Fakturensumme ohne Skonto in Abzug gebracht.

Wiener Zuckerraffinade, § 25: Bei Verkäufen ab Fabrik versteht sich der Preis ab der für die Verladung der Fabrik maßgebenden Bahn- oder Schiffsstation, doch steht es dem Käufer frei, die Ware direkt aus dem Fabriksmagazin zu beziehen.

Für die Verrechnung gilt das in der Lieferfabrik festgestellte Gewicht. Der Käufer ist jedoch berechtigt, eine amtliche Abwage in der Lieferstation durchführen zu lassen. In diesem Falle gilt das amtlich erhobene Gewicht. Die Kosten dieser Abwage hat der Käufer zu tragen.

Prager Zucker, § 26: Ebenso.

Danziger Kaffee, s. unter ab Lager für Erfüllungszeit.

Hamburger Harz, § 22: Ist Lieferung ab Lager ohne nähere Angaben oder ab Lager Hamburg verkauft, so kann nur von einem Lager im Gebiete der Stadt Hamburg geliefert werden, Harz und Terpentinöl auch von einem Lager in Altona, Wilhelmsburg, Harburg und neuem Petroleum-Hafen.

— —, § 23: Bei Verkäufen ab Lager hat der Käufer sich den Besicht-, Nachstech- und Lieferschein vom Verkäufer zu beschaffen.

— —, § 28: Wird ab Kai verkaufte Ware nicht am Kai gelöscht, so hat der Verkäufer sie frei an eine vom Käufer zu bezeichnende, zu Wasser erreichbare Landungsstelle im Gebiete des Hamburger Hafens zu bringen.

— —, § 40: Bei ab Lager (Kai) trägt der Käufer die Gefahr und die Kosten des Absetzens.

Hamburger Kolonialwaren, §§ 22, 23, 40: Ebenso.

Hamburger Drogen, §§ 22, 23, 40: Ebenso.

Hamburger Gummi, §§ 22, 23, 40: Ebenso.

Hamburger Kakao, § 25: Ab Lager gehandelte Waren sind je nach dem Wortlaut der Schlußnota zu empfangen. Bei der Ablieferung der Ware hat der Verkäufer die Ware bis auf die Schale zu liefern; die von da ab entstehenden Kosten sind zu Lasten des Käufers.

— —, § 26, s. Harz, § 28.

Prager Reis, § 323: Bei Verkäufen ab Lager geht alle Gefahr und sämtliche Auslagerungskosten auf Rechnung des Käufers.

Hamburger Reis, § 1, s. Hamburger Harz, § 28.

Tuchgroßhändler, § 8: Es findet Lieferung ab Haus statt, jedoch sollen Kosten für die Beförderung zur Post und für Beförderung am Orte nicht berechnet werden. Versicherungs- und Verpackungsspesen gehen zu Lasten des Abnehmers.

Bekanntmachung der Hamburger Handelskammer: Nach Ansicht der Mehrheit der Kaufmannschaft richtig empfiehlt die Handelskammer, bei der Verwendung der Klauseln ab Kai, frei ab Kai die Umschlagsgebühr von Käufer und Verkäufer je zur Hälfte tragen zu lassen.

w) Ab Station

Auch bei dieser Klausel ist zu beachten, daß sie sich sowohl für die Absende- als auch für die Empfangsstation verstehen kann. Die einzelnen Usanzen nehmen auch hierauf Bezug; allerdings besteht keine Einheitlichkeit über die Frage der Verteilung der Ein- und Ausladekosten.

Im Zweifel wird man so folgern müssen: Ist „ab Verladestation" vereinbart, treffen den Käufer bereits die Kosten und die Gefahr der Einladung. Den Verkäufer treffen Kosten und Gefahr bis zur Ablieferung an die Transportunternehmung der betreffenden Station.

Ist „ab Empfangsstation" vereinbart, dann treffen die Kosten und die Gefahr der Ausladung den Verkäufer, denn er hat ja nicht ab Waggon, sondern ab Station, das ist ab dem von der Transportunternehmung zugewiesenen Lagerplatz des Empfangsortes zu liefern.

Die Usanzen nehmen teils den gleichen, teils einen abweichenden Standpunkt ein.

Qualitäts- und Quantitätsermittlung hat im allgemeinen an der genannten Station zu erfolgen, da diese ja auch als Erfüllungsort anzusehen ist[1]).

Österreichische Exporteure: Franko ab Station ...: Der Lieferant hat die Ware auf seine Rechnung und Gefahr bis zur Aufgabsstation zu transportieren, während die Verladekosten den Käufer treffen.

Berlin, § 33: Getreidehandel auf Abladung oder Lieferung.

Bei einem Kauf ab Station (Verladestelle) oder frei Station (Empfangsstelle) haftet der Verkäufer für die vertragsmäßige Lieferung bis zum Bestimmungsorte. Bei einem Kaufe ab Station Verladestelle trägt indessen der Käufer die Gefahr des Transportes. Die Kosten der Verladung trägt der Verkäufer, die Kosten der Entladung der Käufer. Bei einem Kauf ab Station hat der Verkäufer die Verladung von einer tarifierten Vollbahnstation zu bewirken, in anderen Fällen trägt er die Mehrfracht.

—, § 34: Bei einem Kauf „ab Station" Verladestelle hat der Verkäufer das Gewicht bahnamtlich oder durch vereidete Wäger oder durch andere glaubwürdige, unparteiische Personen bei der Einladung feststellen zu

[1]) Ebenso Gutachten der Handelskammer Oppeln vom 23. Dezember 1903.

lassen. Unterläßt er dies, so muß er das Gewicht anerkennen, das der Käufer bahnamtlich oder durch vereidete Wäger oder durch andere glaubwürdige unparteiische Personen feststellen läßt.

Flensburger Getreide, § 8: Ab Bahn gekaufte Ware ist, a) wenn vor 11 Uhr vormittags verkauft und (oder) angedient, im Laufe desselben Werktages, b) wenn nach 11 Uhr vormittags verkauft und (oder) angedient, bis Mittag 12 Uhr des nächsten Werktages abzunehmen.

Wien, l. P., § 15: Bei Verkäufen ab Versandstation ist die Ware in den Waggon oder in das Schiff zu legen, bei Verkäufen ab Empfangsstation ist die Ware im Waggon oder Schiff zuzuweisen.

Bei Schlüssen ab Wien Lagerhaus oder ab irgendeinem Lagerhaus gelten dieselben Bestimmungen wie für Verkäufe ab Station.

Bei Verkäufen ab Wien Lagerhaus trägt die Kosten der Waggonbeistellung der Käufer.

Bei Verkäufen ab Versandstation in Rinfusaverladungen hat der Verkäufer die Vorsatzbretter beizustellen und der Käufer zu bezahlen.

Rauhfutterhändler, § 16: Bei Verkäufen ab Station ist, wenn nicht ein anderes vereinbart wurde, als Verladestation die Tarifstation zu verstehen (Transportgefahr geht zu Lasten des Käufers).

Berliner Kartoffelstärke, § 12, s. Berlin, § 34 mit Zusatz: Ankunftsbahnhof „oder ersten Umschlagsplatz sofort nach Eingang .... unbeschadet der vom Käufer zu tragenden Transportgefahr". Hiebei ist das Umladen von Schmalspurwagen in Vollspurwagen nicht als Umschlag anzusehen.

Angestellte des Käufers oder Verkäufers sind stets als „beteiligt" anzusehen, es sei denn, daß sie für die Gewichtsfeststellung bahnamtlich verpflichtet sind.

Wiener Holz, § 12: Bei Verkäufen ab Station Bestimmungsort treffen die Abladekosten den Verkäufer, die nach dem Abladen entstehenden Spesen und Gebühren jedoch den Käufer.

Wiener Zucker, § 25: Bei Verkäufen ab Station ist die Ware franko in die betreffende Bahn- oder Schiffsstation zu stellen.

Berliner Teichwirte, § 3: Der Versand ab Station geschieht auf Rechnung und Gefahr des Empfängers.

x) Loko

Die der Klausel „ab" zukommende Bedeutung entspricht auch der Klausel „loko". Der so bezeichnete Ort ist der Erfüllungsort für die Lieferung der Ware. Den Verkäufer treffen alle Kosten und Gefahren bis dahin, den Käufer von diesem Platze an.

Was im einzelnen von der Klausel „ab" gesagt wurde, ist analog auf die Klausel „loko" anzuwenden. Das geht auch ohnedies aus den Usanzen selbst hervor, die beide Ausdrücke gemeinsam erklären und ihnen denselben Inhalt zuweisen. Ein Gutachten der Handelskammer Berlin (Berlin, April 1920) über die Bedeutung der Klausel „loko Lagerort" in der Kunstwollbranche äußert sich noch dahin, daß der Käufer im Zweifel das Gewicht der Ware durch den Lagerhalter bei Übernahme festzustellen habe. Es ist dies aus der Bedeutung des Lagerortes als Erfüllungsort selbstverständlich. Einen anderen Standpunkt nimmt ein Berliner Gutachten für Schweizer Voile ein, das durch die Bezeichnung „loko Schweizer Grenze“ lediglich die Verpflichtung des Käufers zur Übernahme der Kosten von der Grenze an vereinbart glaubt. In den Usanzen findet sich die Klausel „loko“:

Wien, s. Ab.

Flensburger Getreide, § 8: Ist die Ware loko gehandelt, so muß sie zur sofortigen Lieferung bereit liegen; der Verkäufer hat die Überweisung der verkauften Ware an den Käufer auf Verlangen unverzüglich zu bewirken.

Graz, § 13, s. Ab.

Linz, § 12, s. Ab.

Wien, l. P., § 15: Der Beisatz loko (Lager oder Betriebsstätte) bezeichnet den Ort, wo die Ware zu liefern oder zu übernehmen ist.

Innsbrucker Holz, § 5, s. Franko.

Prager Holz, § 19: Bei Verkäufen „loko Station“ trägt der Verkäufer die Haftung für die Qualität bis zu dem genannten Ort.

Wiener Holz, § 11, s. Ab.

Bremer Baumwollbörse, § 56: Bei Verkäufen von loko Ware hat der Verkäufer das Recht, die Baumwolle am Kai oder am Lager anzudienen und zu liefern.

VI. Klauseln für die Lieferungs- und Erfüllungszeit

A. Für Promptgeschäfte

Erfüllungszeit und Zeit des Vertragsabschlusses können zusammen-, können aber auch erheblich auseinanderfallen. Die Organisation des Wirtschaftsverkehrs, der augenblickliche Bedarf und die Vorsorge für zukünftige, bereits feststehende oder noch zu erwartende Bedürfnisse machen bald den einen, bald den anderen Vertragsabschluß nötig. Aus dieser Verschiedenheit der Bedürfnisintensität einerseits und der Eigenheit der einzelnen Waren selber ergeben sich die mannigfachsten Abweichungen der Vertragsabschlüsse, aber auch innerhalb der formell gleichartigen Abschlüsse verschiedene Inhalte. Das kommt denn vor allem in den Usanzen zum Ausdruck.

Es seien zunächst die Promptgeschäfte betrachtet, das heißt jene Geschäfte, bei denen für den Verkäufer die Verpflichtung zur Lieferung, für den Käufer die Verpflichtung zur Abnahme sogleich bei Vertragsabschluß oder innerhalb weniger Tage nach Vertragsabschluß entsteht oder sogar rückwirkend bereits vor Vertragsabschluß entstanden ist.

a) Sofort

Will der Käufer eine möglichst schnelle Lieferung erwirken oder der Verkäufer den Käufer zu einer möglichst schnellen Empfangnahme veranlassen, dabei aber immer dem Gegenkontrahenten die erforderliche Zeit zur sachgemäßen Lieferung oder Empfangnahme der Waren lassen, dann wendet man die Klausel „sofort" an. Aber auch das deutsche und das österreichische Handelsrecht (§ 271 D.B.G.B., Art. 326 u. 246 österreichisches H.G.B.) bestimmen schon, daß im Zweifel ein ohne die Angabe der Erfüllungszeit abgeschlossener Vertrag sofort zu erfüllen sei.

Die Klausel und das Gesetz wollen lediglich besagen, daß eine möglichst schnelle Abwicklung des Geschäftes verlangt werde, sie verleihen aber dem Geschäft nicht den Charakter eines Fixgeschäftes, denn es fehlt das Erfordernis des Gesetzes für das Fixgeschäft, die genau fest bestimmte Zeit. Das „sofort" ist lediglich dahin zu verstehen, daß „so viel Zeit vergehen muß, um die zur Erfüllung notwendigen Vorbereitungen zu treffen"[1]). Daß auch die Usanzen das als „sofort" lieferbar abgeschlossene Geschäft nicht als ein Fixgeschäft ansehen wollen, geht daraus hervor, daß fast alle genaue Regelungen über die — beim Fixgeschäft vollkommen überflüssigen — dem Gegenkontrahenten im Falle der Nichterfüllung zu setzenden Nachfristen enthalten. So äußert sich auch ein Gutachten der Handelskammer Berlin (März 1919) für die Textilbranche dahin, daß die Klausel sofort dem Geschäft nicht den Charakter eines Fixgeschäftes verleihe.

Wenn keine gegenteiligen Abmachungen im Vertrage getroffen sind, wird man annehmen dürfen, daß die Klausel „sofort" ebenso wie die später erörterte Klausel „prompt" das Geschäft zu einem zweiseitigen Promptgeschäft macht, das heißt, daß sowohl der Käufer als der Verkäufer sofortige bzw. prompte Lieferung und Empfangnahme verlangen können. Es ergibt sich dies ja auch aus den zitierten Gesetzesvorschriften.

Es wird in dem erwähnten Berliner Gutachten auch die Frage erörtert, ob die Ware beim Abschluß auf Lieferung „sofort" schon im Besitz des Verkäufers sein müsse, und dahingehend beantwortet, daß die mit der Klausel „sofort" verbundene Frist unter anderm gerade mit Hinblick auf die Beschaffung der Ware durch den Verkäufer bestimmt werden müsse. Auf einem anderen Standpunkt stehen die Usanzen der Rheinisch-Westfälischen Produktenbörsen, die verlangen, daß die Ware beim Abschluß am Orte der Verladung vorrätig sei. Die übrigen Usanzen äußern sich zwar nicht zu der Frage, man wird aber die Auffassung der Berliner Handelskammer, daß der Verkäufer sich wohl die Ware noch beschaffen kann, als die übliche bezeichnen müssen; es bedeutet eine zu große Einengung der Freiheit des Geschäftsabschlusses, wollte man einen Abschluß auf sofortige Lieferung nur auf bereits vorrätige Waren beschränken, ganz abgesehen davon, daß viele Waren zuvor erst hergestellt werden müssen.

Die Liefer- und Abnahmefristen schwanken je nach dem Transportwege und je nach der Entfernung der Versandstation zwischen 24 Stunden

[1]) Staub: Kommentar, Anm. 18, zu § 361 D.H.G.B.

und 10 Tagen. Eine einheitliche Regelung besteht nicht. Dasselbe gilt für die als angemessen bezeichneten Nachfristen, die dem säumigen Kontrahenten vom Nichtsäumigen zu stellen sind; auch sie schwanken zwischen 2 und 8 Tagen.

Im einzelnen sei auf die Usanzen selbst verwiesen:

Köln, § 34: Ist bei Platzgeschäften sofortige Lieferung oder Empfangnahme bedungen, so hat dieselbe innerhalb eines Werktages zu erfolgen. Der Tag des Kaufes wird hiebei nicht mitgerechnet.

Bern, § 22: Ist die Ware als „disponibel“ oder „sofort lieferbar“ verkauft, so wird vorausgesetzt, daß die Ware ohne Verzug an den Käufer disponiert werde.

Breslau, § 4: Der Käufer ist verpflichtet, bei Abschlüssen zu sofortiger Abladung oder Lieferung Disposition (Verladeauftrag) binnen 24 Stunden nach Eingang der Aufforderung zu erteilen.

—, § 5: Der Verkäufer ist verpflichtet, zu verladen bzw. zu liefern innerhalb 5 Werktagen nach dem Tage der Dispositionserteilung ab inländischer oder Grenzstation, innerhalb 6 Werktagen nach dem Tage der Dispositionserteilung ab ausländischer Station.

—, § 16: Die Nachfristen betragen bei Lieferung von inländischer Station 3 Werktage, von Grenzstation 3 Werktage, vom Ausland 5 Werktage, zu Schiff 5 Werktage.

Chemnitz, § 21: Ist sofortige Lieferung vereinbart, so ist der Vertrag:

a) wenn die Ware auf einer deutschen Station liegt, innerhalb 5 Werktagen;

b) wenn die Ware auf einer außerdeutschen Station liegt, innerhalb 7 Werktagen;

c) bei Wasserverladungen mit Flußschiff innerhalb 10 Werktagen zu erfüllen.

Als angemessene Nachfristen gelten bei Bahnverladungen 2 Werktage, bei Wasserverladungen mit Flußschiff 3 Werktage.

Cottbus, § 11: Ist sofortige Lieferung vereinbart, so ist der Vertrag bei Bahnverladung innerhalb Deutschlands in 6 Werktagen, bei Verladungen von außerdeutschen Stationen innerhalb 12 Werktagen, bei sofortiger Wasserverladung mit Flußschiff innerhalb 10 Werktagen zu erfüllen. Der Tag des Verkaufes zählt nicht mit.

Als Nachfristen sind mindestens zu gewähren:

1. bei Bahnverladung innerhalb Deutschlands 3 Werktage,
2. bei Bahnverladung von außerdeutschen Stationen 5 Werktage,
3. bei Wasserverladungen 5 Werktage.

Danzig, § 26: Es ist zu liefern bei der Vereinbarung „greifbar“, „vorrätig“, unverzüglich nach Eingang einer ausführbaren Verladeverfügung „sofort“ innerhalb 5 Werktagen ab Danziger, deutscher, polnischer Station, innerhalb 7 Werktagen ab anderen ausländischen Stationen sowie bei Fluß-, Kanal- und Haffverladung nach Eingang einer ausführbaren Verladeverfügung.

—, § 29 (s. Prompt): Der Käufer ist verpflichtet, bei Abschlüssen mit der Bezeichnung „sofort“, zur Verladeverfügung innerhalb 24 Stunden nach Eingang der Aufforderung. Nachfrist bei „greifbar“, „vorrätig“: 1 Werktag, bei „sofort“: 3 Werktage.

Flensburg, § 3: „Lieferung sofort“ bedeutet Lieferung innerhalb 2 Werktagen.

Flensburger Getreide, § 3: Ist sofortige Lieferung vereinbart, so hat der Verkäufer die Ware bei Bahnverladung, Verladung mit täglich regelmäßig verkehrenden Dampfern oder Lieferung mit Fuhrwerk binnen 3 Werktagen, bei Schiffsverladungen binnen 8 Werktagen, vom Tage des Geschäftsabschlusses an gerechnet, abzusenden. Wenn bei Bahnverladungen Eisenbahnwagen ohne Verschulden des Verkäufers nicht rechtzeitig gestellt werden, verlängert sich die Lieferzeit um die Zeit der dadurch entstandenen Verzögerung.

Nachfrist bei Lieferungsverzug und Abnahmeverzug 3 Werktage.

Hamburger Getreidehändler, Schlußschein 2 bis 17: Sofort bedeutet innerhalb 5 Werktagen. Zusatz in Nr. 16: ... nach Eingang einer ausführbaren Verfügung zu verladen.

Halle, § 15, s. Magdeburg.

Kiel, § 9: Ist für Lieferung „sofort“ oder „loko“ vereinbart, so ist die Ware ohne schuldhaften Verzug aus löschbereiten oder ladebereiten Partien, spätestens aber binnen 5 Werktagen zu verladen.

Königsberg, § 3: Geschäfte über Ware, die sich im Inland befindet (Danzig und Memel gelten als Inland): Die Zeitbestimmung sofort bedeutet 3 Werktage. Der Tag des Vertragsabschlusses wird nicht mitgezählt. Eine Nachfrist von nicht mehr als einem Werktag darf bei sofortiger Lieferung oder Verladung gefordert werden. Geschäfte über Ware von Litauen, Polen, Rumänien und Rußland: Sofortige Verladung bedeutet Verladung innerhalb von 6 Kalendertagen. Sofortige Lieferung: Lieferung innerhalb von 10 Kalendertagen. Der Tag des Geschäftsabschlusses wird nicht mitgezählt. Eine längere Nachfrist als 3 Kalendertage bei „sofortiger Verladung oder Lieferung“ darf nicht beansprucht werden.

Magdeburg, § 7: Sofort bedeutet bei Bahnverladungen Verladung binnen 3 Werktagen, bei Wasserverladungen Verladung binnen 8 Kalendertagen. Der Tag des Geschäftsabschlusses wird nicht mitgerechnet.

Mittel- und Süddeutsche, § 20: Es ist zu liefern bei der Bezeichnung sofort, loko, disponibel, greifbar innerhalb 4 Werktagen.

Als angemessene Nachfristen gelten bei Lieferungs- und Abnahmeverzug 2 Werktage, wenn sofort, loko, disponibel oder greifbar verkauft ist.

Stettin, § 5: Sofort: Die Abladung hat innerhalb drei Werktagen zu erfolgen. Nachfrist: Bahnwärts ein Werktag, wasserwärts zwei Werktage.

Früchtegroßhändler, § 3: Ist sofortige Abladung oder Lieferung vereinbart, so hat der Verkäufer binnen 24 Stunden zu liefern. Nachfrist 3 Werktage.

Rauhfutterhändler, § 5: Ist sofortige Abladung oder sofortige Lieferung vereinbart, so hat der Verkäufer die Ware bei Lieferung mit Eisenbahn binnen 6 Werktagen, mit Fuhrwerk binnen 3 Werktagen, bei Schiffsverladung binnen 8 Werktagen, vom Tage des Geschäftsabschlusses an gerechnet, abzusenden.

Die Nachfrist hat bei sofortiger Lieferung oder Abnahme 3 Werktage zu betragen.

Für Kartoffel: Ist sofortige Abladung oder Lieferung vereinbart, so hat der Verkäufer die Ware bei Lieferung mittels Eisenbahn oder Fuhrwerk binnen 3 Werktagen, vom Tage des Eingangs der Verladeverfügung an gerechnet, abzusenden. Die Verladeverfügung ist binnen 12 Werktagsstunden nach Geschäftsabschluß zu erteilen.

Rheinisch-Westfälische, § 12: Ist auf sofort zu liefern oder greifbar, loko, disponibel, so ist darunter die Lieferung und Abnahme innerhalb

3 Werktagen zu verstehen. Die Ware muß am Orte der Verladung vorrätig sein.

Allensteiner Kartoffeln, § 3: Sofortige Verladung bedeutet Abladung innerhalb 5 Werktagen.

Berliner Kartoffeln, § 3: Ist sofortige Abladung oder sofortige Lieferung vereinbart, so hat der Verkäufer binnen 5 Werktagen zu liefern. Nachfrist: 3 Werktage.

Budapester Mehl, § 15: Unter sofortiger (prompter) Lieferung ist Lieferung innerhalb 8 Tagen, gerechnet vom Tage des Geschäftsabschlusses an, zu verstehen.

Hamburger Reis, § 2: Unter Lieferung oder Abnahme sofort sind 3 Werktage, unter Lieferung oder Abnahme prompt sind 14 Werktage zu verstehen. Bei Verkäufen „prompt" vom Ursprungsland gelten die für den Handel dort festgelegten Bedingungen.

Bei Verzug des Verkäufers hat der Käufer, falls er aus der Nichterfüllung des Kontraktes Rechte herleiten will, dem Verkäufer schriftlich oder telegraphisch eine Nachfrist zu setzen, und zwar bei Abschlüssen per sofort 1 Werktag, bei Abschlüssen auf eine längere Frist als sofort einschließlich prompt 3 Werktage.

Breslauer Samen, § 61: Die Lieferung bzw. Abnahme der Ware muß erfolgen bei Geschäften zur sofortigen Lieferung durch die Eisenbahn a) ab schlesischer Station innerhalb 3 Werktagen, b) ab deutscher Station innerhalb 5 Werktagen, c) ab ausländischer Station innerhalb 6 Werktagen; bei Wasserverladungen innerhalb 10 Werktagen.

Hamburger Samen, § 10, s. Stettiner Samen, § 9.

Königsberger Samen, § 11: Lieferung sofort bedeutet Lieferung innerhalb 5 Werktagen. Im Falle der Säumigkeit ist eine Nachfrist von 3 Werktagen zu stellen.

Stettiner Samen, § 9: Sofortige Verladung: Die Abladung muß erfolgen mit der Eisenbahn innerhalb 5 Werktagen, zu Wasser innerhalb 10 Werktagen, von außereuropäischen Plätzen innerhalb 10 Tagen.

Oppelner Holz, s. prompt.

Berliner Fleisch, § 9: Im Handel mit geräuchertem Speck ist bei Bestellungen auf sofortige Lieferung der Verkäufer zur Lieferung innerhalb 10 Tagen verpflichtet, mit gesalzenem Speck zur Lieferung innerhalb 5 Tagen.

Stettiner Wein, § 16: Hat der Verkäufer bei der Bestellung der Ware „sofortige oder umgehende Lieferung" vorgeschrieben, so hat die Lieferung so rasch zu erfolgen, wie es die Fertigstellung des Auftrages und die Versandgelegenheit gestattet.

Mainz, § 15: Für umgehende Lieferung: Ebenso.

Wiener Zucker: Rohzucker, § 12: Wird bei einem Abschluß sofortige Lieferung bedungen, so hat die Aufforderung zur Übernahme spätestens am nächsten Werktag nach Ankunft der Säcke und die Übernahme selbst spätestens am zweitnächsten Werktag nach Erhalt der Aufforderung zur Übernahme zu erfolgen.

Bei Abschlüssen in gesackter Ware oder inklusive Säcken hat bei sofortiger Lieferung die Aufforderung zur Übernahme spätestens am nächsten Tage und die Übernahme selbst spätestens am zweitnächsten Tage nach Geschäftsabschluß zu erfolgen.

Wiener Zucker: Raffinade, § 27: Mit der Bedingung „sofortige Lieferung" verkaufte Zucker müssen innerhalb dreier Werktage nach erfolgtem Geschäftsabschluß von der Fabrik oder dem sonstigen Lagerort expediert werden.

— —, § 7 (Rohzucker): Ohne besondere Aufforderung sind die Säcke bei sofortiger Lieferung spätestens am zweitnächsten Werktag abzusenden, den Tag des Abschlusses nicht mitgerechnet.

Prager Rohzucker, § 12, s. Wiener Rohzucker, § 12.

— —, § 7, s. Wiener Rohzucker, § 7.

Prager Raffinade, § 28, s. Wiener Raffinade, § 27.

Berliner Schuhe, § 4: Lieferungen per sofort sind bei anzufertigenden Waren innerhalb 6 Wochen, bei Lagerware innerhalb 10 Tagen nach Annahme des Auftrages auszuführen. Bei Lieferungen per sofort hat der Lieferant keinen Anspruch auf Nachlieferungsfrist.

b) Prompt

Dieselben Erwägungen gelten auch für die mit der Klausel „prompt" geschlossenen Verträge. „Sofort" ist die schärfere Bedingung; bei der Klausel prompt gelten entsprechend längere Fristen für die Vorbereitung zur Lieferung und Empfangnahme. Daher kann auch bei dieser Klausel kein Zweifel darüber bestehen, daß der Verkäufer die Ware „prompt" verkaufen kann, ohne sie tatsächlich zu besitzen. Das bestätigen z. B. die Spiritususanzen von Wien und Linz, die verlangen, daß beim Abschluß „prompt" der Verkäufer lediglich dem Käufer binnen 48 Stunden mitzuteilen habe, ob er Lokoware oder Ware aus der Provinz liefern werde.

Für die „angemessenen" Nachfristen gelten ebenfalls entsprechend längere Fristen.

Eingehender ist in manchen Usanzen noch der Fall geregelt, daß der Käufer die Emballage beizustellen habe. Die allgemeine Regelung geht in diesem Falle dahin, daß der Käufer innerhalb einer kurz bemessenen Frist die Emballage beistellen muß und von dem Einlangen der Emballage beim Verkäufer an die Promptfrist bzw. eine etwas verkürzte Frist läuft.

Dasselbe gilt auch von eventuellen Dispositionen, die der Käufer dem Verkäufer zu erteilen hat.

Fast bei allen Usanzen gilt im Zweifel prompte Lieferung als vereinbart. Es ist dies ausdrücklich bei folgenden Usanzen hervorgehoben: Wien, Berlin, Breslau, Flensburg, Hamburger Getreidehändler, Halle, Linz, Magdeburg, Mittel- und Süddeutsche, Stettin, Wien, 1. P., Rauhfutterhändler, Allensteiner und Berliner Kartoffel.

Berliner Holz, Breslauer Holz, Königsberger Holz, Wiener Holz.

Königsberger und Stettiner Heringe.

Wiener Handelsdünger, Wiener Baumwollgarne, Prager Zuckerrübensamen.

Im übrigen kann auf die Usanzen selbst verwiesen werden:

Hamburg, § 15: Ist bei Platzgeschäften „prompte Lieferung“ oder Empfangnahme bedungen, so hat dieselbe innerhalb 3 Werktagen nach dem Geschäftsabschluß zu erfolgen.

Innsbruck, § 26: Prompt lieferbar verkaufte Ware ist in Innsbruck dem Käufer auf dessen Verlangen bis längstens 3 Uhr nachmittags des ersten dem Abschlusse des Geschäftes folgenden Werktages an dem vereinbarten Orte zur Übernahme zuzuweisen und vorzuzeigen. Die Übergabe und Übernahme beginnt am zweiten dem Geschäftsabschluß folgenden Werktag morgens.

Nach auswärts prompt lieferbar verkaufte Ware ist unter vorheriger Anzeige an den Käufer längstens binnen 3 Tagen nach Abschluß des Geschäftes zu versenden, insofern jedoch die Verladung ab einer anderen Station als Innsbruck erfolgt, hat die Auflieferung in der Verladestation binnen 6 Werktagen nach Abschluß des Geschäftes zu geschehen.

Hat der Käufer die Emballage für die gekaufte Ware beizustellen, so ist die Lieferung binnen 3 Tagen nach Empfang der Emballage zu vollziehen. Bei nicht rechtzeitiger Zuweisung der Emballage durch den Käufer ist der Verkäufer berechtigt, dieselbe auf Gefahr und Kosten des Käufers selbst beizustellen und hat die Versendung sodann binnen 2 Tagen (nach vorheriger Anzeige an den Käufer) zu geschehen.

Köln, § 34, Abs. 2, s. Hamburg mit Zusatz: Der Tag des Geschäftsabschlusses wird hiebei nicht mitgerechnet.

—, Abs. 3: Ist „prompt nach Ankunft“ oder „prompt nach Ankunft und Andienung zu empfangen“ verkauft, so ist die Ware innerhalb der kostenfreien Entladungsfrist ab Waggon oder Kai abzunehmen. Durch verzögerte Abnahme entstehende Kosten sind zu Lasten des Käufers.

Ist „prompte Abladung“ zur See bedungen, so ist die Bedeutung dieses Begriffes in der Schlußnote näher zu bestimmen. Ist dies nicht geschehen, so hat die Abladung bei Bezügen von europäischen Häfen der Ostsee, Nordsee und des Atlantischen Ozeans mit Ausnahme derjenigen Spaniens und Portugals innerhalb von 15 Tagen, von Häfen Spaniens und Portugals, des Mittelländischen Meeres und des Schwarzen Meeres sowie der Ostküste Nordamerikas innerhalb von 21 Tagen, von anderen Häfen innerhalb 30 Tagen zu erfolgen. Für die rechtzeitige Verschiffung ist das Datum der Verladescheine maßgebend.

Ist prompte Verladung vom deutschen Inland bedungen, so ist die Ware innerhalb von 6 Werktagen zu verladen. Für die rechtzeitige Verladung ist das Datum des Frachtbriefes bzw. Verladescheines maßgebend.

Wien, § 27, s. Innsbruck mit Änderung: .... „bis 5 Uhr des zweiten und beginnt am 3. dem ....“

In Absatz 2: statt 6 Werktagen: „8 Werktagen“.

Abs. 3: Wenn bei Abschlüssen in prompt lieferbarer Ware der Käufer noch Dispositionen zu erteilen hat, verstehen sich die Fristen vom Empfang der binnen 2 Werktagen vom Käufer nach Abschluß des Geschäftes zu erteilenden Disposition.

Der Käufer hat die Emballage, wenn vereinbart, prompt in diesem Sinne beizustellen. Andernfalls .... s. Innsbruck, Abs. 3, S. 2, ohne letzten Halbsatz.

Berlin, § 29: Ware, welche auf prompte Abladung verkauft ist, ist innerhalb 10 Werktagen zu verladen, wenn der Verkäufer die Säcke zu stellen hat.

Hat der Käufer die Säcke zu stellen, so muß er diese innerhalb 5 dem Geschäftsabschluß folgenden Werktagen an die vom Verkäufer bestimmte Stelle absenden. Nach Eintreffen der Säcke hat die Verladung innerhalb 10 Werktagen zu erfolgen. Unterläßt der Käufer die rechtzeitige Absendung der Säcke, so ist der Verkäufer berechtigt, andere Säcke für Rechnung des Käufers zu benutzen.

Berlin, § 30: Wenn prompte Lieferung bedungen ist, so hat diese innerhalb der auf den Geschäftsabschluß folgenden 10 Werktage stattzufinden.

—, § 36 für Wasserverladungen: Wenn prompte Abladung oder Lieferung bedungen ist, so hat diese innerhalb der auf den Geschäftsabschlußtag folgenden 14 Tage zu geschehen.

Für Sämereien: Prompte Abladung: 6 Tage, prompte Lieferung 5 Werktage.

Breslau, § 4: Prompte Abladung oder Lieferung: Der Käufer ist zur Dispositionserteilung (Verladeauftragserteilung) verpflichtet binnen 2×24 Stunden nach Eingang der Aufforderung.

—, § 5: Der Verkäufer ist verpflichtet, innerhalb 8 Werktagen nach dem Tag der Dispositionserteilung ab inländischer oder Grenzstation, innerhalb 14 Werktagen nach dem Tag der Dispositionserteilung ab ausländischer Station abzuladen bzw. zu liefern.

—, § 16: Nachfristen: ab inländischer Station 5 Werktage, ab Grenzstation 8 Werktage, vom Ausland 8 Werktage, vom Schiff 8 Werktage.

—, § 4. Der Käufer hat seiner Pflicht zur Dispositionserteilung genügt, wenn er innerhalb dieser Frist den Auftrag telegraphisch an den Verkäufer aufgegeben hat (gilt auch für „sofort").

Budapest, § 19: Prompt lieferbare Ware ist in Budapest am zweiten dem Geschäftsabschluß folgenden Werktag zu übergeben und zu übernehmen. Bei Geschäften, die außerhalb Budapests prompt zu erfüllen sind, muß die Ware, ausgenommen den Fall des § 22, binnen 8 Tagen nach Abschluß des Geschäftes geliefert werden.

—, § 22: Bei der Verpflichtung des Käufers zur Beistellung der Emballage (Frist 3 Tage), ist die Ware 8 Tage nach Eingang der Emballage zu liefern.

Chemnitz, § 21, s. Cottbus, § 11, mit Änderung in b).... 14 Werktagen.

Nachfristen: Bei Bahnverladung, wenn die Ware auf einer deutschen Station liegt, 3 Werktage, bei Wasserverladungen mit Flußschiff 4 Werktage.

Cottbus, § 11: Ist prompte Lieferung vereinbart, so ist der Vertrag: a) wenn die Ware auf deutscher Station liegt, innerhalb 10 Werktagen, b) wenn die Ware auf außerdeutschen Stationen liegt, innerhalb 21 Werktagen, c) bei Wasserverladungen mit Flußschiff innerhalb 21 Werktagen zu erfüllen.

Als Nachfristen sind mindestens zu gewähren: ab deutscher Station 5 Werktage, ab außerdeutscher Station 8 Werktage, bei Wasserverladung mit Flußschiff 8 Werktage.

Danzig, § 26: Es ist zu liefern bei Vereinbarung prompt innerhalb 10 Werktagen ab Danziger, deutscher oder polnischer Station, innerhalb 14 Tagen ab anderen ausländischen Stationen, sowie bei Kanal-, Fluß- und Haffverladungen, innerhalb 21 Tagen nach Abschluß bei Seeverladung.

—, § 29: I. Der Käufer ist verpflichtet, Verladeverfügung bei Abschlüssen „prompt" oder „innerhalb einer Woche" innerhalb 48 Stunden nach Eingang der Aufforderung zu treffen.

II. Trifft innerhalb der in I. bestimmten Fristen die Verladeverfügung nicht ein, so kann der Verkäufer zu deren Eintreffen eine Nachfrist von

2 Werktagen setzen. Nach deren fruchtlosem Ablauf ist der Verkäufer berechtigt, hinsichtlich der nicht verfügten Menge die Rechte des § 38 geltend zu machen. In allen Fällen kann der Verkäufer die Ware auf Gefahr und Kosten des Käufers in einem öffentlichen Lagerhause oder sonst in sicherer Weise hinterlegen, sofern er dies bei der Nachfristsetzung unter Bezeichnung der Menge, welche er zunächst liefern will, angezeigt hat.

Nachfrist: 5 Werktage.

Flensburg, § 3: Ist prompte Lieferung vereinbart, so hat der Verkäufer die Ware: a) bei Platzgeschäften innerhalb 3 Werktagen, b) bei Ablieferungen nach auswärts durch Fuhrwerke oder durch die Eisenbahn innerhalb 8 Werktagen, c) bei Abladungen seewärts innerhalb 3 Wochen abzusenden.

Flensburger Getreide, § 3: Ist prompte Lieferung vereinbart, so hat der Verkäufer die Ware, wenn es sich um Lieferung durch Fuhrwerk oder um Bahnverladung handelt, binnen 8 Werktagen, wenn es sich um Wasserverladung handelt, binnen 14 Werktagen bei Dampfern und 21 Werktagen bei Seglern abzusenden, vom Tage des Geschäftsabschlusses an gerechnet.

Nachfrist bei Lieferungsverzug 1 Woche, bei Abnahmeverzug 3 Werktage.

Graz, § 17, s. Linz § 18.

Halle, § 15, s. Magdeburg.

Als Nachfristen sind folgende zu gewähren: Bei Bahnverladung und Fuhrwerk 3 Werktage, bei Wasserverladung mit Flußschiff 7 Werktage.

Hamburger Getreidehändler: 2 bis 17 ohne 7 und 7a: Prompt bedeutet Verladung bzw. Lieferung innerhalb 2 Wochen (14 Tagen); Nr. 7 und 7a: Innerhalb 3 Wochen vom Tage des Abschlusses an.

Königsberg, § 3: Über Ware, die sich im Inland befindet (Danzig und Memel gelten als Inland): Prompte Verladung oder Lieferung mit Bahn oder Binnenwasserfahrzeug bedeutet Verladung oder Lieferung innerhalb von 10 Werktagen.

Prompte Verladung seewärts nach der Ostsee bedeutet Verladung innerhalb 14 Kalendertagen ohne Nachfrist, nach der Nordsee 21 Kalendertage ohne Nachfrist.

Der Tag des Vertragsabschlusses wird nicht mitgezählt. Bei prompter Verladung oder Lieferung darf eine längere Nachfrist als 4 Werktage nicht beansprucht werden.

—, § 4: Bei Geschäften mit Litauen, Polen, Rumänien und Rußland. Prompte Verladung bedeutet sowohl für Bahn- als auch für Binnenwasserverladungen Verladung innerhalb von 16 Kalendertagen.

Bei Geschäften nach Königsberg oder Landesgrenze.

Prompte Lieferung: Lieferung innerhalb von 28 Kalendertagen.

Eine längere Nachfrist als 8 Kalendertage bei prompter Verladung oder Lieferung darf nicht beansprucht werden.

Kiel, § 9: Soll die Lieferung prompt geschehen, so hat der Verkäufer binnen 12 Werktagen, vom Tage des Geschäftsabschlusses gerechnet, zu liefern.

Linz, § 18, Abs. 1, s. Innsbruck, Abs. 1 mit Änderung: „ab Linz oder Urfahr".

Abs. 2, s. Wien, 1. P., Abs. 2 mit Änderung: .... „binnen 6 Werktagen" und „6 Werktage nach Empfang der Emballage, welche der Käufer am 3. Werktage ....".

Magdeburg, § 8: Prompt: Bei Bahnverladung binnen 8 Kalendertagen, bei Wasserverladung binnen 14 Kalendertagen. Der Tag des Abschlusses wird nicht mitgerechnet.

Mittel- und Süddeutsche, § 20: b) Prompt: Innerhalb 8 Werktagen (bei Verkauf prompt nach Waggonstellung hat der Verkäufer spätestens am 6. Werktage nach Vertragsabschluß den Waggon anzufordern und unverzüglich nach dessen Gestellung einzuladen); s. dazu „sofort“.

Als angemessene Nachfristen gelten bei Lieferungs- und Abnahmeverzug 4 Werktage, wenn prompt verkauft ist.

Prag, § 17: Wird prompt lieferbare Ware als am Erfüllungsort lagernd verkauft und haben beide Kontrahenten daselbst den Wohnsitz, so ist solche an dem dem Abschluß folgenden Werktage bis 3 Uhr nachmittags dem Käufer über dessen Verlangen vorzuweisen; die Übernahme beginnt am zweitnächsten Werktage morgens.

In allen anderen Fällen muß inländische Ware, welche auf prompte Lieferung verkauft wurde, falls in diesen Usanzen bei den einzelnen Warengattungen keine andere Frist bestimmt wurde, innerhalb 6 Tagen nach Geschäftsabschluß, ausländische Ware, und zwar Kontinentalware, innerhalb 10 Tagen, überseeische Ware innerhalb 14 Tagen nach Geschäftsabschluß geliefert werden. In Fällen aber, in welchen der Käufer gemäß Vereinbarung die Emballage beizustellen hat, beginnen diese Fristen am nächsten Tage vor Empfang der Emballage. Der Käufer prompt lieferbarer Ware hat die von ihm beizustellende Emballage binnen 4 Tagen nach Geschäftsabschluß an den Verkäufer abzusenden.

Rheinisch-Westfälische, § 13: Prompt: Frist von 8 Tagen. Hat in diesem Falle der Käufer die Säcke zu stellen, so müssen sie am 4. Tage an der Verladestation eintreffen.

Stettin, § 5: Prompt: Die Abladung hat innerhalb 10 Werktagen zu erfolgen. Dagegen ist bei Abladung seewärts die Abladung innerhalb 3 Wochen vorzunehmen.

Nachfrist: Bahnwärts 3 Werktage, wasserwärts 6 Werktage.

Wien, 1. P., § 21, Abs. 1, s. Wien mit Zusatz: Muß der Verkäufer die in Wien lagernde Ware versenden, so hat dies binnen 6 Werktagen zu geschehen.

Ist die prompt lieferbare Ware außerhalb Wiens zu verladen, so hat die Verladung binnen 8 Werktagen nach Empfang der binnen 2 Werktagen zu erteilenden Disposition zu geschehen, und nur in Fällen, in welchen der Käufer die Emballage beizustellen hat, 10 Werktage nach Empfang der Emballage, die der Käufer spätestens am 3. Werktag nach erfolgtem Geschäftsabschluß, den Tag des Abschlusses nicht mitgerechnet, der Transportanstalt, und zwar in der Regel als Frachtgut, zu übergehen hat.

Ist die prompt lieferbare Ware ab Seehafen zu verladen, so hat die Übergabe der Ware an die Transportanstalt binnen 15 Tagen zu erfolgen.

Bei prompter Lieferung ab Flußhafen ist mit der Verladung binnen 3 Werktagen nach Schleppanstellung mit der Entladung an dem der Schleppanstellung folgenden Werktag zu beginnen. Die Frist für die Schleppanstellung bei der Verladung beträgt 8 Tage.

Rauhfutterhändler, § 7: Ist prompte Lieferung vereinbart, so hat der Verkäufer die Ware, wenn es sich um Bahnverladung handelt, binnen 10 Werktagen, wenn es sich um Schiffsverladungen handelt, binnen 14 Werktagen, vom Tage des Geschäftsabschlusses an gerechnet, abzusenden.

Allensteiner Kartoffeln, § 3: Prompte Verladung heißt: Abladung innerhalb 10 Werktagen, gerechnet von dem auf den Geschäftsabschluß folgenden Tag an.

Berliner Kartoffeln, § 3: Ist prompte Lieferung vereinbart, so hat der Verkäufer binnen 10 Werktagen zu liefern.

Berliner Kartoffelstärke, § 8: Ist prompte Lieferung oder Abnahme vereinbart, so ist die Ware innerhalb 8 Kalendertagen, vom Tage des Geschäftsabschlusses an gerechnet, zu liefern oder abzunehmen.

Breslauer Samen, § 71, s. sofort; ab schlesischer Station innerhalb 5 Werktagen, ab deutscher Station innerhalb 10 Werktagen, ab ausländischer Station innerhalb 12 Werktagen, bei Wasserverladungen innerhalb 21 Werktagen.

Königsberger Samen, § 11: Lieferung prompt bedeutet: a) bei Ablieferung stromwärts innerhalb 10 Tagen, b) bei Ablieferung bahnwärts und mittels Fuhrwerk innerhalb 10 Werktagen, c) bei Ablieferung seewärts von Königsberg nach der Ostsee innerhalb 21 Tagen. Der Tag des Abschlusses wird nicht mitgerechnet. Im Falle der Säumigkeit ist eine Nachfrist von 6 Werktagen zu stellen.

Stettiner Samen, § 9: Prompte Verladung: Die Abladung muß erfolgen mit der Eisenbahn innerhalb 10 Tagen, zu Wasser innerhalb 21 Tagen, von außereuropäischen Plätzen innerhalb 21 Tagen vom Tage des Abschlusses an.

Hamburger Samen, § 11: Ebenso, mit Änderung bei außereuropäischen Plätzen: 3 Wochen.

Grazer Mehl, § 89: Prompt: innerhalb 8 Tagen vom Tage des Geschäftsabschlusses an.

Linzer Mehl, § 95: Ebenso.

Wiener Mehl, § 98: Ebenso.

Prager Mehl, § 83: Unter prompter Lieferung ist bei inländischen Waren Lieferung innerhalb 8 Tagen, bei ausländischen kontinentalen Waren Lieferung innerhalb 10 Tagen, bei überseeischen innerhalb 14 Tagen zu verstehen.

Grazer Heu und Stroh, s. Grazer Mehl.

Linzer Heu und Stroh: Prompt: bei Heu und Stroh, welches im Freien lagert: 3 Wochen, bei Heu und Stroh, welches in gedecktem Raum lagert, 8 Tage. Im Zweifel gilt gedeckter Raum als vereinbart.

Wiener Heu und Stroh: Prompt: Frist von längstens 10 Tagen.

Prager Spiritus, § 6: Wird Lokospiritus auf prompte Lieferung verkauft, hat die Lieferung längstens innerhalb 6 Tagen vom Geschäftsabschluß zu erfolgen und der Käufer hat das nötige Füllmaterial binnen 3 Tagen nach dem Geschäftsabschluß auf die ihm von dem Verkäufer bezeichnete Erfüllungsörtlichkeit beizustellen.

Wird Spiritus, welcher in einer auswärtigen Station zur Verladung gelangen soll, auf prompte Lieferung verkauft, so hat der Käufer das Füllmaterial längstens binnen 3 Tagen nach dem Geschäftsabschluß nach der ihm vom Käufer bezeichneten Aufgabsstation abzusenden. Der Verkäufer ist verhalten, längstens binnen 8 Tagen nach Ankunft des Füllmaterials in der Aufgabsstation die gekaufte Ware der Bahn zur Absendung zu übergeben.

— —, § 4: Der Lieferer hat bei Promptgeschäften das Recht, 5% mehr oder weniger zu liefern.

Linzer Spiritus, § 236/7, s. Wiener Spiritus mit Änderung: Provinzware ... 6 Tage. Die Angaben über die Füllung fallen weg.

Wiener Spiritus, § 545: Bei Verkäufen auf „prompte Lieferung" ist Verkäufer verpflichtet, längstens 48 Stunden nach dem Geschäftsabschluß dem Käufer bekanntzugeben, ob er Lokoware, das ist Ware aus einer

Wiener Brennerei oder einem Wiener Freilager, oder ob er Provinzware liefern werde.

Wird Lokoware geliefert, so ist der Verkäufer verpflichtet, innerhalb dieser 48 Stunden die Brennerei oder das Freilager anzugeben. Die Lieferung und Übernahme hat binnen 6 Tagen, vom Tage des Geschäftsabschlusses gerechnet, stattzufinden.

Erklärt der Verkäufer, daß er Provinzware liefert, so hat die Lieferung und Übernahme binnen 10 Tagen zu erfolgen. In beiden Fällen hat der Käufer das nötige Füllmaterial rechtzeitig franko Lieferstelle beizustellen.

Die Füllung von Fässern hat binnen 5 Tagen, jene von Kesselwagen binnen 3 Tagen zu erfolgen. Ein eventuelles Standgeld trifft den Käufer. Maßgebend für die Berechnung des Quantums ist der finanzamtliche Befund der Brennerei oder des Freilagers, wo die Ware abgefertigt wird.

Die Gefahren während des Transportes, ebenso etwaige Steuernachzahlungen für Kalo treffen den Käufer.

Wiener Handelsdünger, § 6: Wenn hinsichtlich der Lieferzeit beim Geschäfstabschluß nichts Besonderes vereinbart war, so hat die Lieferung prompt, das heißt spätestens binnen 10 Tagen, zu erfolgen.

Berliner Holz, § 27: Bei prompter Verladung ist im Bahnverkehr mit der Verladung im Inland innerhalb 8 bis 14 Tagen, im Ausland innerhalb 2 bis 3 Wochen zu beginnen und die Verladung hintereinander zu beenden.

Breslauer Holz, § 37: Unter prompter Verladung ist im Inland Verladung innerhalb 8 bis 14 Tagen, im Ausland innerhalb 2 bis 3 Wochen zu verstehen.

Innsbrucker Holz, § 9: Prompt lieferbare Ware ist mit möglichster Beschleunigung zu übergeben bzw. zu übernehmen und ist die Übergabe bzw. Übernahme ununterbrochen durchzuführen.

Königsberger Holz, § 22, s. Berlin, § 27.

Oppelner Holz, § 1: Unter „prompter und sofortiger Verladung" ist bei Lieferungen, soweit sie aus dem Inland herrühren, die Versendung innerhalb 8 Tagen, bei Lieferung aus dem Ausland innerhalb 14 Tagen zu verstehen.

Prager Holz, § 10, s. Innsbrucker Holz, § 9.

Wiener Holz, § 18, s. Innsbrucker Holz, § 9.

Königsberger Heringe, § 7: Ist prompte Lieferung vereinbart, so hat der Verkäufer die Ware: a) bei Verladung bahnwärts innerhalb 6 Werktagen, b) bei Verladungen flußwärts innerhalb 10 Werktagen, c) bei Verladungen seewärts innerhalb 14 Werktagen anzuliefern. Der Tag des Geschäftsabschlusses wird nicht mitgerechnet.

Stettiner Heringe, § 17, s. Königsberger Heringe, § 7.

Hamburger Harz, § 33: Ist bei Platzgeschäften prompte Lieferung oder Empfangnahme bedungen, so hat dieselbe innerhalb 3 Werktagen zu erfolgen. Der Tag des Kaufes wird hiebei nicht mitgerechnet.

Ist prompt nach Ankunft zu empfangen verkauft oder prompt nach Ankunft und Andienung zu empfangen verkauft, so ist die Ware spätestens am 3. Werktag nach der Andienung zu empfangen.

In Ermanglung einer besonderen Vereinbarung ist unter „prompter Abladung" zur See folgendes zu verstehen.

Bei Bezügen von außereuropäischen Häfen der Ostsee, Nordsee und des Atlantischen Ozeans mit Ausnahme derjenigen Spaniens und Portugals hat die Abladung innerhalb 21 Tagen, von Häfen Spaniens, Portugals, des Mittelländischen Meeres und Schwarzen Meeres sowie der Ostküste

Nordamerikas innerhalb 30 Tagen zu erfolgen. Für die rechtzeitige Verschiffung ist das Datum des Verladescheines maßgebend.

Ist prompte Verladung vom deutschen Inland bedungen, so ist die Ware innerhalb 14 Tagen zu verladen. Für die rechtzeitige Verladung ist das Datum des Frachtbriefes bzw. Ladescheines maßgebend.

Hamburger Gummi, § 4: Mit „promptem Empfang" gehandelte Waren sind innerhalb der nächsten 3 auf den Tag des Geschäftsabschlusses folgenden Werktagen zu empfangen.

Hamburger Drogen, § 33, s. Harz, § 33.

Hamburger Kolonialwaren, § 35, s. Harz, § 33, § 37, s. Köln, § 34.

Hamburger Kakao, § 29: Ist bei Platzgeschäften ab Speicher prompte Empfangnahme bedungen, so hat dieselbe innerhalb 3 Werktagen zu erfolgen.

Prager Reis, § 321: Unter prompter Lieferung oder Verladung ist, falls die Ware in einer inländischen Station verladen werden soll, die Lieferung oder Verladung binnen 8 Tagen nach dem Tage des Geschäftsabschlusses zu verstehen; soll jedoch die Ware aus dem Ausland prompt verschifft oder verladen werden, so muß dies binnen 21 Tagen nach Geschäftsabschluß erfolgen.

Prager Obst; Kernobst, § 274: Prompte Lieferung von geerntetem Obst: a) per Achse: Käufer hat binnen 4 Tagen auf raschestem Wege Disposition zu erteilen. Der Verkäufer hat die Fuhre beizustellen und einen Tag nach Erhalt der Dispositionen die Ware an den Erfüllungsort zuzuführen; b) per Bahn: Verkäufer hat binnen 4 Tagen nach Abschluß zu verladen; c) per Schiff: wie a) mit Änderung: in den Kahn zuzuführen. Den Kahn hat der Käufer beizustellen. In Fällen, in denen der Käufer die Emballage beizustellen hat, beginnen die Fristen vom folgenden Tage nach Ankunft der Emballage.

Der Käufer von Ware auf prompte Lieferung hat die dem Verkäufer zu liefernde Emballage binnen 4 Tagen nach Abschluß zu senden.

— —; Steinobst, § 281: a) Per Achse: Käufer hat Disposition binnen 2 Stunden zu erteilen. Verkäufer hat binnen 6 Stunden nach Dispositionserteilung zu liefern. Die Zeit von 10 Uhr abends bis 4 Uhr früh wird nicht mitgerechnet; b) per Bahn: Verkäufer hat binnen 24 Stunden nach Abschluß zu liefern. Ist Emballage beizustellen, so laufen die Fristen vom nächstfolgenden Tag. Die Emballage ist binnen 4 Tagen per Eilgut zu übersenden.

— —; Knollobst, § 287: Ebenso, mit Änderung: Die Emballage ist binnen 24 Stunden als Eilgut zu schicken.

Prager Rohzucker, §§ 12, 7, s. Wiener Zucker, §§ 12, 7.

Prager Raffinade, § 28, s. Wiener Raffinade, § 27.

Wiener Zucker, Rohzucker, § 12: Wird bei einem Abschluß prompte Lieferung bedungen, so hat die Aufforderung zur Übernahme innerhalb 3 Tagen nach Ankunft der Säcke und die Übernahme selbst spätestens am zweitnächsten Tage nach Erhalt der Aufforderung zu erfolgen. Bei Abschlüssen in gesackter Ware oder inklusive Sack hat bei prompter Lieferung die Aufforderung zur Übernahme innerhalb 5 Werktagen, vom Tage des Geschäftsabschlusses an gerechnet, und die Übernahme spätestens am zweitnächsten Tage nach Erhalt der Aufforderung zur Übernahme zu erfolgen.

— —, Raffinade, § 27: Mit der Bedingung „prompte Lieferung" verkaufte Zucker müssen innerhalb 8 Werktagen nach erfolgtem Abschluß von der Fabrik oder dem Lager expediert werden.

Wiener Zucker, Raffinade, § 7: Ohne besondere Aufforderung sind bei prompter Lieferung spätestens am dritten Werktag, den Tag des Abschlusses nicht mitgerechnet, die Säcke abzusenden.

Prager Zuckerrübensamen, § 7: Prompt lieferbare Ware ist binnen 8 Tagen nach Abschluß des Geschäftes zu verladen. Der Verkäufer ist verpflichtet, dem Käufer auf dessen Verlangen den Nachweis über die rechtzeitig erfolgte Verladung der Ware zu liefern.

Wiener Petroleum, § 9: Prompt verkauftes Petroleum ist, wenn der Kauf ab Lager der Lieferungsstation erfolgt, spätestens am fünften Werktag nach Abschluß des Geschäftes zu liefern und vom Käufer nach Ankunft bzw. innerhalb 24 Stunden nach Übergabe der Zession zu übernehmen. Wurde bei prompten Abschlüssen ab Wien „ins Haus gestellt" bedungen, so hat die Ablieferung längstens am 2. Werktag nach Abschluß des Geschäftes zu geschehen. Erfolgte der Verkauf nicht ab Lager der Lieferungsstation, so gilt die Lieferung prompt oder effektiv verkaufter Waren als erfüllt, wenn deren Übergabe an die betreffende Transportanstalt längstens 3 Tage nach Abschluß des Geschäftes erfolgt ist.

Wiener Stärke, § 4: Ab Wien lieferbare Ware (Lokoware) ist dem Käufer längstens am 2. Werktag nach Geschäftsabschluß am vereinbarten Orte anzudienen. Jede andere prompt lieferbare Ware ist dem Käufer längstens am 5. Werktag nach Geschäftsabschluß von der Verladestation aus zuzusenden.

Hamburger Silber: d) Bei Abschlüssen in prompter Lieferung hat die Lieferung der Barren nebst Probeschein bzw. Dokumenten innerhalb 3 Werktagen, ausschließlich den Abschlußtag, zu erfolgen.

Schrott (Adler): Unter prompter Lieferung ist eine Ablieferungsfrist von 14 Tagen zu verstehen.

Züricher gezwirnte Seide, § 73: Der Käufer ist gehalten, für prompt gekaufte oder zur Lieferung fällige Ware innerhalb 3 Tagen (Sonntage, ganze, halbe gesetzliche Feiertage sowie Samstagnachmittage nicht mitgerechnet), nachdem er die Eingangsanzeige der Seidentrocknungsanstalt erhalten hat, diese Verfügung zu treffen, andernfalls gilt die Ware als anerkannt.

Wenn der Käufer unberechtigt diese Frist überschreitet, so fallen die Lagerspesen zu seinen Lasten.

Wiener Gerbstoffe, § 7: Prompt gekaufte Knoppern sind, wenn nichts anderes bedungen wurde, längstens binnen 8 Tagen nach geschehenem Abschluß zu liefern und zu übernehmen. An Regentagen darf nicht geliefert werden und unterbrechen während der Übergabe einfallende Regen die Lieferzeit.

Bremer Baumwollbörse, § 69: Prompte Lieferung bedeutet Lieferung innerhalb 3 Geschäftstagen.

c) Rollend

Zu den Promptgeschäften sind dann noch die mit den Klauseln „rollend"... „schwimmend"... „segelnd"... „verladen" usw. abgeschlossenen Geschäfte zu rechnen, wenn bei ihnen der Absendeort als Erfüllungsort zu betrachten ist[1]). In der Regel wird allerdings der Ankunftsort als Erfüllungsort anzusehen sein. Denn es ist immerhin künst-

[1]) Hellauer: a. a. O., S. 304.

lich, wenn auch häufig vorkommend, eine vor Abschluß des Vertrages vorgenommene Handlung als Erfüllungshandlung betrachten zu wollen. Ich werde diese Klauseln daher unter den Lieferungsgeschäften besprechen.

d) Ab Lager. Ab Kai. Ab Speicher. Ab Boden. Ab Bahn

Ebenso wie die Klausel „loko" haben auch diese Klauseln sowohl Bedeutung für die Verrechnung der Kosten und die Festlegung des Erfüllungsortes als auch für die Bestimmung der Erfüllungszeit. Während bei der Klausel „loko" kein Zweifel bestehen konnte, daß die Ware am benannten Orte sich zur Zeit des Abschlusses befinden mußte, ist dies bei den Klauseln „ab Lager" usw. nicht ohne weiteres einleuchtend. Eine gegenteilige Auffassung geht schon aus den im allgemeinen weit längeren Lieferungsfristen hervor, die teilweise bis zu 14 Tagen betragen. Ein Gutachten der Handelskammer Berlin vom September 1920 für Textilwaren äußert sich ebenfalls folgendermaßen: „Daß die Ware sich bereits auf Lager befindet, ist, wenn den Worten kein weiterer Zusatz beigefügt ist, nicht zum Ausdruck gebracht." Immerhin sind die Lieferfristen bei einigen Usanzen derart kurz bemessen, daß sie in dieser Art nur unter der Voraussetzung festgesetzt werden konnten, daß die Ware bereits vorrätig sei. Man wird also aus der Länge der in den einzelnen Branchen üblichen Lieferfristen schließen dürfen, ob beim Abschluß „ab Lager" „ab Kai" usw. die Ware vorrätig sein muß oder nicht. Wo aber auch dieser Anhaltspunkt fehlt oder keine entscheidende Auskunft zu geben vermag, wird man, wenn die Klausel überhaupt einen Einfluß auf die Erfüllungszeit haben soll und nicht nur der Verteilung von Kosten und Gefahr dienen soll, annehmen müssen, daß dem Wortlaut der Klausel nach eine ab Lager oder ab Kai usw. verkaufte Ware auch auf diesem Lager, Kai, Speicher usw. zur Zeit des Vertragsabschlusses vorhanden sein muß.

Den Charakter eines Fixgeschäftes haben natürlich die mit dieser Klausel abgeschlossenen Verträge ebensowenig wie die früher besprochenen. Daher ist es eigenartig, daß die Kölner Usanzen für diese Geschäfte die Stellung einer Nachfrist ausschließen. Für die Fristen- und Terminbestimmungen sowie für die Rechte der Parteien bei Verzug oder Nichterfüllung der Gegenseite gelten die allgemeinen Vorschriften.

In den Usanzen finden sich folgende nähere Angaben:

Hamburg, § 10: Ab Lager gehandelte Waren sind innerhalb 14 Tagen, vom Tage des Geschäftsabschlusses gerechnet, zu empfangen. Fällt der letzte Empfangstag auf einen Sonn- oder Feiertag, so tritt der nächste Werktag an seine Stelle. Nach Ablauf des dritten Tages nach der Empfangszeit hat der Verkäufer das Recht, nach vorheriger Androhung vom Vertrage zurückzutreten oder die in §§ 373, 374 H.G.B. angegebenen Rechte geltend zu machen.

Hamburg, § 12: Ab Kai: Die Abnahme ab Kai gekaufter Ware hat spätestens am 2. Tage nach erfolgter Entlöschung, bei früher gelöschter Ware am 3. Tage nach erfolgter Andienung zu geschehen. Durch verzögerte Abnahme entstehende Kai- oder sonstige Kosten sind zu Lasten des Käufers. Erfolgt die Verwiegung auf Veranlassung des Käufers während der Lagerung der Ware oder nicht schalenweise, so hat der Käufer die dadurch entstehenden Mehrkosten zu tragen. Nach Ablauf des 3. Tages nach der Empfangszeit stehen dem Verkäufer die Rechte wie bei ab Lager zu.

Köln, §§ 32, 33, s. Hamburg, §§ 10, 12 mit Änderung bei ab Lager: ... innerhalb 4 Werktagen....., und Zusatz: .....§ 373, oder dem Marktpreis durch Sachverständige gegen ihn feststellen zu lassen (eine Nachfrist kommt für diese Geschäfte nicht in Frage).

Berlin, Handel loko, § 16: Ab Bahn, s. Stettin, § 8 mit Änderung: ... bis 12 Uhr.... Ab Kahn, ab Speicher, frei Wagen, frei Eisenbahnwagen gekaufte Ware muß bis zum Ablauf des auf den Abschlußtag folgenden Werktages abgenommen werden.

— — —, § 21: Bei Bahnware: Wenn der Käufer die Abnahme nicht in der ortsüblichen oder vereinbarten Frist bewirkt hat, so ist der Verkäufer berechtigt, nach Ablauf einer gestellten Frist von 1 Tag gemäß § 20 zu verfahren.

— — —, (§ 20: Abnahme ohne vorherige Gewichtsfeststellung berechtigt den Verkäufer 1. Bezahlung der aus dem Frachtbrief oder sonst glaubwürdig sich ergebenden Menge zu verlangen, 2. das Gewicht auf Kosten des Käufers feststellen zu lassen.)

Bei Speicherware: ebenso mit Änderung ... nach Ablauf einer 2tägigen Nachfrist die Ware auf Kosten des Käufers umwiegen zu lassen.

Handel auf Abladung § 39: Bei Bahnverladung hat der Empfänger innerhalb 24 Stunden nach der bahnamtlichen Überweisung am Ankunftsort Mängel drahtlich anzuzeigen.

Mehl loko, § 8: Ab Kahn: wie Getreide mit Änderung: ...bis zum Ablauf des 2. Tages.

Ab Mühle, ab Speicher, ab Bollwerk, ab Bahnspeicher: Ware muß vom Käufer bis zum Ablauf des auf den Abschlußtag folgenden 4. Werktages abgenommen sein.

Flensburg, § 6: Ab Speicher gekaufte Ware ist innerhalb 3 Werktagen abzunehmen.

Ab Bahn gekaufte Ware: ist a) wenn vor 11 Uhr verkauft und (oder) angedient, im Laufe desselben Werktages, b) wenn nach 11 Uhr verkauft und (oder) angedient, bis mittags 12 Uhr des nächsten Werktages abzunehmen.

Königsberg, § 3: Bei Verkäufen „ab Boden" ist die Ware innerhalb von 4 Werktagen abzunehmen.

Mittel- und Süddeutsche, § 41: III. Ist ab Lager, frei ab Lager oder lagerfrei bis zu einem bestimmten Termin gekauft, dieser Termin aber seitens des Käufers überschritten worden, so kann der Verkäufer, falls er nicht Abnahme fordert, vom Käufer verlangen, daß die Ware auf Kosten des Käufers verwogen wird. Macht der Verkäufer von diesem Recht keinen Gebrauch, so ist bei Überschreitung des Abnahmetermins ein an der Ware entstandenes Fehlgewicht pro rata temporis zu verrechnen.

Stettin, § 5: Ab Speicher gekaufte Ware ist innerhalb 3 Werktagen abzunehmen.

Ab Bahn gekaufte Ware, wenn bis 1 Uhr mittags verkauft und (oder) angedient wird, im Laufe desselben Tages, wenn nach 1 Uhr verkauft und (oder) angedient ist, im Laufe des nächsten Werktages.

Ab Kahn oder ab Segler gekaufte Ware ist abzunehmen: bis 30 t innerhalb 1 Werktag, bis 50 t innerhalb 2 Werktagen, bis 100 t innerhalb 3 Werktagen, bis 200 t innerhalb 4 Werktagen. Für jede weitere 50 t ist die Abnahmefrist um 1 Tag zu verlängern.

Hamburger Kolonialwaren, §§ 31, 32, s. Köln, §§ 10, 12 mit Zusatz: Ab Lager gekaufte Waren sind innerhalb 3 Tagen zu bezahlen und innerhalb 14 Tagen......

Hamburger Butter, § 4: Ab Kai gekaufte Butter ist innerhalb 3 Tagen zu empfangen, der Kauftag ist eingeschlossen.

Prager Holz, § 13: Bei Verkäufen ab Waggon (Schiff) Verladestation oder ab bzw. Parität einer Station, von der aus ein Bahn- oder Schiffstransport stattzufinden hat, ist für die Beurteilung der Rechtzeitigkeit der Lieferung der Zeitpunkt der Übergabe an eine zur Ausstellung öffentlicher Frachtdokumente berechtigte Transportanstalt entscheidend.

Stettiner Heringe, § 20: Bei Verkäufen an Stettiner Händler oder solche auswärtige Händler, die durch einen Stettiner Makler gekauft haben, und solche auswärtige, die selbst für die Verladung sorgen, hat die Abnahme einer ab Lager gekauften Ware innerhalb 3 Werktagen, ab Bollwerk, ab Kai gekaufte Ware innerhalb 24 Stunden nach beendigter Entlöschung des Schiffes zu erfolgen. Matjesheringe müssen ab Kühlhaus innerhalb 5 Tagen, ab Bollwerk oder Kai innerhalb 24 Stunden übernommen werden.

Hamburger Heringe: Bei allen Verkäufen (ab Lager oder ab Kai) muß der Käufer spätestens am Tage nach dem Kaufe empfangen. Nach diesem Zeitpunkt lagert die Ware für Rechnung und Gefahr des Käufers. Matjesheringe, die ab Kai oder aus Eis- bzw. Kühlhaus gekauft werden, sind spätestens am Tage nach dem Kaufe zu empfangen und lagern vom Empfang an für Rechnung und Gefahr des Käufers.

Hamburger Drogen, §§ 28, 31, 34 s. Harz in gleichen Paragraphen.

Hamburger Gummi, § 4: Ab Lager gehandelte Waren sind innerhalb von 14 Tagen, vom Tage des Geschäftsabschlusses an gerechnet, zu empfangen. Fällt der letzte Empfangstag auf einen Sonn- oder Feiertag, so tritt der nächste Werktag an dessen Stelle.

Ab Kai gehandelte Waren sind, falls die Ware bereits entlöscht ist, innerhalb der dem Geschäftsabschluß folgenden 3 Werktage, bei noch nicht erfolgter Entlöschung innerhalb der der Andienung folgenden 3 Werktage zu empfangen.

Durch verzögerte Abnahme entstandene Kai- und sonstige Kosten gehen zu Lasten des Käufers.

Hamburger Harz, § 28: Ab Kai, s. Hamburg, § 12.

— —, § 31: Ab Lager gehandelte Waren sind innerhalb 14 Tagen zu empfangen. Fällt der letzte Empfangstag auf einen Sonn- oder Feiertag, so ist die Ware innerhalb 3 Werktagen zu empfangen. Der Tag des Kaufes wird nicht mitgerechnet.

— —, § 34: Bei ab Lager gehandelten Waren hat nach Ablauf der Empfangszeit der Verkäufer das Recht, nach vorangegangener Androhung unter Setzung einer angemessenen Frist vom Vertrage zurückzutreten oder die Ware für Rechnung des Käufers öffentlich versteigern zu lassen oder sie durch einen an der Hamburger Börse eingeführten Makler, welcher Mitglied des Vereines ..... ist, verkaufen zu lassen.

Danziger Kaffee, § 20: Bei allen Geschäften ab Kai Danzig oder Neufahrwasser ist sofortige Abnahme der Ware seitens des Käufers zu Wasser

Bedingung. Entstehen durch Abnahme zu Land höhere Kosten, so hat diese der Käufer zu tragen. Bei Ab-Kai-Geschäften werden die öffentlichen Umschlagsgebühren in voller Höhe vom Käufer getragen. Etwaige Speditionsgebühren gehen zu Lasten des Käufers. Entsteht infolge nicht sofortiger Abnahme eine Berechnung von Kailagermiete, so geht solche zu Lasten des Käufers.

Bei allen Geschäften ab Kai Danzig oder Neufahrwasser ist, wenn nichts anderes ausbedungen, nur gesunde Ware lieferbar. Der Käufer hat in diesem Falle bei Seebeschädigung einen Ersatzanspruch für die durch Beschädigung eingetretene Minderung der Menge.

Hamburger Kaffee, § 26: Bei Verkäufen schwimmender Ware ab Kai kann die betreffende Partie dem Käufer seitens des Verkäufers nicht eher angedient werden, als bis dieselbe am Kai handelsüblich zur Verfügung liegt. Der Empfang seitens des Käufers hat spätestens am 2. Werktag nach ordnungsmäßigem Andienen zu erfolgen. Durch spätere Abnahme vom Kai entstehende Kosten hat der Käufer zu tragen. Der Verkäufer hat bei Verkäufen ab Kai die Wägekosten und die Deklarationsabgabe zu zahlen.

Hamburger Kaffee: Im Verkehr mit Deutschland und Österreich: § 10, s. Danzig, § 20 mit Änderung: Die staatliche Umschlagsgebühr wird zur Hälfte vom Käufer und Verkäufer getragen. Etwaige Speditionsgebühren gehen zu Lasten des Käufers.

Hamburger Kaffee, Platzverkäufe, § 12: Ab Lager gehandelte Kaffees sind bei Verkäufen bis zu 20 Sack einschließlich innerhalb 14 Tagen, von mehr als 20 Sack innerhalb 4 Wochen vom Tage des Abschlusses an zu empfangen. Sind in einer Schlußnote mehrere Partien aufgenommen, so steht, falls eine oder mehrere Partien aus mehr als 20 Sack bestehen, dem Käufer für das gesamte gehandelte Quantum eine Empfangszeit von 4 Wochen zu.

Züricher Seide, § 13: Bei Verkauf ab Lager sind Reklamationen spätestens 3 Tage (Feiertage nicht inbegriffen) nach Empfang der Ware vorzubringen.

Bremer Baumwollbörse, § 60: Der Käufer ist verpflichtet, die Baumwolle a) bei Lieferung ab Kai ohne Verzug nach Andienung, b) bei Lieferung ab Lager innerhalb 10 Tagen nach dem Tage des Kaufes zu empfangen und abzunehmen.

Die Empfangnahme ist die Behandlung der Baumwolle an der Waage. Als empfangen gilt die Baumwolle, sobald und soweit sie über die Waage gegangen ist.

Als abgenommen gilt die Baumwolle:

a) Bei Lieferung ab Kai, wenn sowohl die Empfangnahme als auch die Übergabe des Auslieferungsscheines oder des Teilscheines an den Käufer erfolgt ist;

b) bei Lieferung ab Lager, sobald und soweit ihre Umschreibung beim Lagerhalter auf den Namen des Käufers oder die Übergabe des Lagerscheines an den Käufer erfolgt ist oder ihre Wegnahme von dem bisherigen Lager stattgefunden hat.

e) Loko

Die Bedeutung der Klausel loko für die Festlegung des Erfüllungsortes und für die Verrechnung der Kosten ist bereits erörtert worden. Die Klausel loko hat aber auch zumeist noch Bedeutung für die Erfüllungszeit. Die Klausel besagt an sich zwar lediglich, daß die Ware an dem benannten Orte vorrätig ist, aber damit ist zumeist auch die Vorstellung einer umgehenden Lieferungs- und Abnahmeverpflichtung verbunden, nicht zwangsläufig aus dem Begriffe selbst, denn ein Lokogeschäft ist nicht ohne weiteres ein Promptgeschäft und kann ebensogut ein Lieferungsgeschäft sein, aber tatsächlich doch von einem großen Teil der Usanzen dahin ausgelegt, daß die mit der Bezeichnung loko gehandelte Ware unverzüglich zu liefern und zu empfangen sei; es wird also das Lokogeschäft dort zu einem Promptgeschäft gestempelt.

Soweit keine besonderen Angaben über die Lieferfristen gegeben sind, hat nach den Usanzen die Lieferung und Abnahme innerhalb der für die Klausel „sofort“ bestimmten Frist zu erfolgen.

In den Usanzen heißt es:

Berlin: Ware, welche unter der Bezeichnung „loko“ gehandelt wird, muß zu sofortiger Abnahme bereit liegen. Die Überweisung hat an den Käufer unverzüglich zu erfolgen.

Berliner Mehl, § 10: Loko verkauftes Mehl ist sofort zu liefern.

Chemnitz, § 21: Zum Kauf angebotene Ware gilt im Zweifel als am Orte der Verladung befindlich. Ist Lokoware gehandelt, so ist der Vertrag innerhalb 2 Werktagen zu erfüllen, das heißt in dieser Frist ist vom Verkäufer zu liefern und vom Käufer abzunehmen.

Breslau, § 8: Ware, die als loko verkauft wird, muß zur Zeit des Verkaufes vorrätig und verfügbar sein.

Cottbus, § 11: Unter „loko“ ist zu verstehen, daß sich die Ware am Orte der Verladung befindet. In diesem Fall ist der Vertrag innerhalb 5 Werktagen bei rechtzeitiger Waggonstellung zu erfüllen, das heißt es ist vom Verkäufer zu liefern und vom Käufer abzunehmen.

Flensburg, § 6, s. Berlin.

Kiel, s. sofort.

Mittel- und Süddeutsche, s. sofort.

Rheinisch-Westfälische, s. sofort.

Stettin, § 5, s. Berlin, Satz 1, mit Zusatz: Übersteigt der Minderwert der gelieferten Ware 5%, so kann der Käufer zurücktreten oder nach Abzug vom Kaufpreis abnehmen. (Bei Geschäften auf Lieferung kann er noch dazu Schadenersatz wegen Nichterfüllung verlangen.)

Rauhfutterhändler, § 2, s. Stettin.

Wiener Baumwollstreichgarn, § 11, s. Ab.

Bremer Baumwollbörse, § 56: Der Verkäufer ist verpflichtet, die Baumwolle innerhalb 10 Tagen nach dem Abschluß des Kaufvertrages anzudienen und zur Ablieferung bereit zu halten. Auf Verlangen des Käufers haben jedoch die Andienung und Lieferung ohne Verzug nach erfolgter Aufforderung des Käufers zu erfolgen.

Erfolgt die Andienung oder Lieferung nicht rechtzeitig, so ist der Käufer zur Regulierung gemäß §§ 46 und 47 berechtigt.

B. Bei Lieferungsgeschäften

Fallen Vertragsabschluß und Lieferung derart auseinander, daß die Lieferung später zu erfolgen hat, so liegt ein Lieferungsgeschäft vor. (Ich will hier von der in diesem Zusammenhang unwesentlichen Differenzierung der Art. 272 und 338 österreichisches H.G.B. absehen.) Die Erfüllungszeit kann dann entweder direkt oder indirekt angegeben sein[1]). Die direkte Angabe der Erfüllungszeit kann in Form eines Zeitpunktes oder in Form einer Zeitfrist erfolgen, die indirekte erfolgt zumeist derart, daß „zwar eine bestimmte Angabe für die Lieferungszeit gemacht wird, diese sich aber nicht auf den Erfüllungsort bezieht und deshalb nicht selbst Erfüllungszeit ist“[2]). Die Bedeutung der einzelnen Termin- und Fristbestimmungen wechselt innerhalb der einzelnen Usanzen von Ware zu Ware und von Platz zu Platz.

f) Terminbestimmung in den Usanzen

1. Bis zur Börse

Erklärungen, die bis zur Börse abzugeben sind, müssen bis zum Schlusse der Börse abgegeben sein[3]). Es soll demjenigen, an den die Erklärung zu richten ist, die Möglichkeit geboten sein, die aus der abgegebenen Erklärung sich ergebenden nötigen Maßnahmen noch an der Börse zu treffen. Daher müssen nach den Usanzen Erklärungen, die am Kontor abgegeben werden, derart rechtzeitig abgegeben werden, daß von dort aus eine rechtzeitige Verständigung des Börsenvertreters erfolgen kann.

Will der Erklärende die Erklärung an der Börse abgeben, ist aber der zur Entgegennahme Berechtigte nicht in den Börsenräumen, so muß letzterer auch die sich daraus ergebenden Konsequenzen tragen. Der Erklärende kann die Erklärung auch nach Ablauf der Börsenzeit am Kontor abgeben[4]).

In den Usanzen weichen die genauen Terminbestimmungen je nach der Börsenzeit des betreffenden Platzes voneinander ab, doch kommt der erwähnte Grundgedanke einheitlich zum Ausdruck.

Es heißt in den Usanzen:

Hamburg, § 1: Erklärungen, die bis zur Börse abzugeben sind, müssen bis 12½ Uhr am Kontor abgegeben werden.

Köln, § 2: Ebenso, mit Änderung: bis 2¾ Uhr am Kontor oder bis 3½ Uhr an der Börse.

Hamburger Kolonialwaren, § 1: Ebenso, mit Zusatz: bzw. an Tagen, an denen Frühbörse stattfindet, bis 2½ Uhr am Kontor oder an der Börse abgegeben sein.

Hamburger Harz, § 1: Erklärungen, die bis zur Börse abzugeben sind, müssen bis 1¼ Stunden vor Eintritt der Börsensperre am Kontor oder bis ¼ Stunde nach Eintritt der Börsensperre an der Börse abgegeben werden.

---

[1]) Hellauer, S. 305. [2]) Hellauer, S. 311.

[3]) Zander, S. 5. [4]) Zander: a. a. O., S. 5.

Hamburger Gummi, § 7: Wie Hamburg, mit Zusatz: an Tagen, an denen Frühbörse stattfindet bis 11 Uhr am Kontor bzw. bis 1 Uhr an der Börse abgegeben sein.
Hamburger Drogen, § 1, s. Hamburger Kolonialwaren.
Hamburger Kaffee, § 1, s. Hamburg.
Hamburger Kakao, § 1, s. Hamburg, mit Änderung: bis 1 Uhr am Kontor, bis 2 Uhr an der Börse.
Danziger Kaffee, § 1: Erklärungen, die bis zur Börse abzugeben sind, müssen bis zum amtlich festgesetzten Beginn der Warenbörse am Kontor oder eine halbe Stunde nach Beginn der Börse an der Börse abgegeben sein.

2. Anfang, Mitte, Ende; 1. Hälfte, 2. Hälfte des Monats; Frühjahr, Herbst, Sommer, Winter

Nirgends kommt die Uneinheitlichkeit der Usanzen so kraß zum Ausdruck, wie gerade in der Bestimmung der Termine. Und doch wäre es nirgends einfacher, eine einheitliche Regelung zu schaffen denn hier.

Es bedeuten bei der Mehrzahl der Usanzen:
Anfang des Monats 1. bis 10.: im D.B.G.B. der Erste.
Mitte des Monats 11. bis 20.: im österreichischen H.G.B. und D.B.G.B. der 15.
Ende des Monats 21. bis letzter: im D.B.G.B. der Letzte.
Frühjahr: April und Mai.
Herbst: September und Oktober.
Einheitlich bedeuten die 1. Hälfte des Monats: 1. bis 15.
„ „ „ 2. „ „ „ 16. bis Ende des Monats.

In einzelnen:

Platz	Anfang	Mitte	Ende	Frühjahr	Herbst	Versch.
Innsbruck	1.—5.	13.—15.	letzten 5 Tage	15. III. —15. V.	IX. u. X.	—
Wien	1.—8.	13.—20.	letzten 8 Tage	15. III. —15. V.	IX. u. X.	—
Bern	1.—10.	11.—20.	21. — letzten	—	—	—
Budapest	1.—10.	15.	letzter	—	—	—
Chemnitz	1.—10.	11.—20.	21. — letzten	IV. u. V.	IX. u. X.	—
Cottbus	1.—10.	11.—20.	21. — letzten	IV. u. V.	IX. u. X.	—
Danzig	1.—10.	11.—20.	21. — letzten	III., IV., V	VIII., IX., X.	—
Flensburg	1.—10.	11.—20.	21. — letzten	1. III.— 1. V.	I. IX.— 30. X.	—
Graz	1.—9.	10.—20.	letzten 10 Tage	—	—	—
Hamburger Getreide	1.—10.	11.—20.	21. — letzten	—	—	—
Halle	1.—10.	11.—20.	21. — letzten	IV. u. V.	IX. u. X.	—
Kiel	1.—10.	11.—20.	21. — letzten	—	—	—
Linz	1.—5.	13.—17.	letzten 5 Tage	—	—	—
Magdeburg	1.—10.	11.—20.	21. — letzten	—	—	—
Mittel- und Süddeutsche	1.—10.	11.—20.	21. — letzten	III., IV., V.	VIII., IX., X.	—

Platz	Anfang	Mitte	Ende	Frühjahr	Herbst	Versch.
Prag	1.—5.	13.—17.	letzten 5 Tage	für Öl I.—IV.	IX.—XII.	—
Stettin	1.—10.	11.—20.	21. — letzten	IV. u. V. frühestens 8 Tage nach Schiffahrtseröffnung	IX. u. X.	—
Wien, l. P.	1.—8.	13.—20.	letzten 8 Tage	—	—	—
Zürich	1.—10.	11.—20.	21. — letzten	—	—	—
Allensteiner Kartoffeln	1.—10.	11.—20.	21. — letzten	—	—	—
Berliner Kartoffeln	1.—10.	11.—20.	21. — letzten	—	—	—
Wiener Butter	1.—5.	14.—18.	letzten 5 Tage	—	—	—
Früchtegroßhändler	1.—10.	11.—20.	21. — letzten	—	—	—
Danziger Holz	1.—10.	11.—20.	21. — letzten	—	—	—
Wiener Holz	1.—8.	13.—20.	letzten 8 Tage	—	—	—
Königsberger Heringe	1.—10.	11.—20.	21. — letzten	—	—	—
Stettiner Heringe	1.—10.	11.—20.	21. — letzten	1. III.—30. IV.	1. IX.—31. X.	—
Stettiner Wein	1.—10.	11.—20.	21. — letzten	Mitte III. —Mitte V.	Mitte IX. —Mitte XI.	—
Mainzer Wein	—	11.—20.	—	Mitte III. —Mitte V.	Mitte IX. —Mitte XI.	—
Prager Zucker	1.—5.	13.—17.	24. — letzten	—	—	—
Wiener Zucker	1.—5.	13.—17.	24. — letzten	—	—	—
Wiener Handelsdünger	1.—10.	11.—20.	21. — letzten	1. II.—15. V. Abruf spätestens Ende IV.	I. IX.—31. X. Abruf spätestens Ende X.	—
Stettiner Samen	—	—	—	15. II.—1. IV.	—	—
Züricher Seide	1.—10.	11.—20.	21. — letzten	—	—	—
Berliner Schuhe	—	—	—	spätestens 8 Tage vor Pfingsten	spätestens 8 Tage vor Weihnachten	—

Lautet die Terminbestimmung auf Ende eines bis Anfang des folgenden Monats, so bedeutet dies nach den Usanzen der süd- und mitteldeutschen Produktenbörsen und den Danziger Usanzen, daß die Lieferung innerhalb der letzten 5 Tage des laufenden Monates oder innerhalb der 5 ersten Tage des folgenden Monates zu erfolgen habe. Sommerlieferung bedeutet nach den Wiener Usanzen für Handelsdünger Lieferung vom 16. Mai bis 15. August, Winterlieferung vom 16. November bis 31. Januar.

Ist Lieferung „innerhalb einer Woche“ vereinbart, so bedeutet dies Lieferung innerhalb 6 Werk- oder innerhalb 7 Kalendertagen. Dabei wird der Tag des Abschlusses nicht mitgerechnet.

Es heißt in den Usanzen:

Chemnitz, § 22: ...es gilt eine Frist von 6 Werktagen vom Tage des Abschlusses an vereinbart.

Cottbus, § 12: ...es gilt eine Frist von 7 Kalendertagen vom Tage des Abschlusses an vereinbart.

Danzig, § 26: Innerhalb 7 laufender Tage.

Mittel- und Süddeutsche: ...innerhalb 7 laufender Tage nach Vertragsabschluß.

Lieferung auf einen halben Monat hat bis zum 15. bzw. bis zum Letzten des betreffenden Monates zu erfolgen. Lieferung innerhalb eines Monates hat innerhalb eines Kalendermonates, nach Chemnitzer Usanzen innerhalb 30 Kalendertagen zu erfolgen (ebenso § 191 D.B.G.B.).

Chemnitz, § 22: „Innerhalb eines Monates“ = innerhalb 30 Kalendertagen.

Cottbus, § 12: Ebenso.

Danzig, § 26: Lieferung innerhalb eines Monates, wenn der Monat unbenannt ist: innerhalb eines Monates nach Vertragsabschluß. Lieferung innerhalb eines Monates, wenn der Monat benannt ist: innerhalb dieses Monates. Lieferung auf die 1. oder 2. Hälfte: bis zum 15. bzw. letzten Tage des betreffenden Monates einschließlich.

Mittel- und Süddeutsche, § 20: „Auf einen halben Monat“ = bis zum 15. bzw. zum letzten Tage des betreffenden Monates; „innerhalb eines Monates“ = innerhalb eines Kalendermonates.

In den Usanzen der Bremer Baumwollbörse, § 69, bedeutet 1. Hälfte des Monates: In Monaten mit 30 Tagen: Lieferung spätestens am 15.; in Monaten mit 31 Tagen: Lieferung spätestens am 16.; in Monaten mit 28 Tagen: Lieferung spätestens am 14.; in Monaten mit 29 Tagen: Lieferung spätestens am 15.

Bei der Vertragsbestimmung 2. Hälfte des Monates hat die Lieferung in den restlichen Tagen des Monates zu erfolgen.

Bei diesen Fristbestimmungen sind folgende durch das Handelsrecht gegebenen Auslegungsregeln zu beachten: Nach deutschem und österreichischem Recht wird der Tag, in den das maßgebende Ereignis fällt, nicht mitgerechnet. Ist der Beginn dieses Tages der für den Anfang der Frist maßgebende Zeitpunkt, so wird dieser Tag mitgerechnet.

Fällt der letzte Tag der Frist oder der Tag, an dem eine Willenserklärung abzugeben oder eine Leistung zu bewirken ist, auf einen Sonntag oder gesetzlichen Feiertag, so tritt nach deutschem Recht (§ 193 B.G.B.), einerlei ob es sich um eine Frist- oder Terminbestimmung handelt, an Stelle des Sonn- oder Feiertages der nächstfolgende Werktag. Nach österreichischem Recht tritt, falls für die Willenserklärung oder die Leistung ein bestimmter Termin vereinbart war, ebenfalls der nächstfolgende Werktag an Stelle des Sonn- oder Feiertages (Art. 329 H.G.B.). Soll aber die Erfüllung innerhalb einer bestimmten Frist geschehen, so muß sie nach österreichischem Recht vor Ablauf derselben erfolgen und an Stelle des Sonn- oder Feiertages tritt der nächstvorhergehende Werktag (Art. 330 H.G.B.).

g) Bei (nach) Schiffahrtseröffnung

Bei dieser nicht auf einen festen Termin abgestellten Klausel ist die offiziell bekanntgemachte Eröffnung der Schiffahrt für die Fristbestimmung maßgebend. Welche Stelle für die Verkündung der offiziellen Schiffahrtseröffnung maßgebend ist, entscheidet der Ortsgebrauch. Die von diesem Termin an dem Lieferanten durch die Usanzen zugestandenen Lieferfristen schwanken zwischen 8 Tagen und 6 Wochen, eine einheitliche Regelung ist nicht vorhanden. Die zugestandenen Lieferfristen sind im allgemeinen dahin zu verstehen, daß der Verkäufer innerhalb dieser Frist die maßgebliche Erfüllungshandlung je nach dem zugrunde liegenden Vertrage vorgenommen haben muß.

Zander erwähnt noch die Klauseln „sofort nach Schiffahrtseröffnung", bei denen dem Verkäufer eine kürzere Lieferfrist zugestanden ist. Er stützt sich dabei auf ein Gutachten der Handelskammer Danzig (7. Juli 1896). Von der gleichen Handelskammer wurde auch ein Gutachten über die Klausel „abzuladen nach Schiffahrtseröffnung" für den Kohlenhandel erstattet, das dahin lautete, daß der Verkäufer binnen 4 Wochen nach Eröffnung der Schiffahrt mit der Abladung begonnen haben muß.

In den Usanzen findet sich folgende Auslegung:

Innsbruck, § 18: Schlüsse nach Schiffahrtseröffnung sind innerhalb 6 Wochen nach dem kundgemachten Zeitpunkt der inländischen Schiffahrtseröffnung zu erfüllen.

Wien, § 18: Ebenso, mit Änderung: innerhalb 3 Wochen.

Budapest, § 12: Ebenso, mit Änderung: innerhalb 30 Tagen.

Chemnitz, § 24: .....innerhalb 21 Tagen nach der offiziellen Eröffnung der Schiffahrt ist die Ware dem Transportmittel zu übergeben.

Danzig, § 26: „Bei Eröffnung der Schiffahrt" oder „nach Eröffnung der Schiffahrt": Spätestens innerhalb 2 Wochen nach der amtlich erklärten Eröffnung der Schiffahrt.

Flensburg, § 8, s. Stettin für Verladungen seewärts. Zusatz: Über den Zeitpunkt der Eröffnung der Schiffahrt entscheidet in Zweifelsfällen die Industrie- und Handelskammer Flensburg.

Halle, § 15, s. Rauhfutterhändler.

Linz, § 16, s. Innsbruck.

Magdeburg, § 12, s. Rauhfutterhändler.

Prag, § 15, s. Wien.

Stettin, § 6: Schlüsse nach Schiffahrtseröffnung sind innerhalb 14 laufender Tage zu liefern, nachdem die Oder oder die märkischen Wasserstraßen frei geworden sind oder die Schleusen geöffnet worden sind, bei Verladungen seewärts innerhalb 21 Tagen, nachdem die Wasserstraße Stettin—Swinemünde für Segelschiffe eisfrei geworden ist, jedoch nicht vor dem 1. März jeden Jahres.

Wien, l. P., § 18, s. Wien.

Rauhfutterhändler, § 11: Ist bei einem Geschäft auf Wasserverladung bei oder nach Eröffnung der Schiffahrt vereinbart, so hat der Verkäufer die Ware binnen 14 Werktagen nach Eröffnung der Schiffahrt vom Abladeort abzusenden.

Prager Zucker, IX: Schlüsse nach Schiffahrtsschluß lieferbarer Ware sind innerhalb 8 Tagen vom Tage der öffentlich kundgemachten Schiffahrtseröffnung zu erfüllen.

Verkäufe nach Schiffahrtseröffnung: Die Lieferungen müssen innerhalb 10 Tagen begonnen und ordnungsgemäß fortgesetzt werden, sobald nach offizieller Eröffnung der Schiffahrt bei ordnungsgemäßem Betriebe die ersten nicht überwinterten Fahrzeuge am Abladeort eingetroffen sind, deren Entlöschung erfolgen kann.

Stettiner Heringe, § 18: Bei Schlüssen bei oder nach Schiffahrtseröffnung hat der Verkäufer die Ware innerhalb 10 Werktagen nach Eröffnung der Schiffahrt am Abladeort anzudienen. Bei Verladungen seewärts hat der Verkäufer die Ware innerhalb 14 Werktagen, nachdem die Wasserstraße Stettin—Swinemünde für Segelschiffe eisfrei geworden ist, anzudienen. In beiden Fällen ist der Verkäufer nicht verpflichtet, vor dem 1. März anzudienen.

Wiener Gerbstoffe, § 6: .....längstens binnen 6 Wochen nach Bekanntgabe der Schiffahrtseröffnung hat die Lieferung beendet zu sein.

Die Klausel „nach Aufhören des Eisganges“ findet sich noch in den Budapester Usanzen mit folgender Auslegung: Die Lieferung hat zu jenem Zeitpunkt zu erfolgen, an welchem das Schiff an den Ladeplatz gestellt werden muß.

h) Bei Schiffahrtsschluß

Die offizielle Verkündung des Schiffahrtsschlusses beendet im allgemeinen die Schiffahrtskampagne. Selbst wenn infolge günstiger Witterung die Schiffahrt nachträglich wieder aufgenommen wird, verpflichtet dies den Verkäufer nicht zur Lieferung. Ist dagegen gerade infolge der Beschaffenheit der Ware Lieferung bei Schiffahrtsschluß vereinbart, so ist der Zeitpunkt des offiziellen Schiffahrtsschlusses für den Lauf der Fristen maßgebend. Eine diesbezügliche Auslegung fand ich nur in den Stettiner Usanzen für den Handel mit Heringen.

Es heißt in den Usanzen:

Innsbruck: Der kundgemachte Schiffahrtsschluß beendet die Kampagne ohne Rücksicht auf eine etwa später wieder einsetzende Fahrbarkeit der Wasserstraße.

Wien: Ebenso.

Budapest: Ebenso.

Linz: Ebenso.

Wien, l. P.: Ebenso.

Stettin: Schiffahrtsschluß heißt für die Binnenschiffahrt Eisbehinderung oder Schleusensperre, für die Seeschiffahrt Eisbehinderung für die Segelschiffahrt auf der Schiffahrtsstraße Stettin—Swinemünde.

Über den Zeitpunkt des Schlusses oder der Eröffnung der Schiffahrt im Sinne der vorstehenden Absätze entscheiden in Zweifelfällen die Vorsteher der Kaufmannschaft zu Stettin.

Stettiner Heringe: Bei Verkäufen zur Verladung bei Schiffahrtsschluß ist der Verkäufer berechtigt zur Verladung, sobald irgendeine Frostgefahr vorhanden oder für die Binnenschiffahrt Schleusensperre angezeigt ist, jedoch spätestens am 1. Dezember.

i) Auf Lieferung innerhalb einer bestimmten Frist

Ist auf Lieferung innerhalb einer bestimmten Frist verkauft, so ist nach der fast einheitlichen Auffassung der Usanzen dem Verkäufer das Recht zugestanden zu bestimmen, wann er innerhalb dieses Zeitraumes liefern will[1]. Ein Gutachten der Handelskammer Breslau vom 7. August 1903 für den Kartoffelhandel äußert sich in anderem Sinne. Danach müßte ein besonderer Zusatz das Wahlrecht des einen oder des anderen Teiles festlegen. Von der gleichen Handelskammer sind aber zwei weitere Gutachten erstattet (9. Juli 1901, 12. Juni 1906), die den heute in den Usanzen zum Ausdruck kommenden Grundgedanken des Wahlrechtes des Verkäufers zum Ausdruck bringen.

Es kann wohl als einheitliche Auffassung heute gelten, daß der Verkäufer das Recht habe zu bestimmen, wann er innerhalb dieses Zeitraumes erfüllen will; allerdings in gewissen Grenzen. Denn nach einer Anzahl von Usanzen und nach dem Gutachten der Handelskammer Breslau (7. August 1903) und Oppeln (13. April 1893) bedeutet der Abschluß auf Lieferung innerhalb einer über mehrere Monate sich erstreckende Frist, daß der Verkäufer zur Lieferung und der Käufer zur Abnahme von monatlichen, annähernd gleich großen Teilmengen verpflichtet und berechtigt ist. Im allgemeinen wird diese Form der Lieferungs- und Abnahmeverpflichtung durch die später zu besprechende Klausel „sukzessive Lieferung“ zum Ausdruck gebracht. Doch kann, wie aus einer Anzahl der unten aufgeführten Usanzen zu entnehmen ist, in den verschiedenen Branchen ein Vertrag auf Lieferung innerhalb einer bestimmten, über mehrere Monate sich erstreckenden Frist die Bedeutung eines Vertrages auf sukzessive Lieferung haben.

Die für die Fristen erörterten allgemeinen Bestimmungen des Handelsrechtes gelten natürlich auch hier für den Beginn und das Ende der Frist.

Es heißt in den Usanzen:

Berlin, § 30: Ware, welche auf Lieferung verkauft ist, hat der Verkäufer spätestens am letzten Werktag der bedungenen Frist bis 5 Uhr nachmittags dem Käufer am Erfüllungsort zur Verfügung zu stellen.

Chemnitz, § 19: Ist auf Lieferung innerhalb einer bestimmten Frist oder eines bestimmten Zeitraumes verkauft, so ist der Verkäufer berechtigt, nach seiner Wahl die Ware innerhalb der Frist oder des Zeitraumes abzu-

[1]) Siehe dazu: Müller: Kündigung und Option im Getreidehandel.

rufen. Der Käufer muß dem Verkäufer auf Verlangen ausführbare Versandaufträge erteilen.

Cottbus, § 9: Ebenso.

Danzig, § 26: Lieferung auf mehr als 2 Monate: Lieferung innerhalb jedes Kalendermonates in monatlich gleichen Raten.

Lieferung innerhalb 2 Monate: Innerhalb der 2 Monate zu beliebigem Zeitpunkt.

Hamburger Getreidehändler: Ebenso, ohne Satz 2.

Kiel: Ebenso.

Königsberg: Ist Lieferung oder Abladung innerhalb eines bestimmten Zeitraumes vereinbart, so hat der Verkäufer das Recht zu wählen, wann er innerhalb dieses Zeitraumes erfüllen will. Er ist berechtigt, jederzeit innerhalb der vereinbarten Frist Verfügung vom Käufer zu verlangen. Dieser hat jedoch zur Erteilung der Verladeverfügung eine angemessene Frist zu beanspruchen, die in keinem Falle 3 Werktage überschreiten darf. Angemessene Nachfristen..., s. bei Prompt und Sofort.

Magdeburg, § 9: Ist bei einem Geschäft vereinbart, daß die Lieferung innerhalb eines bestimmten Zeitpunktes zu erfolgen habe, so hat der Verkäufer das Recht zu wählen, wann er innerhalb dieses Zeitraumes liefern will.

Rheinisch-Westfälische, § 11: Ist Lieferung innerhalb einer bestimmten Frist oder innerhalb eines bestimmten Zeitraumes vereinbart, so kann der Verkäufer innerhalb dieser Frist oder dieses Zeitraumes liefern.

Rauhfutterhändler, § 6: Ware, welche auf Lieferung verkauft ist, hat der Verkäufer spätestens am letzten Werktag der bedungenen Frist bis abends 7 Uhr dem Käufer am Verladeort zur Verfügung zu stellen, sofern der Bahn- oder Wassertransport keine Verzögerung verursacht.

—, § 9: Lieferung innerhalb einer bestimmten Zeit, s. Königsberg, Satz 1; Satz 2: Ist bei einem Geschäft vereinbart, daß die Lieferung in Teillieferungen innerhalb eines Zeitraumes von mehr als 1 Monat zu erfolgen habe, so hat der Verkäufer in jedem Monat einen annähernd gleichen Teil zu liefern. Gemüse: Ebenso. Kartoffeln: Wie § 6, „sofern..." fällt weg.

Allensteiner Kartoffeln, § 3: Ist auf Verladung (verladbar) oder Lieferung (lieferbar) innerhalb einer bestimmten Frist verkauft, so steht dem Verkäufer das Recht auf Bestimmung der Verladezeit und der jeweiligen Verlademenge innerhalb der vereinbarten Erfüllungsfrist zu. Bei Verkäufen auf Abruf (Abforderung) steht das gleiche Recht dem Käufer zu.

Früchtegroßhändler, § 3: Ist auf Lieferung innerhalb einer bestimmten Zeit....., s. Königsberg, Satz 1.

Stettiner Heringe, § 14: Ist Lieferung innerhalb eines bestimmten Zeitraumes vereinbart, so hat der Verkäufer das Recht zu wählen, wann er innerhalb dieses Zeitraumes liefern will.

Wiener Handelsdünger, § 6: Bei Verkäufen auf Lieferung im Lauf eines bestimmten Monates oder im Laufe mehrerer Monate hat der Verkäufer das Recht, innerhalb des genannten Monates (der genannten Monate) nach seiner Wahl das gesamte Quantum wann immer zu liefern. Verkäufe auf Lieferung während eines Jahres verstehen sich so, daß, wenn nichts anderes vereinbart wird, ungefähr ein gleicher Teil in jeder Saison (Frühjahr oder Herbst) zu liefern ist.

Prager Spiritus, § 7: Hat die Lieferung im Lauf eines bedungenen Zeitraumes zu erfolgen, so steht, falls nichts anderes vereinbart ist, die Wahl des Zeitpunktes dem Verkäufer zu. Bei Lieferung von Lokoware ist der wahlberechtigte Kontrahent berechtigt, dem anderen Teil das fällige

Quantum zu kündigen. Die Kündigungsfrist beträgt 6 Tage. Die Kündigung hat an einem Werktag, die Erfüllung sodann nach Ablauf von 6 Tagen, den Kündigungstag eingerechnet, zu erfolgen. Ist 6 Tage vor Ablauf des Lieferungstermines keine Kündigung erfolgt, so ist am letzten Wochentag des Termines zu erfüllen.

Wiener Stärke, § 5: Ist in einem Zeitabschnitt ein größeres als das entsprechende Quantum geliefert bzw. übernommen worden, so ist im nächsten Zeitabschnitt nur mehr der für diesen noch aushaftende Rest zu liefern bzw. zu übernehmen. Unter Kampagne versteht man die Zeit vom 1. Oktober bis 30. September.

Stettiner Wein, § 16: Lieferung innerhalb einer bestimmten Zeit, s. Rheinisch-Westfälische, Satz 1.

Mainzer Wein, § 16: Ebenso.

Züricher Seide, § 28: Verkäufe auf Lieferung gelten als besonderes Vertrauensgeschäft, und es ist dabei die Haftbarkeit des Verkäufers eingeschränkt wie folgt: Reklamationen irgendwelcher Art (verborgene Fehler vorbehalten) sind nur bei offensichtlichem Qualitätsunterschied zulässig. Der Käufer kann in solchen Fällen einen entsprechenden Rabatt verlangen. Auf Lieferung gekaufte Ware kann nicht protestiert werden, es sei denn, daß grobe Fahrlässigkeit festgestellt werde.

— —, § 31: Bei Verkäufen auf Lieferung, bei denen Verschiffung innerhalb einer festgesetzten Frist dem Verkäufer anheimgestellt ist, steht letzterem das Recht zu, die Ware jederzeit innerhalb der vereinbarten Frist zu verladen und bei Ankunft dem Käufer abzuliefern. Ist für die Verschiffung kein festes Datum festgesetzt worden, so muß eine Überschreitung der Frist bis zu 10 Tagen eingeräumt werden. Für die Verschiffung ist das Datum des Konnossements maßgebend.

k) Auf Lieferung nach Ablauf einer bestimmten Frist

Die Klausel „Lieferung nach Ablauf einer bestimmten Frist" findet sich lediglich in den Usanzen der Rheinisch-Westfälischen Produktenbörsen. Irgendwelche Besonderheiten ergeben sich nicht. Es ist nur bemerkenswert, daß nach diesen Usanzen im Gegensatz zu dem Vertrag „auf Lieferung innerhalb einer bestimmten Frist" hier sowohl Käufer wie Verkäufer nach Ablauf der Frist jederzeit das Recht haben, Lieferung bzw. Abnahme zu fordern; dagegen braucht beim Kauf „auf Lieferung nach Ablauf einer bestimmten Frist" vor Ablauf dieser Frist keiner der beiden Vertragsteile lieferungs- oder erfüllungsbereit zu sein[1]).

Es heißt in den Usanzen:

Rheinisch-Westfälische Produktenbörsen: Ist Lieferung nach Ablauf oder nicht vor Ablauf einer bestimmten Frist vereinbart, so kann nach Eintritt des betreffenden Zeitpunktes der Verkäufer jederzeit liefern, der Käufer die Lieferung jederzeit verlangen.

l) Lieferung sukzessiv

Käufer wie Verkäufer haben ein Interesse an der Stetigkeit der Geschäftsabwicklung; der Käufer ist bestrebt, sich auf längere Zeit

[1]) Hellauer: a. a. O., S. 307.

das erforderliche Material zu beschaffen, ohne verpflichtet zu sein, die gesamte Menge, die seinen zukünftigen feststehenden oder geschätzten Bedarf befriedigt, auf einmal abzunehmen; der Verkäufer anderseits hat das Bestreben, eine möglichst gleichmäßige Beschäftigung zu erzielen, um einer Unkostenprogression bei plötzlich hereinkommenden übergroßen Aufträgen und einem Leerlauf der fixen Kosten bei zeitweiliger Nichtbeschäftigung zu entgehen. Diese Gründe führen zum Vertragsabschluß auf sukzessive Lieferung, und von dieser Basis aus muß die Bedeutung der Klausel „sukzessiv" im Einzelfall beurteilt werden. Denn schließlich soll die Auslegung aller Verträge nicht dem Wortlaut, sondern in erster Linie dem beim Abschluß zugrunde liegenden Sinne gemäß erfolgen.

Die Klausel „Lieferung sukzessiv" innerhalb eines bestimmten Zeitraumes hat je nach der Länge eben dieses Zeitraumes verschiedene Bedeutung: Im allgemeinen wird man die Klausel dahin auslegen dürfen, daß innerhalb des vereinbarten Zeitraumes in gleichen Abständen und in gleichen Mengen zu liefern und abzunehmen ist. So wird Lieferung sukzessiv innerhalb einer Woche: Lieferung in täglichen Teilmengen von je $^1/_6$ der Gesamtlieferung bedeuten, sukzessiv innerhalb eines Monates: Lieferung in wöchentlichen Teilmengen von je $^1/_4$ der Gesamtlieferung, sukzessiv innerhalb eines auf mehrere Monate sich erstreckenden Zeitraumes: Lieferung in annähernd gleichen monatlichen Teilmengen. Dabei kann aber, ganz im Sinne der obigen Ausführungen, je nach Bedarf innerhalb der Teilfristen der einen oder der anderen Partei — meist wird dies der Verkäufer sein — das Recht zustehen, den genauen Liefertermin von Fall zu Fall zu bestimmen. Soll das Wahlrecht dem Käufer zustehen, dann wird die Klausel meist den Zusatz tragen: sukzessive nach Käufers Wahl, nach Käufers Bedarf, nach Käufers Abruf[1]).

Unterläßt der Kündigungsberechtigte oder Abrufsberechtigte die rechtzeitige Dispositionserstellung, so ist der andere Teil berechtigt, anzunehmen, daß die Erfüllung gemäß dem allgemeinen Inhalt der Klausel sukzessiv erfolgen solle[2]). Allerdings soll nach diesem Berliner Gutachten im Kohlenhandel mit dem oberschlesischen Kohlengroßhandel (im Gegensatz zu dem allgemeinen Kohlenhandel, bei dem ein solcher Handelsbrauch nicht besteht [13. Juli 1900]) die Verpflichtung des Verkäufers zur Nachlieferung von nicht abgerufenen Mengen nicht bestehen. Ähnlich äußert sich ein Magdeburger Gutachten (1911) für den Kohlenhandel, nach dem der Verkäufer ein etwa im Sommer vom Käufer weniger abgerufenes Quantum im Winter nicht nachzuliefern brauche, daß vielmehr die Winterlieferung die des Sommers nicht zu übersteigen brauche.

---

[1]) Breslauer Gutachten, Dezember 1902.

[2]) Gutachten der Ältesten der Berliner Kaufmannschaft vom 19. Dezember 1900.

Die oben als allgemein üblich bezeichnete Auslegung der Klausel sukzessiv findet sich auch in den verschiedensten Gutachten (Älteste der Berliner Kaufmannschaft: Walzeisen, Januar 1898, Mehl, Dezember 1899, Rohfriese, April 1907, Handelskammer Breslau, Getreide, April 1900, Oppeln, Kohlen, April 1900, Berlin, Gerste, 8906/1916). Ein Gutachten der Berliner Handelskammer für den Kohlenhandel äußert sich bezüglich der bei Verzug zu stellenden Nachfristen dahin, daß eine Nachfrist von 3 Tagen als angemessen zu bezeichnen sei.

Im einzelnen sei auf die Usanzen selber verwiesen.

Innsbruck, § 30: Erstreckt sich die Lieferfrist auf 2 oder mehr Monate und ist über die Erfüllung der Lieferung nichts vereinbart oder ist sukzessive Lieferung vereinbart, so ist im Zweifel anzunehmen, daß die Lieferung in annähernd gleichen Monatsraten zu erfolgen hat.

Erstreckt sich die Lieferfrist auf eine kürzere Zeit als 2 Monate, so ist im Zweifel anzunehmen, daß die Lieferung, wenn sie als eine sukzessive vereinbart ist, in mindestens 2 annähernd gleichen Raten zu erfolgen hat, während sie, wenn über die Lieferungseinteilung nichts bestimmt wurde, auch auf einmal erfolgen kann.

Wien, § 31: Erstreckt sich die Lieferfrist auf 2 oder mehrere Monate und ist sukzessive Lieferung entweder ausdrücklich vereinbart oder nach den Umständen als vereinbart anzunehmen, so gilt im Zweifel, daß die Lieferung in annähernd gleichen Monatsraten zu erfolgen habe.

Erstreckt sich die Frist für die vereinbarte sukzessive Lieferung auf eine kürzere Zeit als 2 Monate, so ist im Zweifel anzunehmen, daß die Lieferung in mindestens 2 annähernd gleichen Raten zu erfolgen habe.

Breslau, § 7: Sukzessive Abnahme und Abladung bedeutet Lieferung von ungefähr gleichen Teilmengen innerhalb der vereinbarten Liefermonate.

Chemnitz, § 22: Ist Lieferung sukzessiv innerhalb eines oder mehrerer Monate vereinbart, so ist innerhalb dieser Zeit in ungefähr gleichen Raten zu erfüllen.

Cottbus, § 12: Ebenso.

Danzig, § 27: „Lieferung sukzessive": innerhalb der vereinbarten Zeit in ungefähr gleichen Raten.

Halle, § 10: Ist sukzessive innerhalb einer bestimmten Frist vereinbart, so ist in ungefähr gleichen Raten und Abständen zu liefern.

Mittel- und Süddeutsche, § 20, s. Chemnitz.

Rheinisch-Westfälische, § 15: Wenn Lieferung, Abnahme oder Abruf „nach und nach", „sukzessiv" vereinbart ist, so muß in annähernd gleichen Zwischenräumen und Mengen geliefert bzw. abgerufen werden. Sind bestimmte Zeitabschnitte vereinbart, so ist die gleiche Menge in jedem Zeitabschnitt zu liefern bzw. abzunehmen. Kleinere Mengen als geschlossene Wagenladungen dürfen nur mit Einwilligung des Käufers geliefert werden.

Früchtegroßhändler, § 3: Ist allmähliche (sukzessive) Lieferung oder allmählicher (sukzessiver) Abruf vereinbart, so ist die zu liefernde Menge (abzurufende) in ungefähr gleichen Teilen auf die vereinbarte Erfüllungsfrist zu verteilen.

Allenstein, § 3, s. Früchtegroßhändler.

Berliner Kartoffeln, § 3: Ebenso.

Berliner Kartoffelstärke, § 8: Ist sukzessive Lieferung oder Abnahme bedungen, so ist die Lieferung möglichst gleichmäßig auf Wochen oder Monate zu verteilen, falls keine anderen Vereinbarungen getroffen sind.

Innsbrucker Holz, § 9: Sukzessive Lieferung bedingt im allgemeinen eine nach Lieferzeitraum und Lieferquantum möglichst gleichmäßige Verteilung der Lieferung.

Wiener Holz, § 18: Ebenso.

Prager Reis, § 322: Bei Schlüssen auf 2 oder mehrere Monate zur sukzessiven Erfüllung muß die verkaufte Ware in annähernd gleichen Monatsteilquanten geliefert bzw. übernommen werden. Käufer hat auf Ansuchen des Verkäufers Disposition zu erteilen, die binnen 8 Tagen nach Erhalt der Aufforderung in Verkäufers Hand sein muß. Ist Käufers Wahl bedungen, so ist die Ware nach Erhalt der Disposition in der Promptfrist zu liefern. Käufer hat die Disposition so rechtzeitig zu treffen, daß Verkäufer vor Ablauf der Monatsfrist in Promptfrist liefern kann.

Wird die Disposition vor Monatsfrist aber nach Ablauf obiger Frist erteilt, gelten vom nächstfolgenden Tage nach Erhalt der Disposition die Promptfristen.

Wurde die Lieferung nicht erfüllt und auch kein Protest erhoben, so gilt die Lieferung auf 1 Monat prolongiert, und das bis zum letzten Termin der Gesamtlieferung.

Wird die Ware bis zum Ende der Vertragsdauer ganz oder teilweise nicht geliefert oder übernommen, so wird der Schluß stillschweigend um 14 Tage verlängert und der Käufer ist verpflichtet, Disposition zu erteilen, daß sie sich bis zum 4. Tage nach Ablauf der vereinbarten Frist in Händen des Verkäufers befinden muß.

Wird nach fruchtlosem Ablauf dieser Prolongationsfrist kein Protest vom vertragstreuen Teil erhoben, so gilt der Vertrag als aufgelöst.

Prager Öl, § 243: Wurde sukzessive Lieferung innerhalb mehrerer Monate bedungen, so hat dieselbe zu möglichst gleichen Monatsraten zu erfolgen. Wurde sukzessive Lieferung innerhalb eines Monates bedungen, ist wöchentlich der 4. Teil zu übernehmen bzw. zu liefern.

Die Wahl des Tages der Lieferung innerhalb des betreffenden Monates bzw. der betreffenden Woche stellt dem Käufer jedoch nur nach vorangegangener 3tägiger Kündigung zu.

Berliner Spirituosen, § 11: Ist allmähliche Abnahme vereinbart, so hat der Käufer die Ware im Zweifel in ungefähr gleichen Mengen und ungefähr gleichen Zwischenräumen abzuberufen. Falls der Abruf nicht rechtzeitig erfolgt, kann der Verkäufer die Rechte aus § 326 B.G.B. geltend machen.

Werden nicht rechtzeitig abgerufene Mengen zur sofortigen Lieferung des Rückständigen abgerufen, so kann der Verkäufer eine angemessene Frist verlangen, und wenn diese nicht gewährt wird, die Lieferung des verspätet Abgerufenen verweigern.

Prager Spiritus, § 7: Sukzessive Lieferung innerhalb eines Monates: allwöchentlich ist annähernd der 4. Teil zu übergeben und zu übernehmen.

Sukzessive Lieferung innerhalb einer längeren Zeit: in jedem Monat ist ein annähernd gleiches Quantum zu liefern bzw. abzunehmen.

Berliner Drogen, § 6, s. Berliner Spirituosen.

Wiener Baumwollstreichgarne, § 10: Ist sukzessive Lieferung innerhalb einer bestimmten Frist bedungen, so hat die Lieferung in annähernd gleichen Monatsraten zu erfolgen.

Wiener Baumwollstrickgarne, Satz 2, s. Wiener Papiergarne, § 8, Satz 2. Der Käufer ist verpflichtet, das Sortiment mindestens 4 Wochen vor Beginn des Liefermonates zu Händen des Liefernden zu erteilen: eine andere Sortimentierungsfrist ist ausdrücklich zu bedingen.

Wird das Sortiment nicht rechtzeitig erteilt, so bleibt der Verkäufer gleichwohl gehalten, zu liefern und ein späteres Sortiment des Käufers auszuführen. Doch braucht der Verkäufer ein nicht mindestens 4 Wochen vor Beginn eines Monates erteiltes Sortiment erst in dem diesem Monate folgenden Monat auszuführen.

Hat der Verkäufer den mit der Erteilung des Sortiments im Verzug befindlichen Käufer zur Nachholung des Sortiments schriftlich aufgefordert und unterläßt es der Käufer, postwendend Sortiment zu erteilen, so geht das Recht zur Sortierung innerhalb der durch den Vertrag gezogenen Grenzen auf den Verkäufer über.

Durch die im vorstehenden für den Fall der Unterlassung der Sortierung oder nicht rechtzeitigen Sortierung aufgestellten Regeln wird die Verpflichtung des Verkäufers zur im Sinne des Vertrages zeitgerechten Lieferung jener Raten nicht berührt, hinsichtlich deren der Käufer rechtzeitig Sortiment erteilt hat.

Wenn der Käufer trotz der Aufforderung mittels rekommandierten Briefes die Erteilung der Versandvorschrift binnen 5 Tagen unterläßt, so ist der Verkäufer vom 15. des Liefermonates an berechtigt, die betreffende Rate entweder dem Käufer zuzusenden oder in einem seiner (des Verkäufers) Erzeugungsstätte bzw. seinem Firmasitz nächstgelegenen öffentlichen Lagerhause auf Kosten und Gefahr des Käufers einzulagern.

Wiener Baumwollgarne, § 10: Ebenso.

Wiener Baumwollgewebe, § 9, s. Wiener Papiergarne.

Wiener Papier, § 14: Schlüsse zur sukzessiven Lieferung sind für annähernd gleiche Monatsraten zu spezifizieren und abzurufen und in solchen Raten zu liefern. Dem Käufer steht das Recht der Spezifikation und des Abrufs zu. Die Spezifikation hat 6 Wochen vor dem Zeitpunkt der gewünschten Lieferung zu erfolgen.

Wiener Papiergarne, § 8: Ist sukzessive Lieferung innerhalb einer bestimmten Frist bedungen, so hat die Lieferung in annähernd gleichen Monatsraten zu erfolgen. Wurde jedoch sukzessive Lieferung ohne Angabe eines Endtermins vereinbart, so hat die Lieferung bzw. die Übernahme längstens innerhalb 6 Monaten vom Tage des Abschlusses an gerechnet, in annähernd gleichen Monatsraten zu erfolgen.

m) Auf Abruf

Stand bei den Verträgen auf sukzessive Lieferung das Recht der Bestimmung des genauen Liefertermins zumeist dem Verkäufer zu, so begibt er sich dieses Rechtes beim Kauf auf Abruf. Denn hier hat der Käufer das Recht, die Ware vom Verkäufer abzurufen (abzufordern), der Verkäufer hat die Pflicht, innerhalb einer angemessenen Frist (Kündigungsfrist) zu liefern.

Ist beim Kauf ab Abruf eine bestimmte Frist festgelegt, innerhalb deren der Abruf zu erfolgen hat, so ist der Käufer verpflichtet, die Disposition derart zu erteilen, daß der Verkäufer bis zum Ablauf der vereinbarten Frist erfüllen kann[1]). Unterläßt er dies, so kann der Verkäufer entweder selber die erforderlichen Dispositionen unter gleichzeitiger Benachrichtigung des Käufers treffen oder von den ihm sonst bei Verzug des Käufers zustehenden Rechten Gebrauch machen[2]). Ob die Dispositionserteilung ausdrücklich abgegeben werden muß oder ob sie aus bestimmten Handlungsweisen (z. B. Übersendung der Emballage) hergeleitet werden kann, ist nicht einheitlich geregelt[3]).

Einige Usanzen legen auch noch angemessene Nachfristen für den Fall der Unterlassung einer Dispositionserteilung fest.

Ein Handelsgebrauch, nach welchem der Käufer zur ratenweisen Abnahme verpflichtet wäre, besteht nicht[4]).

Ein Gutachten der Handelskammer Oppeln (28. Juli 1906) für den Zuckerhandel lautet dahin, daß bei einer Vereinbarung wie z. B. „auf Abruf bis Ultimo Mai“ der Verkäufer trotz eines früher erfolgten Abrufes nicht vor Ultimo Mai zu liefern verpflichtet sei. Mir scheint diese Auslegung allein zu stehen. Bei fast allen übrigen Gutachten — und es sind deren viele erstattet — ist ausdrücklich festgelegt, daß der Käufer die Ware zu einer ihm beliebigen Zeit abrufen kann und der Verkäufer sie unter Gewährung einer entsprechenden Kündigungsfrist liefern müsse. Diese Lieferfristen haben sich ebenfalls im Einzelfalle nach der Art der Ware, der Möglichkeit einer Vorrathaltung usw. zu richten. Dem Verkäufer muß auf alle Fälle eine angemessene Frist zur Vorbereitung zugestanden werden[5]).

Ist aber eine Frist, innerhalb deren der Abruf zu erfolgen hat, nicht im Vertrag bestimmt, so müssen die Grundsätze von Treu und Glauben im Handelsverkehr beachtet werden. Der Käufer darf den Verkäufer nicht unbestimmte Zeit warten lassen, es muß ihm aber anderseits auch die Möglichkeit gegeben sein, den Abruf dann zu erteilen, wann es ihm für seine Unternehmung tunlich erscheint. Einige Usanzen begrenzen die scheinbar unbegrenzte Wahlmöglichkeit des Käufers, und in dem gleichen Sinne (Abruf innerhalb 6, 9, 12 Monaten) äußert sich auch eine große Zahl von Gutachten. Einige allerdings sind der Ansicht, daß allgemeine Handelsgebräuche für die Bestimmung der Abrufsfristen nicht festgestellt werden könnten.

Die Auffassung der Mehrzahl der Gutachten kommt in dem Gutachten der Handelskammer für die Kreise Karlsruhe und Baden vom

---

[1]) Berliner Gutachten (Handelskammer) für den Kohlenhandel 16122/1913.

[2]) Handelskammer Berlin 43845/1918.

[3]) S. dazu Müller: a. a. O.

[4]) Gutachten der Berliner Handelskammer vom Jahre 1905 und 1912.

[5]) Handelskammer Berlin, September 1921, Breslau, Juni 1906.

3. Dezember 1908 zum Ausdruck, das ich dieses seiner Bedeutung wegen hier zitiere:

Ein allgemein gültiger Handelsgebrauch, nach welchem der Käufer bei einem Handelskauf auf Abruf mangels einer Vereinbarung über die Abrufsfrist verpflichtet wäre, die Ware innerhalb eines Jahres, vom Abschluß des Kaufvertrages an gerechnet, abzurufen, besteht nicht.

Die Verhältnisse liegen in den einzelnen Geschäftszweigen durchaus nicht einheitlich. Selbst innerhalb der gleichen Branchen kommen für verschiedene Waren verschiedene Handelsübungen vor. So ist z. B. die Abrufsfrist in den Verkaufsbedingungen des Vereins deutscher Papierfabriken 6 Monate, in denen des Verbandes deutscher Druckpapierfabriken auf 12 Monate bemessen. Während ferner 3 Monate als äußerste Grenze der Abrufsfrist für einzelne Artikel gelten, sind für andere Warensorten Fristen über 12 Monate hinaus üblich.

Bei Produkten und Rohmaterialien, deren Preis von der jeweiligen Ernte abhängig ist, wird der Verkauf auf unbestimmte Zeit im allgemeinen so verstanden, daß die abgeschlossene Ware bis zur Ernte abzurufen ist.

Sogenannte Saisonartikel sind stets im Laufe der Saison abzunehmen.

Bei solchen Waren, für welche eine allgemein anerkannte Übung nicht besteht, scheint bezüglich der Abrufsfrist meist ein angemessener Zeitraum vorausgesetzt zu werden, für dessen Bemessung die Art der Ware, der durchschnittliche Bedarf oder Verbrauch des Bestellers und die besonderen geschäftlichen Beziehungen der beiden Kontrahenten maßgebend sind.

Es erübrigt sich, weiter auf diese Frage einzugehen.

Die Klausel „auf Abruf nach Bedarf des Käufers“ deckt sich ziemlich mit der Klausel „sukzessive nach Bedarf des Käufers“; nur daß bei der ersteren die Stetigkeit der Abnahme nicht gewährleistet erscheint. Der Käufer ruft ab, wenn er Bedarf hat, dieser Bedarf kann aber ein sehr unregelmäßiger sein, während bei der Klausel „sukzessive nach Bedarf“ der Käufer eine gewisse Stetigkeit seines Bedarfes bestätigt und eine gewisse Stetigkeit der Abnahme garantiert.

Ein bei Zander wiedergegebenes Gutachten der Handelskammer Breslau vom 30. April 1902 äußert sich dahin, daß der Käufer bei Abschlüssen mit der Klausel „auf Abruf nach Bedarf“ immer dann, wenn er Bedarf hat, Abruf erteilen muß und nicht seinen Bedarf zwischenzeitlich anderweit decken darf.

Es heißt da: „Der Käufer ist verpflichtet, die gekaufte Liefermenge hintereinander in der Weise abzunehmen, daß er unmittelbar nach Verbrauch eines bereits abgenommenen Teilquantums ein weiteres von dem Schluß abnehmen muß. Er ist ferner verpflichtet, seinen ganzen Bedarf in der geschlossenen Qualität innerhalb der Grenzen des Schlusses vom Verkäufer zu beziehen, so daß er vor Erledigung des Schlusses anderweitig die gleiche Qualität nicht abnehmen darf.“ Die entgegengesetzte Ansicht vertritt ein Gutachten der Handelskammer Berlin vom Jahre 1912: „Wer bei einem Abschluß nach Bedarf noch mit anderen Lieferanten Abschlüsse macht und zunächst diese Abschlüsse abruft, handelt nicht vertragswidrig, da ein Abrufsgeschäft nach Bedarf eine Verpflichtung, seinen ganzen Bedarf bei dem Vertragsgegner zu decken, nicht einschließt." Die zuerst zitierte Auslegung der Klausel „auf Abruf nach Bedarf" wird man, sofern man dem Zusatz „nach Bedarf" überhaupt eine Bedeutung beilegen will, als die im Zweifel maßgebende bezeichnen müssen.

In den Usanzen heißt es:

Chemnitz, § 19: Ist auf Abruf oder Abnahme innerhalb einer bestimmten Frist (Zeitraum) verkauft, so ist der Käufer verpflichtet, die Ware innerhalb der Frist (Zeitraum) abzurufen, und der Verkäufer ist gehalten, innerhalb angemessener Zeit zu liefern.

Cottbus, § 9: Ebenso, mit Zusatz: Die Abrufserklärung muß derartig sein, daß sie eine ausführliche Verfügung enthält, das heißt, daß der Verkäufer in der Lage ist, die Ware abzusenden oder zu übergeben.

Danzig, § 31, s. Mittel- und Süddeutsche, Satz 1 und 2. Zusatz: Mit Eingang der Abrufserklärung ist der Verkäufer zur „sofortigen Lieferung" verpflichtet. Erhält der Käufer innerhalb der vereinbarten Frist keine Abrufserklärung, so stehen dem Verkäufer die Rechte der §§ 37 und 38 zu.

Flensburg, § 5: Bei Geschäften „auf Abforderung" (Abruf, Abnahme) innerhalb eines bestimmten Zeitraumes hat der Käufer die Lieferung der Ware vom Verkäufer abzurufen und der Verkäufer hat sie nach den für prompte Lieferung geltenden Verladefristen zu liefern.

Bei Geschäften auf Abforderung innerhalb von mehr als 2 Monaten hat der Käufer in jedem Monat ein annähernd gleiches Teilquantum abzurufen.

Flensburger Getreide, § 5: Ebenso, mit Änderung .....„nach den für sofortige Lieferung geltenden Verladefristen zu liefern".

Zusatz: Die Abforderung oder Abnahme hat innerhalb der üblichen Geschäftszeit von morgens 8 Uhr bis abends 6 Uhr zu erfolgen. Es steht dem Verkäufer außerdem zu, sofortige Bezahlung nach Ablauf der Abnahmefrist zu verlangen. Banküberweisungen müssen innerhalb der üblichen Bankzeit erfolgen.

Halle, § 20: Ist vereinbart, daß der Abruf (Abforderung, Abnahme) innerhalb eines bestimmten Zeitraumes zu erfolgen hat, so hat der Käufer das Recht zu wählen, wann er innerhalb dieses Zeitraumes empfangen will. Die Abruffristen „sofort", „prompt" sind sinngemäß die gleichen wie die Lieferfristen.

Hamburger Getreidehändler, Nr. 2, 3, 5, 16: Ist auf Abruf (Abforderung) innerhalb eines bestimmten Zeitraumes verkauft worden, so hat der Käufer die Ware dem Abkommen gemäß vom Verkäufer 8 Tage vorher abzufordern (die Ware abzurufen). Der Verkäufer hat alsdann dem Abruf gemäß die Ware zu liefern.

—, § 10, Abs. 1.

Magdeburg, § 9, s. Rauhfutterhändler mit Zusatz: Die gleichen Bestimmungen gelten auch, wenn ohne Vereinbarung eines bestimmten monatlich zu liefernden Teilquantums Lieferung oder Abnahme während zweier hintereinander folgender Monate zu erfolgen hat.

—, § 10, Abs. 2, s. Rauhfutterhändler, § 10, Abs. 2.

Mittel- und Süddeutsche, § 23: Ist auf Abruf innerhalb eines bestimmten Zeitraumes verkauft, so entfällt das Andienungsrecht des Verkäufers. Der Käufer hat das Recht, an jedem beliebigen Tage dieses Zeitraumes abzurufen. In allen Fällen muß die Abrufserklärung derartig sein ....., s. Cottbus.

Rheinisch-Westfälische, § 11, s. Cottbus, § 9.

Früchtegroßhändler, § 3, s. Auf Lieferung.

Rauhfutterhändler, § 10: Ist auf Abruf (Abforderung, Abnahme) innerhalb eines bestimmten Zeitraumes verkauft, so hat der Käufer die Lieferung der Ware vom Verkäufer dem Abkommen gemäß abzufordern (die Ware abzurufen). Ist auf Abruf in Teillieferungen innerhalb mehr als einem Monat verkauft, so hat der Käufer in jedem Monat einen annähernd gleichen Teil abzuberufen. Ebenso Gemüse, § 7, Kartoffeln, § 7.

Allensteiner Kartoffeln, s. auf Verladung.

Berliner Kartoffeln, s. auf Verladung.

Stettiner Heringe, § 15: Ist Lieferung auf Abruf innerhalb einer bestimmten Frist vereinbart, so hat der Käufer die Ware abzurufen, und zwar unter Gewährung einer Lieferfrist von 8 Werktagen. Der Verkäufer hat alsdann die Ware dem Abruf gemäß zu liefern. Ist Lieferung auf Abruf ohne bestimmte Zeitangabe vereinbart, so hat unter allen Umständen die Abforderung seitens des Käufers innerhalb 3 Monaten zu erfolgen.

Königsberger Heringe, § 10: Ebenso, mit Zusatz: Ist der Verkäufer der Ware mit der Lieferung im Verzug, so hat ihm der Käufer eine Nachfrist von mindestens 8 Werktagen zu setzen. Erklärt der Käufer nicht sofort nach fruchtlosem Ablauf dieser Frist, daß er Schadensersatz wegen Nichterfüllung beanspruche, so gilt der Rücktritt als erklärt.

Stettiner Wein, § 18: Ist auf Abruf (Abforderung, Abnahme) innerhalb eines gewissen Zeitraumes verkauft, so hat der Käufer innerhalb dieses Zeitraumes die Ware abzurufen, der Verkäufer dem Abruf gemäß zu liefern; jedoch ist ihm eine angemessene Nachfrist zu gewähren.

— —, § 31: Bei Geschäften auf Abruf läuft die Zahlungsfrist vom Tage der Rechnung an.

Mainzer Wein, §§ 17, 18: Ebenso.

Berliner Spirituosen, § 11: Auf Abruf verkaufte Waren sind innerhalb einer nach Umständen des Einzelfalles angemessenen Frist, spätestens aber innerhalb eines Jahres, Fruchtgeschäfte vor Beginn der neuen Ernte abzurufen.

Berliner Drogen, § 6: Auf Abruf verkaufte Waren sind innerhalb einer nach den Umständen des Einzelfalles angemessenen Frist, spätestens aber innerhalb eines Jahres abzurufen.

Berliner Schuhe, § 5: Beim Kauf auf Abruf ohne nähere Angabe des Liefertermins ist die Ware spätestens innerhalb 12 Monaten abzunehmen.

Die Einteilung (Spezifikation) muß spätestens 10 Wochen vor dem gewünschten Liefertermin erfolgen, Saisonware ist jedoch vom Detaillisten 4 Monate, vom Grossisten spätestens 6 Monate vor dem Liefertermin einzuteilen. Gibt der Abnehmer auch nach Aufforderung des Lieferanten keine Einteilung, so ist dieser berechtigt, innerhalb 14 Tagen nach Aufforderung entweder vom Vertrage zurückzutreten oder die Einteilung selber vorzunehmen. Wählt er letzteres, so hat er die Einteilung dem Abnehmer zu übersenden und den innerhalb einer Woche etwa hiezu noch geäußerten Wünschen des Abnehmers, soweit sie sich mit seiner Fabrikationsweise vereinbaren lassen, nachzukommen.

n) In Käufers Wahl

Dieselbe Bedeutung kommt der Klausel „In Käufers Wahl" zu; die Klausel findet sich lediglich in den Usanzen Österreichs und der österreichischen Nachfolgestaaten. Auch hier wird dem Käufer das sonst im Zweifel dem Verkäufer zustehende Recht der genauen Terminbestimmung gegeben. Der Käufer hat die Pflicht, rechtzeitig abzurufen, der Verkäufer die Pflicht, innerhalb einer ihm zugestandenen, angemessenen Kündigungsfrist zu liefern. Im übrigen kann auf die Ausführungen bei der Klausel „Auf Abruf" verwiesen werden.

Es kann auch dem Verkäufer ausdrücklich das Recht genauer Terminbestimmung gegeben sein, dann lautet die Klausel „In Verkäufers Wahl" und es finden auf sie die bei der Klausel „Sukzessive Lieferung" für die Rechte und Pflichten des Verkäufers gemachten Ausführungen Anwendung.

In den Usanzen findet sich folgende Darstellung:

Innsbruck, § 20: Falls nicht durch Ausdrücke, wie: „in Käufers Wahl", „in Verkäufers Wahl" u. dgl., das Kündigungsrecht einem der Vertragsteile vorbehalten ist, steht dieses Recht dem Verkäufer zu.

Wien, § 20: Ebenso.

Budapest, § 14: Der Ausdruck „zu liefern in Käufers Wahl" bedeutet, daß der Käufer kündigungsberechtigt ist.

Graz, § 25: Bei Abschlüssen auf Lieferung in Käufers Wahl muß die Ware innerhalb 10 Tagen nach seitens des Käufers vorausgegangener Kündigung übergabsbereit sein.

Linz, § 26, s. Graz: statt 10 Tage — 5 Werktage.

Prag, § 22: Bei Abschlüssen in Käufers Wahl muß die Ware am 5. Tage nach der seitens des Käufers gemäß § 20 erfolgten Kündigung geliefert sein.

Wien, l. P., § 25: Bei Abschlüssen auf Verladung oder Lieferung in Käufers Wahl, muß die Ware 6, und soferne es sich um im Ausland zu übernehmende Ware handelt, 8 Werktage nach seitens des Käufers vorausgegangener Kündigung übergabsbereit oder verladen sein.

—, § 26: Hat eine Kündigung nicht stattgefunden, so hat der Verkäufer am letzten Werktage der Lieferungsfrist morgens die gesamte Menge der zu liefernden Ware am Erfüllungsort zur Übergabe bereit zu halten.

Prager Zucker, X.: Bei Abschlüssen in Käufers Wahl ist der Verkäufer verpflichtet, die Ware längstens binnen 8 Tagen nach Erhalt der seitens des Käufers erfolgten Kündigung zur Übergabe bzw. zum Versand bereitzustellen. Der Käufer muß sie jedoch spätestens am letzten Tage der Lieferungsfrist übernehmen.

o) Auf Abladung bis...... Auf Verschiffung bis...... Auf Segelung bis...... Auf Klarierung

Während die seitherigen Klauseln eindeutig eine direkte Angabe der Erfüllungszeit bewirkten, können die Klauseln „auf Abladung, Verschiffung, Segelung" auch eine indirekte Angabe der Erfüllungszeit beinhalten, wenn die betreffs der Lieferung gemachten Zeitangaben sich nicht auf den Erfüllungsort beziehen. In der Mehrzahl der Fälle wird jedoch der Ort der Abladung oder Verschiffung als Erfüllungsort anzusehen und damit eine direkte Angabe der Erfüllungszeit gegeben sein.

Der Verkäufer ist bei den mit diesen Klauseln geschlossenen Verträgen verpflichtet, dafür Sorge zu tragen, daß die Ware innerhalb der vereinbarten Frist verladen, verschifft oder bereits unterwegs ist, das heißt beim Kauf auf Verladung der Transportunternehmung übergeben, beim Kauf auf Verschiffung an Bord übernommen ist und beim Kauf auf Segelung bereits den Hafen verlassen hat. Als Tag der Verladung ist der auf den Verladungs- (Verschiffungs-) Dokumenten angegebene maßgebend. Bei Verkäufen auf Verschiffung oder Segelung wird allerdings ein Übernahms- (Verwahrungs-) Konnossement nicht genügen, es wird vielmehr ein Verladekonnossement allein für die Rechtzeitigkeit der Verladung maßgebend sein können. Denn eine rechtzeitige Übernahme allein garantiert noch nicht eine rechtzeitige Verladung. Das bestätigen auch die Usanzen der österreichischen Exporteure:

„Bei Cif-Geschäften gilt die Überlassung von sogenannten Receivedkonnossementen, durch welche nur die Übernahme zur Verschiffung bestätigt wird, nicht als Bestätigung der erfolgten Verschiffung nach der vereinbarten Destination. Vielmehr muß die Verschiffung durch einen bestimmten Dampfer bestätigt werden (Shippedkonnossement).

Der Verkäufer ist ferner verpflichtet, sobald ihm die näheren Angaben über die zu erfolgende oder erfolgte Versendung der Ware bekannt sind, dem Käufer eine Anmeldung (Verladungsanzeige) zu übersenden, in der er ihm alle für die Art der Versendung und die Individualisierung der Sendung maßgeblichen Einzelheiten mitteilt[1]).

Für Frist- und Terminbestimmung, für die Nachfristen und alle sonstigen Einzelheiten gelten die beim Kauf auf Lieferung gemachten Angaben. Nach den Usanzen für den Berliner Handel mit Speck soll der Verkäufer auch berechtigt sein, dann, wenn die Frist der Abladung sich auf mehrere Monate erstreckt, innerhalb dieser einzelnen Monate in gleichen Raten zu liefern. Eine entsprechende Deutung der Klausel auf Abladung konnte ich sonst nirgends finden.

In den Usanzen heißt es:

Auf Abladung

Berlin, § 29: Ware, welche auf Abladung verkauft ist, ist innerhalb der vereinbarten Abladefrist der Eisenbahn zur Beförderung zu übergeben. Die rechtzeitig geschehene Verladung hat der Verkäufer auf Verlangen des Käufers in angemessener Frist durch bahnamtliche Bescheinigung nachzuweisen.

Ebenso für Mehl, Futtermittel, landwirtschaftliche Sämereien.

---

[1]) Hellauer: a. a. O., S. 310.

Breslau, § 12: Auf Abladung oder Absendung verkaufte Ware ist innerhalb der vereinbarten Abladefrist dem Frachtführer zur Beförderung zu übergeben. Ware, die auf „otschered“ lagert, gilt als abgeladen, jedoch nicht rollend.

Flensburg, s. auf Verschiffung.

Flensburger Getreide, § 16, s. Verschiffung.

Rauhfutter, § 4, s. Berlin mit Zusatz: .... sofern die nötigen Waggons von der Bahn rechtzeitig gestellt werden und das Wetter zur Verladung geeignet ist.

Hamburger getrocknete Früchte, § 36, s. Kolonialwaren.

Hamburger Kolonialwaren, § 36: Ist Abladung oder Verladung innerhalb einer bestimmten Frist bedungen, so muß innerhalb derselben die Ware dem Transportunternehmen oder dem Transportführer übergeben sein, von dem der Verladeschein ausgestellt wird, auf Grund dessen die Beförderung bis zum Bestimmungsort erfolgt.

Berliner Handel mit Fleisch, § 10: Bei Verkäufen von Speck auf Abladung mit mehrmonatigen Fristen, ist der Verkäufer berechtigt, ihn in den vereinbarten Monaten in ungefähr gleichen Mengen ohne Aufforderung an den Käufer abzusenden, sofern er es ihm 5 Tage vorher anzeigt.

Hamburger Harz, § 35: Ist Verladung, Abladung oder Verschiffung innerhalb einer bestimmten Frist bedungen, so ist das Datum des Verladescheines für die rechtzeitige Verladung, Abladung oder Verschiffung maßgebend.

Hamburger Gummi, § 4: Bei Abladungs- oder Lieferungsschlüssen bleibt der Tag der Lieferung oder Verladung innerhalb der Termine in Verkäufers Wahl. Ist Abladung oder Verladung innerhalb bestimmter Frist bedungen und ist diese nicht innegehalten, wofür hinsichtlich der Abladung oder Verschiffung die Verladescheine maßgebend sind, so ist der Käufer zur Zurückweisung der Ware und zur Geltendmachung von Schadenersatzansprüchen ohne Gewährung einer Nachfrist befugt. Das Datum des Konnossements ist für die Rechtzeitigkeit der Abladung oder Verladung maßgebend.

Hamburger Drogen, § 35, s. Harz.

Flensburger Spediteure, s. auf Verschiffung.

Bremer Baumwollbörse, § 29: Wenn Baumwolle auf Verladung, Klarierung oder Segelung binnen einer bestimmten Zeit verkauft worden ist, so soll der Verkäufer dem Käufer eine schriftliche Aufgabe über Schiffsnamen und Marke bzw. wenn die Abladung von amerikanischen Inlandplätzen vereinbart worden ist, über die entsprechenden Einzelheiten der Durchkonnossemente machen, und zwar:

Innerhalb 4 Wochen bei Baumwolle von Nordamerika, innerhalb 2 Wochen bei Baumwolle von europäischen Häfen nach der vereinbarten Zeit.

Ist prompte oder sofortige Verladung, Klarierung oder Segelung vereinbart, so muß die Verladung bzw. Klarierung, Segelung innerhalb 14 Tagen nach dem Tage des Kaufvertrages geschehen.

§ 101, 2 für Cif-Kontrakte wie § 79 von „Ist prompte — geschehen“ an.

— —, § 101, 6 und 7: „Direkte Verschiffung“: Die Verschiffung hat mit einem Dampfer zu erfolgen, der direkt von dem Hafen, in dem die Verladung der gekauften Partie erfolgte, nach dem Bestimmungshafen fährt.

„Indirekte Verschiffung“: Der Dampfer darf zwecks Aufnahme, nicht aber zwecks Entlastung vor dem Bestimmungshafen andere Häfen anlaufen.

Für Verkäufe „Kost-Fracht“ und „auf Ankunft“ in ostindischer und chinesischer Baumwolle, §§ 101, 79: Wenn Baumwolle auf Verladung, Klarierung oder Segelung binnen einer bestimmten Zeit verkauft ist, so hat die Verladung, Klarierung oder Segelung der Baumwolle innerhalb der im Kaufvertrag bestimmten Zeit zu erfolgen. Bei Verkäufen ostindischer Baumwolle sind Respekttage zu gewähren, und zwar für Baumwolle aus den Häfen der Madrasküste 10 Tage, bei Baumwolle aus allen anderen indischen Häfen 7 Tage.

Die im Vertrage vereinbarte Zeit soll als nicht eingehalten gelten, wenn schon das Datum der Verladungsdokumente ausweist, daß die Frist nicht eingehalten ist.

Der Verkäufer hat dem Käufer eine schriftliche Angabe über Schiffsnamen und Marke zu machen, und zwar ohne Berücksichtigung der Respekttage:

Inerhalb 8 Wochen bei Baumwolle aus China, innerhalb 6 Wochen bei Baumwolle aus Ostindien, innerhalb 2 Wochen bei Baumwolle von europäischen Häfen nach dem Tage oder Monat der vereinbarten Zeit der Vertragserfüllung.

Prompte oder sofortige Verladung usw. s. oben mit Zusatz: ..., und zwar ohne Berücksichtigung von Respekttagen.

Auf Verschiffung

Innsbruck, § 19: Unter Verkäufen „auf Verschiffung“ sind solche Abschlüsse zu verstehen, bei denen die Ware der Schiffahrtsunternehmung innerhalb des bezeichneten Termines zum Transport übergeben ist. Als Zeitpunkt der Übergabe gilt das Datum der Verschiffungsdokumente.

Wien, § 19: Ebenso.

Flensburg, § 14: Ist Abladung oder Verschiffung innerhalb einer bestimmten Zeit bedungen, so muß innerhalb dieser die Ware abgeladen sein. Ist Segelung bedungen, so muß das Schiff innerhalb der Frist die Reise angetreten haben.

Flensburger Getreide, § 16: Ist Abladung oder Verschiffung innerhalb einer bestimmten Frist bedungen, so muß innerhalb dieser die Ware abgeladen oder an Bord gebracht sein.

Hamburger Kolonialwaren, § 36: Ist Verschiffung innerhalb einer bestimmten Frist bedungen, so muß die Ware innerhalb dieser Frist an Bord des Schiffes übergenommen sein. Ist Segelung innerhalb einer bestimmten Frist bedungen, so muß das Schiff (Segler oder Dampfer) mit der Ware innerhalb dieser Frist den Hafen verlassen und die Reise angetreten haben.

Wiener Holz, § 17: Bei Verkäufen auf Verschiffung ist die Ware der Schiffahrtsunternehmung innerhalb der bezeichneten Frist zum Transport zu übergeben. Als Zeitpunkt der Übergabe gilt das Datum des Verschiffungsdokumentes.

Flensburger Spediteure: Die Worte Abladung und Verschiffung bedeuten das Verbringen der Ware durch den Absender an Bord des Schiffes im Abgangshafen.

p) Rollend. Schwimmend. Segelnd. Abgeladen. Bahnstehend. Ladend

Zur Festlegung der Erfüllungs- und Lieferungszeit dienen dann auch die beim Promptgeschäft bereits erwähnten obigen Klauseln. Der Verkäufer bestätigt durch sie, daß die Ware in der Verladung begriffen, schon verladen oder bereits unterwegs sei und der Käufer kann sich aus diesen Angaben, die damit wesentlicher Vertragsbestandteil geworden sind, die genaue Ankunftszeit der Ware errechnen. Der Verkäufer ist verpflichtet, ebenso wie bei den früheren Klauseln, dem Käufer alle über die Lieferung und die Ware nötigen näheren Angaben zu machen. Die Usanzen der Wiener landwirtschaftlichen Produktenbörse und des Wiener Holzes bringen dies noch besonders zum Ausdruck.

Dem sprachlichen Inhalte nach bedeuten „abgeladen und bahnstehend", daß die Ware dem Transportunternehmen bereits übergeben sein, „ladend", daß die Verladung im Gange sein, „schwimmend", daß die Ware bereits an Bord übernommen sein muß und „segelnd und rollend", daß die Ware den Absendeort bereits verlassen haben muß. Die Klausel schwimmend könnte vielleicht auch weitergehend ausgelegt und mit der Klausel segelnd gleichgesetzt werden. Ein großer Teil der Usanzen deckt sich auch vollkommen in der Auslegung der Klauseln mit dieser Auffassung, weshalb sie auch im Zweifel als die richtige angenommen werden kann. Doch wie fast bei allen Klauseln setzt sich ein Teil der Usanzen über die sprachliche Bedeutung hinweg und gibt den Ausdrücken einen abweichenden Inhalt. So kommt es, daß „rollend" bei einer großen Zahl von Usanzen die gleiche Bedeutung hat wie abgeladen oder daß schwimmend und segelnd gleichgesetzt werden.

Eine weitergehende Bedeutung für sonstige Vertragsteile kommt den Klauseln im allgemeinen nicht zu, lediglich die Wiener Kaffee-Usanzen bestimmen, daß im Zweifel abzuladende oder schwimmende Kaffees für Rechnung und Gefahr des Käufers reisen. Erfüllungsort und Kostenverteilung sind sonst durch anderweitige Vertragsbestandteile zu regeln.

In den Usanzen sind die Klauseln, wie folgt, berücksichtigt:

Rollend. Abgeladen

Innsbruck, § 19: Rollend verkaufte Ware muß zur Zeit des Abschlusses bereits der Eisenbahnunternehmung zum Transport übergeben sein.

Wien, § 19: Ebenso.

Budapest, § 13: Rollend oder unterwegs ..... Ebenso.

Breslau, § 10: Rollend, schwimmend verkaufte Ware muß zur Zeit des Verkaufes den Abladeort verlassen haben. Dies ist dem Käufer auf Verlangen nachzuweisen.

—, § 9: Abgeladen verkaufte Ware muß zur Zeit des Geschäftsabschlusses dem betreffenden Frachtführer zur Beförderung übergeben sein. Dies ist auf Verlangen dem Käufer nachzuweisen.

Chemnitz, § 23, s. Cottbus ohne „bahnstehend". Zusatz: Als abgeladen verkaufte Ware muß tatsächlich dem Transportmittel übergeben und vom Frachtführer übernommen sein.

Cottbus, § 13: Als rollend, schwimmend oder bahnstehend verkaufte Ware muß beim Kaufabschluß von dem angegebenen Lieferort bereits abgerollt, abgeschwommen bzw. im Waggon eingeladen sein.

Flensburg, § 14: Abgeladen, s. Rauhfutter.

Flensburger Getreide, § 16: Ebenso.

Graz, § 16, s. Wien, l. P., § 20, Satz 1.

Halle, § 16: Wird die Ware bei Geschäftsabschluß als rollend, schwimmend bezeichnet und stellt sich heraus, daß sie zur Zeit des Verkaufes der Eisenbahn bzw. dem Schiffe noch nicht übergeben war, so ist der Käufer berechtigt, den Vertrag für ungültig zu erklären und vom Geschäfte ohne weiteres zurückzutreten. Die Geltendmachung eines Schadenersatzanspruches bleibt hiedurch unberührt.

Linz, § 17, s. Graz.

Mittel- und Süddeutsche, § 22, s. Chemnitz: statt „abgeladen" „verladen".

Prag, § 16: Als rollend, schwimmend bezeichnete Ware muß zur Zeit des Verkaufes bereits der Eisenbahn bzw. Schiffahrtsunternehmung zum Transport in der Richtung des Erfüllungsortes übergeben sein.

Stettin, § 5: Abgeladen: Ebenso. Rollend: Ebenso.

Wien, l. P., § 20, s. Wien, § 19, 2. Ebenso für verladen und schwimmend. Dem Käufer ist auf Verlangen nach Ablauf einer angemessenen Frist das Transportmittel bekanntzugeben.

Rauhfutterhändler, § 3: Ware, welche abgeladen verkauft ist, muß zur Zeit des Verkaufes bereits verladen sein. Ware, welche schwimmend oder rollend verkauft ist, muß zur Zeit des Verkaufes den Abladeort verlassen haben.

Wiener Holz, § 17, s. Wien.

Berliner Ziegelsteine, § 9: Ware, welche rollend oder schwimmend verkauft ist, muß zur Zeit des Geschäftsabschlusses bereits dem Frachtführer zur Beförderung übergeben sein.

Bremer Baumwollbörse, § 79: Wenn Baumwolle als in Verladung begriffen oder verladen verkauft worden ist, so sollen, wenn im Kaufvertrag das Schiff genannt worden ist, die Märke, wenn aber das Schiff nicht genannt ist, Schiffsnamen und Märke binnen obiger Zeit nach dem Tage des Kaufvertrages schriftlich aufgegeben werden.

— —, § 82: Wenn im Kaufvertrag das Schiff genannt ist oder Baumwolle als in Verladung begriffen oder verladen verkauft worden ist, so soll darunter verstanden sein, daß das Schiff sich beim Abschluß des Kaufvertrages im Verladungshafen befand oder bereits vor diesem gesegelt war. Wenn sich später herausstellt, daß das Schiff am Tage des Verkaufes der Baumwolle noch nicht im Verladungshafen angekommen war, so ist der Käufer, sobald ihm diese Tatsache bekannt geworden ist, befugt, nach seiner Wahl entweder den Kaufvertrag gemäß §§ 46 und 47 ohne weiteres zu regulieren oder die Erfüllung durch Aufgabe von Baumwolle zu verlangen, die mit einem Schiffe verladen ist, das beim Abschluß des Kaufvertrages von dem Verladungshafen gesegelt war oder sich in diesem befand.

Schwimmend

Innsbruck, § 19: „Schwimmend" oder „an Bord" verkaufte Ware muß zur Zeit des Abschlusses auf dem Fahrzeug bereits eingeladen sein.

Wien, § 19: Ebenso.
Berlin, § 35: Ware, welche als schwimmend verkauft ist, muß zur Zeit des Verkaufes den Abladeort verlassen haben.
Budapest, § 13: Ebenso.
Breslau, s. Rollend.
Cottbus, s. Rollend.
Flensburg, § 14, s. Stettin.
Flensburger Getreide, § 16: Ebenso.
Graz, s. Rollend.
Linz, s. Rollend.
Stettin, § 5: Schwimmend: Die Ware muß zur Zeit des Verkaufes verladen und die Verladedokumente darüber ausgestellt sein.
Wien, l. P., § 20, s. Rollend.
Rauhfutterhändler, s. Rollend.
Bremer Baumwollbörse, § 79: Wenn die Ware als schwimmend verkauft ist, so muß das Schiff gesegelt sein.
— —, § 101, für Cif-Kontrakte: Ebenso.
— —, § 90: Verkäufe von landender Baumwolle sind als Verkäufe auf Ankunft anzusehen.
Ostindische und chinesische Baumwolle, § 79, 5, s. § 79: „Wenn ... aufgegeben werden."
Wiener Holz, § 17, s. Wien.
Hamburger Kolonialwaren, § 37: Bei Verkäufen von schwimmenden oder abzuladenden Waren ist der Verkäufer verpflichtet, dem Käufer den Namen des Schiffes, mit dem die Ware verladen ist oder werden soll, sowie das Datum des Konnossements und die Marke der Ware beim Geschäftsabschluß aufzugeben oder, falls ihm diese nicht bekannt sind, dieselben nachzuliefern, sobald sie zu seiner Kenntnis gelangen, wie überhaupt alle in bezug auf die Erfüllung des Vertrages eintreffenden Mitteilungen sofort dem Käufer schriftlich bekanntzugeben sind.
Hamburger Harz, § 36, s. Kolonialwaren, § 37, mit Zusatz: Unwesentliche Abweichungen im Namen des Schiffes und in den Marken und Nummern präjudizieren nicht.
Hamburger Gummi, § 4, s. Kolonialwaren.
— —, § 8: Bei Abschlüssen über schwimmende Ware oder auf Abladung übernimmt der Verkäufer die Verpflichtung, dasjenige Quantum voll auszuliefern, das er gegen den fraglichen Kontrakt selber erhält, doch soll der Käufer nicht gehalten sein, mehr als die kontraktliche Ware zu empfangen. Bei Teillieferungen aus schwimmenden oder abzuladenden Partien ist das Abladegewicht der ganzen Partie maßgebend und pro rata auf die kontrahierte Menge zu verteilen.

Bei Abschlüssen über schwimmende Partien ist das abgeladene Gewicht maßgebend.
Hamburger Drogen, § 36, s. Kolonialwaren.
Hamburger Kaffee, § 16: Verkäufe von schwimmenden oder abzuladenden Kaffees ist der Verkäufer verpflichtet, zum vollen Verkaufswert zu versichern sowie dem Käufer usw., s. Kolonialwaren.
Wiener Kaffee, s. auch unter „Muster".
— —, § 7, s. Kolonialwaren, § 37, ohne letzten Satz: wie überhaupt ....
— —, § 8: Abzuladende oder schwimmende Kaffees reisen, sofern nichts anderes vereinbart ist, stets für Rechnung und Gefahr des Käufers.

Segelnd

Innsbruck, § 19: Ist die verkaufte Ware als segelnd oder schwimmend nach bezeichnet worden, so muß das Fahrzeug bereits unterwegs sein.
Wien, § 19: Ebenso.
Wiener Holz, § 17: Ebenso.

Ladend

Wien, l. P., § 20: Die Bezeichnung ladend bedeutet, daß im Zeitpunkt des Geschäftsabschlusses mit der Einladung der Ware im Ladehafen begonnen worden sein muß.

Bahnstehend

Breslau, § 11: Ware, die als bahnstehend verkauft wird, muß im Ankunfts- oder Abgangswaggon dastehen.
Cottbus, s. Rollend.
Rauhfutter, § 2: Über „bahnstehend" verkaufte Ware hat der Käufer innerhalb 12 Werktagsstunden zu verfügen.
Ebenso Gemüse, Kartoffeln.

Gemeinsame Wiener Bestimmung

Wenn die Ware als rollend, schwimmend, segelnd, an Bord, schwimmend nach verkauft wird, ist der Käufer berechtigt, vom Verkäufer die Bekanntgabe der Nummer des Waggons oder die Bezeichnung des Fahrzeuges zu verlangen. Wenn der Verkäufer diesem Verlangen nicht binnen 8 Tagen nachkommt, kann der Käufer ihn als im Lieferverzug befindlich betrachten und gemäß §§ 50 ff. vorgehen.
Wiener Holz, § 17: Ebenso.

q) Auf Ankunft

Als Beispiel einer indirekten Angabe der Erfüllungszeit ist noch der Vertrag mit der Klausel „auf Ankunft" zu betrachten. Es werden hier Angaben über die Verladung gemacht, aber diese Angaben beziehen sich nicht auf den Erfüllungsort. Erfüllungsort ist der Ankunftshafen und an diesem findet die maßgebliche Übergabshandlung statt. Der Käufer kann sich lediglich aus den Angaben, die ihm wie in den früheren Klauseln der Verkäufer machen muß, die ungefähre Ankunftszeit der Ware errechnen. Da Erfüllungsort der Ankunftshafen ist, trifft die Transportgefahr und natürlich auch die Gesamtheit der Kosten des Transportes den Verkäufer. Hingegen hat der Käufer die Ware abzunehmen, wenn sie ankommt und so, wie sie ankommt. Allerdings ist, wenn die Ware beschädigt ankommt, der Verkäufer dem Käufer zum Ersatz des Schadens verpflichtet, ein Refüsierungsrecht steht dem Käufer aber nicht zu und selbstverständlich auch kein Recht auf Nachlieferung für den Fall des Verlustes der Ware. Denn er hat ja nur gekauft für den Fall, daß die Ware ankommt. Gerade das Fehlen des Rechtes auf Nachlieferung scheidet den Vertrag „auf Ankunft" von dem gewöhnlichen Lokogeschäft. Die Verträge selber schränken jedoch die Haftungen je nach der wirtschaftlichen Stärke des einen oder anderen Partners in mehr oder weniger starkem Maß ein.

Die Usanzen äußern sich zu den Einzelfragen nicht, weshalb an dieser Stelle nicht weiter auf den Inhalt des Arrival-Kontraktes eingegangen werden kann[1]).

In den 3 Usanzen, in denen ich die Klausel fand, ist lediglich festgelegt, daß bei Verkäufen „auf Ankunft" die Zeit der Ankunft der Ware am Bestimmungsort als Liefertermin vereinbart ist.

Es heißt in den Usanzen:

Innsbruck, § 19: Unter Verkäufen „auf Ankunft" sind solche verstanden, bei denen die Zeit der Ankunft der Ware am Erfüllungsort als Lieferungstermin vereinbart wurde.

Wien, § 19: Bei Verkäufen auf Ankunft gilt die Zeit der Ankunft der Ware am Bestimmungsort als Liefertermin vereinbart.

Wiener Holz, § 17, s. Wien, § 19.

Bremer Baumwollbörse, § 78: Verkäufe auf Ankunft sind solche, bei denen die Zeit oder Art der Abladung bzw. die geschehene Abladung oder die stattfindende Entlöschung der Baumwolle vereinbart worden ist und die Ablieferung nach Ankunft stattzufinden hat.

In den Wiener Woll-Usanzen findet sich dann noch die Klausel „nach der Schur" und wird dort folgendermaßen ausgelegt:

Ist ein Geschäftsabschluß auf Lieferung „nach der Schur" erfolgt, so haben die Lieferung und die Übernahme längstens binnen 14 Tagen nach Empfang der Anzeige, daß die Wolle fertig sei, zu erfolgen.

r) Anschließende Lieferung

Die Klausel „anschließende Lieferung" will besagen, daß in der Fortführung der Geschäftsbeziehungen keine Unterbrechung eintreten soll. Daher hat der Verkäufer, wenn früher in Raten sukzessiv geliefert wurde, auch weiterhin in der gleichen Art zu liefern, und der Käufer hat in der gewohnten Art zu empfangen.

Die Klausel findet sich in den Wiener Papier- und Baumwollusanzen mit folgender Auslegung:

Wiener Baumwollgarne, § 10: Lautet ein Abschluß auf anschließende Lieferung an einen früheren Abschluß, so ist er in annähernd gleichen Raten wie der unmittelbar vorangegangene zu liefern bzw. zu übernehmen.

Wiener Baumwollstreichgarne, § 10: Ebenso.

Wiener Papiergarne, § 8: Ebenso.

VII. Klauseln für die Zahlungsbedingungen

a) Rabatt. Skonto. Diskont

Über die in den Usanzen zwar nicht erläuterten Begriffe Rabatt, Skonto und Diskont scheint mir an dieser Stelle eine kurze Betrachtung

[1]) Vgl. dazu Hellauer: a. a. O., § 113/114.

erforderlich, da vielfach Irrtümer und Ungenauigkeiten in ihrer Auslegung (so auch bei Zander) vorkommen.

Der Rabatt ist ein Preisnachlaß. Gewährt wird er entweder im nachhinein als Konsum- und als Treurabatt oder in seinen sonstigen Formen (Grossisten-, Akzept- usw. -Rabatt) im vorhinein[1]). Mit dem vereinbarten Zahlungsziel oder der Fälligkeit des Preises hat er nicht das geringste zu tun.

Der Skonto ist eine Vergütung für Früherzahlung. Er ist nicht gleich dem Diskont, sondern er schließt diesen ein. Der Skonto wird gewährt, wenn dem Käufer die Möglichkeit der Inanspruchnahme eines Kredites gegeben ist bzw. der Preis überhaupt nur als Zielpreis erstellt ist, er aber entweder sofort bei Übergabe der Ware oder innerhalb einer bestimmten Kassafrist Zahlung leistet. Der Skonto muß daher umfassen:

1. Die Zinsen für die Zeit der Früherzahlung (Diskont);

2. die Risikoprämien für alle mit der Kreditierung verbundenen Risiken (Dubiosen-, Valuta-, Geldwert-, Preis- usw. -Risiko);

3. eine Entschädigung für den durch das Fehlen des Kapitals in der Unternehmung entgangenen Gewinn.

Das sind Faktoren, die man im Verhältnis zur Zeit teils als fix, teils als proportional bezeichnen kann. Daher ist es klar, daß der Skonto bei Überschreitung der Kassafrist nicht entsprechend der Zeit der dann doch noch erfolgenden Früherzahlung herabgesetzt werden darf, daß der Verkäufer vielmehr höchstens sich zu einer Vergütung in Höhe des Diskonts, der lediglich von der Zeit allein abhängig ist, für die noch ausstehende Zeit verstehen kann. Eine Verpflichtung dazu trifft den Verkäufer aber nicht.

Das Wesen des Diskonts dürfte damit bereits geklärt sein. Er ist lediglich Zinsenvergütung, die bei Zahlung innerhalb der Kassafristen für die noch ausstehende Zeit eben dieser Kassafrist (nicht etwa für die Kreditdauer) oder bei einer sonstigen Früherzahlung dem Käufer gewährt wird.

b) Netto Kasse gegen Faktura (s. dazu „Netto Kasse“)

Die Klausel „netto Kasse gegen (oder nach Empfang der) Faktura“ verpflichtet den Käufer zur Vorleistung. Nach Erhalt der Faktura hat er Zahlung, ohne zum Abzug eines Skontos berechtigt zu sein (siehe dazu: Netto Kasse — Kasse), zu leisten, und der Verkäufer ist nach herrschender Ansicht zur Absendung bzw. zur Aushändigung der Ware nicht vor Eingang des Fakturenbetrages verpflichtet. Diese Auffassung vertreten die Mainzer und Stettiner Weinusanzen sowie Gutachten der

[1]) Vgl. dazu Hellauer: a. a. O., § 101.

Handelskammern Berlin (April 1922) — ein gegenteiliges Gutachten vom November 1920 dürfte damit überholt sein —, Frankfurt (Dezember 1920); ein Gutachten der Handelskammer Dresden (Mai 1921) äußert sich dahin, daß der Käufer sofort nach Eingang der Faktura Zahlung zu leisten habe, der Verkäufer aber Faktura und Ware gleichzeitig auf den Weg bringen müsse. Älteren-Gutachten der Handelskammer Berlin (1910) dürfte damit eine weitergehende Bedeutung nicht zukommen. Die Mehrzahl der übrigen Gutachten steht auf dem Standpunkt, daß die Absendung der Ware erst bei Eingang des Fakturenbetrages zu erfolgen habe.

Wenn auch ein einheitliches Urteil über diese Frage auf Grund all dessen sich nicht fällen läßt, so kann doch kein Zweifel darüber bestehen, daß der Verkäufer die Ware mindestens bereits versandbereit auf Lager haben muß. Denn durch das Ausstellen der Faktura drückt der Verkäufer seine Versandbereitschaft aus. Ein Gutachten der Handelskammer Sagon (Mai 1921) sagt:

Die Bereitschaft zum Versand bildet die Voraussetzung zur Zahlungspflicht des Käufers.

Ebenso äußert sich ein Gutachten der Handelskammer Magdeburg vom März 1927.

Ob die Ware bereits versandt sein muß, wird je nach den in den einzelnen Branchen geltenden Handelsgebräuchen entschieden werden müssen. Die Usanzen geben über diese Einzelfragen keinen Aufschluß. Es heißt dort:

Flensburg, § 43: Bei Geschäften die „netto Kasse gegen Faktura", „Kasse gegen Faktura" geschlossen sind, hat weder der Käufer noch der Verkäufer eine Vorleistungspflicht. Die Abwicklung der Geschäfte erfolgt Zug um Zug.

Mainzer Wein, § 31: Bei einem Verkauf „netto Kasse gegen Faktura" ist der Käufer verpflichtet, die Ware vor der Absendung bei Vorzeigung der Rechnung zu bezahlen, der Verkäufer dagegen berechtigt, den Versand bis nach Eingang des Kaufpreises hinauszuschieben.

Stettiner Wein, § 30: Ebenso.

Mainzer Wein, § 31: Kassageschäfte sind solche, bei denen Zahlung sofort nach Empfang der Rechnung ohne Abzug zu erfolgen hat.

c) Netto Kasse — Kasse

Allgemein besagen beide Klauseln, daß bei Ablieferung der Ware Zug um Zug Zahlung zu leisten ist. Sie unterscheiden sich zunächst nach der allgemeinen Ansicht der Gutachten dadurch, daß bei dem Verkauf „netto Kasse" ein Recht auf Abzug eines eventuellen Skontos dem Käufer nicht zusteht, während ihm beim Kauf „gegen Kasse" dieses Recht gegeben ist. Das sprechen auch die Flensburger Usanzen ausdrücklich aus.

Ob aber bei den Klauseln auch ein Unterschied hinsichtlich der Zahlungszeit besteht, wie dies bei der verschiedenen Auslegung der Klauseln bezügl ch des Skontos anzunehmen wäre, läßt sich nicht einheitlich beurteilen. In den Breslauer Gutachten ist die Auffassung vertreten, daß die Klausel „netto Kasse" den Käufer zur sofortigen Zahlung Zug um Zug verpflichte, ohne Gewährung einer Kassafrist (Gutachten von 1902 und 1909); ebenso äußert sich ein Frankfurter Gutachten vom Februar 1920, während Gutachten der Handelskammern Berlin (November 1919) und Magdeburg (Juli 1927) auch bei der Klausel „netto Kasse" dem Käufer eine Kassafrist nach dem in der betreffenden Branche üblichen Zahlungsziel zugestehen.

Ist lediglich „gegen Kasse" verkauft, so ist nach der allgemein herrschenden Auffassung Zahlung innerhalb der bedungenen oder branchenüblichen Kassafrist zu leisten.

Die für die Klausel „netto Kasse" geltende Bedeutung kommt auch der Vereinbarung „Zahlung gegen Übergabe der Ware" gleich; in beiden Fällen handelt es sich um ein Zug-um-Zug-Geschäft.

Da eine Vorleistungspflicht des Käufers nicht besteht, ist der Verkäufer auch nicht berechtigt, den Rechnungsbetrag durch Nachnahme zu erheben. Denn der Käufer hat das Recht, beim Zug-um-Zug-Geschäft zunächst die Ware zu besichtigen, bei einer Nachnahme ist ihm diese Möglichkeit genommen. Der Käufer kann also in solchen Fällen eine Nachnahmesendung zurückweisen. Das bestätigt auch ein Gutachten der Handelskammer Oppeln (Juli 1909).

Bezahlt der Käufer bei Verträgen mit diesen Klauseln statt in Bargeld in Schecks oder Überweisungen, so müssen diese spätestens an dem für die Kassazahlung bedungenen Termin fällig sein (Wiener Baumwollusanzen).

In den Usanzen findet sich folgende Darstellung:

Cottbus, § 35: Bei vereinbarter Zahlung „gegen netto Kasse" hat die Zahlung Zug um Zug (gegen Übergabe der Ware) zu erfolgen; auch wenn vorhergehende Sendungen an den Käufer ohne Zahlung ausgeliefert wurden, bleibt dem Verkäufer das Recht gewahrt, Zahlung bei Übergabe zu verlangen.

Flensburg, § 43: Netto Kasse heißt: Bezahlung ohne Skontoabzug, Kasse heißt: Bezahlung mit oder ohne Skontoabzug, je nach Vereinbarung. Ist keine Vereinbarung getroffen, dann darf kein Skonto abgezogen werden.

Halle, § 24: Der Käufer gegen Kasse verkaufter Ware kommt ohne Mahnung in Verzug, wenn ihm die Ware übersandt worden ist und er nach Empfang oder nach Ablauf eines vereinbarten Zahlungszieles die Kasse nicht eingesandt hat.

Kiel, § 11: Ist Barzahlung vereinbart, so hat der Käufer dem Verkäufer den Rechnungsbetrag in bar einzuhändigen.

Wiener Börse, § 42: Wenn Zahlung bei Übergabe vereinbart ist, hat die Zahlung bei Übergabe gegen Überreichung der Faktura, und zwar im Zweifel in barem zu erfolgen. Der Verkäufer kann bei Teilübergabe die

Bezahlung des auf den übergebenen Teil entfallenden Kaufpreises verlangen.

Wiener Holz, § 38, s. Wiener Börse, § 42.

Wiener Baumwollstreichgarne, § 14: Unter Kassazahlung ist zu verstehen: Zahlung in Bargeld, Giroüberweisung, Schecks auf Bankplätze, Postsparkassen oder sonstige Anweisungen. Schecks und Anweisungen müssen jedoch spätestens an dem für Kassazahlung bedungenen Termin fällig sein.

Wiener Baumwollgarne, § 13: Ebenso.

Berliner Seife, § 7: Ist Kassazahlung vereinbart, so hat die Zahlung ohne Abzug sofort nach Empfang der Ware zu erfolgen.

Berliner Drogen, § 14: Ist Kassazahlung vereinbart, so kann Barzahlung bei Ablieferung der Ware gefordert werden, bei monatlicher Abrechnung sofort nach Zustellung des Monatsauszuges.

Berliner Häute, Felle, § 3: In Fällen, in denen der Käufer das Recht hat, entweder gegen Kasse unter Abzug eines Kassaskontos oder unter Inanspruchnahme eines Zieles zu kaufen, beginnt die Lauffrist des Zieles mit dem Tage der Faktura.

Mainzer Wein, § 30: Bei der Bedingung „Zahlung nach Erhalt der Ware" hat die Zahlung unmittelbar nach der sofort vorzunehmenden Prüfung und Richtigbefund zu erfolgen.

In den Usanzen der Bremer Baumwollbörse findet sich unter den Bestimmungen des Cif-Geschäftes die Klausel: Kasse bei Ankunft mit folgender Bestimmung:

§ 107: Der Kaufvertrag, in dem die Klausel „Kasse bei Ankunft" vereinbart ist, gilt als aufgehoben, wenn die verkaufte Partie und das Schiff, das die Partie an Bord hatte, infolge höherer Gewalt den Bestimmungshafen nicht erreicht, vorausgesetzt, daß der Verkäufer bereits vor dem Verlustfall die Faktura oder eine sonstige schriftliche Aufgabe über Märke und Schiffsname bzw. die Details der Durchkonnossemente an den Käufer abgesandt hat. Der Verkäufer hat jedoch in diesem Falle den gemäß § 113 versicherten imaginären Gewinn für Rechnung des Käufers einzuziehen.

d) Prompte Zahlung

Die Klausel „prompte Zahlung" ist ebenfalls als Kassakondition anzusehen und bedeutet, daß der Käufer nach Erhalt der Ware in einer bestimmten, kurz bemessenen Frist (Promptfrist) Zahlung zu leisten hat.

Kodifiziert findet sich die Klausel lediglich in den Wiener Usanzen und hat dort folgenden Inhalt:

Wien, § 42: Wenn prompte Zahlung vereinbart ist, hat sie binnen 24 Stunden zu erfolgen.

Wiener Holz, § 38: Ebenso.

e) Zahlung durch Akkreditiv

Ist „Zahlung durch Akkreditiv" vereinbart, so ist der Käufer verpflichtet, dem Verkäufer ein Akkreditiv bei einer vereinbarten bzw. einer als vertrauenswürdig anerkannten Bank derart zu erstellen, daß der Verkäufer bei Vorlage der im Vertrage vereinbarten Dokumente Zahlung erlangen kann.

Der Verkäufer will sich hiedurch vor allem vor dem Risiko der Annahmeverweigerung der Ware durch den Käufer sichern. Daher ist das Akkreditiv derart zu erstellen, daß eine nachträgliche Änderung nicht mehr möglich ist, das heißt der Käufer hat das Akkreditiv unwiderruflich zu erstellen, eine andere Erstellung gibt dem Verkäufer keine unbedingte Sicherheit. Einen anderen Standpunkt vertritt ein Gutachten der Handelskammer Berlin (Dezember 1921), das der Ansicht ist, daß die Stellung eines unwiderruflichen Akkreditivs einer besonderen Vereinbarung bedürfe, daß nur aus dem Parteiwillen zu entnehmen sei, ob ein widerrufliches oder ein unwiderrufliches Akkreditiv zu erstellen sei. Unbedingt steht der Parteiwille an erster Stelle, aber wo er nicht zu ermitteln ist, nicht einheitlich festgestellt werden kann oder sich keine gegenteilige Übung herausgebildet hat, muß wohl nach dem allgemeinen Sinne der Klausel, wie oben dargestellt, die Erstellung eines unwiderruflichen Akkreditivs als vereinbart gelten. Das bestätigen auch die Usanzen, in denen die Klausel „Zahlung durch Akkreditiv" enthalten ist.

Daß der Käufer verpflichtet ist, den Verkäufer selbst oder durch die Zahlstelle von der Erstellung des Akkreditivs derart gleichzeitig zu verständigen, daß die Vorlage der Dokumente dortselbst fristgemäß erfolgen kann, bedarf keiner weiteren Erörterung[1]).

Die Kosten des Akkreditivs gehen zu Lasten des Käufers. Das sagen einstimmig die Usanzen, geht aber auch ohne weiteres aus den Vorschriften des Gesetzes hervor, nach denen die Kosten der Zahlung den Käufer treffen. Die Akkreditiverstellung ist, wenn auch nicht selbst Zahlung, so doch ein Mittel zur Erwirkung der Zahlung und die damit verbundenen Kosten sind Kosten der Zahlung, treffen also den Käufer.

Erstellt der Käufer ohne Verschulden des Verkäufers das Akkreditiv nicht oder nicht vereinbarungsgemäß, so stehen dem Verkäufer die gleichen Rechte wie bei einem Zahlungsverzuge zu. Das gilt auch, wenn das Akkreditiv zwar erstellt wurde, aber die Honorierung durch die Zahlstelle unterbleibt. Im einzelnen kann auf die Usanzen selbst verwiesen werden.

Wien, § 42: Wurde Zahlung durch Akkreditiv vereinbart, so ist das Akkreditiv, sofern nichts anderes vereinbart ist, in vertragsmäßiger Art binnen 8 Tagen unwiderruflich für die Dauer des Liefertermins zu erstellen. Wird das Akkreditiv nicht rechtzeitig oder vertragswidrig erstellt, kann der Verkäufer den Käufer als zahlungssäumig betrachten und gegen ihn gemäß § 50ff. vorgehen. Die Kosten des Akkreditivs hat der Käufer zu tragen.

Wien, l. P., § 49: Ein Akkreditiv muß ausdrücklich vereinbart werden und ist zeitgerecht sowie derart zu erstellen, daß die Honorierung der Aufgabsdokumente bei deren Vorweisung anstandslos erfolgen kann.

---

[1]) Vgl. dazu Oberparleiter: Das dokumentäre Akkreditiv, S. 8ff.

Beim Abgang einer anderen Vereinbarung ist die Aufforderung des Verkäufers zur Erteilung eines Akkreditivs einer Kündigung gleichzuhalten. Unterläßt der Verkäufer diese Aufforderung oder gibt er hiebei nicht die Zahlstelle bekannt, so kann er lediglich die Bezahlung der rechtzeitig gelieferten Ware am Wohnort des Käufers gegen Aufgabsdokumente verlangen. Der Käufer hat für die rechtzeitige Verständigung des Verkäufers von der Akkreditierung durch die Zahlstelle zu sorgen.

Die Kosten des Akkreditivs hat der Käufer zu tragen.

Die unterbliebene oder vertragswidrige Erstellung des Akkreditivs sowie die trotzdem unterbliebene Honorierung geben dem Verkäufer die gleichen Rechte wie bei einem Vertragsbruch.

Wiener Holz, § 39, s. Wien, § 42.

f) Zahlung (Kasse) gegen Dokumente

Bei den mit dieser Klausel abgeschlossenen Verträgen trifft den Käufer die Verpflichtung, bei Vorlegung der Dokumente Zahlung zu leisten. Es besteht also hier eine Vorleistungspflicht des Käufers, sofern man die Übergabe der Dokumente als Ersatzübergabe und nicht als symbolische Übergabe betrachtet. Die Übergabe der Dokumente ersetzt die der Ware; natürlich bilden immer noch Gegenstand des Vertrages die Ware und nicht die Verladungsdokumente, weshalb dem Käufer selbst bei ordnungsmäßigen Dokumenten, aber nicht vertragsmäßiger Ware alle aus einer vertragswidrigen Leistung des Verkäufers zustehenden Rechte erhalten bleiben. Das erwähnen die Breslauer Usanzen ausdrücklich mit den Worten: „Dem Käufer bleibt in jedem Falle das Recht der ganzen oder teilweisen Rückforderung des Kaufpreises vorbehalten."

Der Käufer hat lediglich bei Vorlage der Dokumente Zahlung zu leisten. Einen anderen Standpunkt nehmen die Londoner Metallusanzen ein, nach denen die Zahlung erst bei Ankunft des Dampfers bzw. bei Lieferungsbereitschaft zu leisten ist. In den deutschen Usanzen ist diese Auffassung nirgends vertreten. Es wird im Gegenteil ausdrücklich darauf hingewiesen, daß der Käufer nicht das Recht habe, die Zahlung bis nach Besichtigung der Ware hinauszuschieben[1]).

Es soll durch den Abschluß mit dieser Klausel zweierlei erreicht werden; einmal soll dem Verkäufer schon vor Eintreffen der Ware der Gegenwert zugehen, es soll also die Zeit der Bindung seines eigenen Kapitals abgekürzt werden, es soll aber ferner dem Käufer die Möglichkeit gegeben werden, mit Hilfe der Dokumente die Ware noch vor ihrem Eintreffen weiterzuveräußern und so ebenfalls überflüssige Kapitalbindungen und Lagerkosten zu vermeiden.

Zahlung bei Vorlage der Dokumente will besagen, daß kurze Zeit nach der Vorlage die Zahlung zu leisten ist. Es soll dem Käufer die Gelegenheit zur Beschaffung der Mittel gegeben werden, weshalb die

[1]) Hamburger Usanzen für Harz usw.; Zander, S. 30.

Usanzen dem Käufer zumeist eine Zahlungsfrist von zirka 24 Stunden zubilligen. Zahlt er nach Ablauf dieser Frist nicht, so stehen dem Verkäufer die bei einem Zahlungsverzug üblichen Rechte zu; vielfach behält er sich auch das Eigentum an der Ware bis zur Zahlung vor. Die Cottbuser Usanzen legen der Klausel „Kasse gegen Dokumente" allgemein diese Bedeutung eines Eigentumsvorbehaltes bis zur Bezahlung bei. Die übrigen Usanzen stehen zum größten Teil auf einem anderen Standpunkt. Es wird diese Frage bei der Klausel „Kasse gegen Duplikat" noch erörtert werden.

Den Verkäufer anderseits trifft die Verpflichtung zur Vorlage ordnungsgemäßer Dokumente, und nur gegen solche braucht der Käufer Zahlung zu leisten. Unter den Dokumenten wird im Seeverkehr Konnossement, eventuell Versicherungspapiere und zumeist eine Faktura verstanden, im Binnenverkehr Ladeschein oder Frachtbriefduplikat bzw. Aufnahmeschein und zumeist Faktura.

Diese Dokumente (außer der Faktura) müssen von einer öffentlichen Transportanstalt (s. Wiener Usanzen) oder einer als vertrauenswürdig anerkannten Bahn- oder Schiffahrtsunternehmung (s. Budapester Usanzen) ausgestellt sein, widrigenfalls sie nicht als ordnungsgemäß anzusehen sind. Die Dokumente gelten auch dann nicht als ordnungsgemäß, wenn sie auf eine andere als die vertragsmäßige Ware lauten.

Der Käufer braucht ferner auch dann keine Zahlung leisten, wenn ihm bis zum Ablauf der Nachfrist ein Gutachten der Sachverständigen bekannt wird, nach dem er nicht verpflichtet ist, die Ware zu übernehmen. Schließlich kann er sich durch den Beweis der Mangelhaftigkeit der Ware von der Pflicht zur Zahlung befreien[1]).

Der Verkäufer hat die Dokumente dem Käufer an dessen Wohnsitz oder nach ausdrücklicher Vereinbarung bei einem im Vertrage oder nachträglich ausdrücklich benannten Treuhänder zur Einlösung vorzulegen[2]).

Die Usanzen äußern sich folgendermaßen:

Breslau, § 31: Ist „Kassa gegen Duplikat" oder „Kassa gegen Dokumente" vereinbart, so gilt folgendes:

1. Der Käufer hat die Duplikate (Dokumente) unverzüglich, spätestens aber innerhalb 24 Stunden nach der Vorlegung aufzunehmen.

2. Kommt der Käufer mit der Aufnahme der Dokumente in Verzug, so beträgt die zu stellende Nachfrist 24 Stunden.

3. Der Käufer darf die Aufnahme verweigern, wenn

a) ausweislich der Dokumente eine andere als die verkaufte Ware geliefert ist,

---

[1]) Staub: Kommentar, Anm. 127, zu § 377.

[2]) Gutachten der Handelskammer Berlin, Dezember 1919, der Magdeburger Handelskammer, Februar 1924.

b) ihm bis zum Ablauf der Nachfrist das Ergebnis einer ordnungsmäßigen Begutachtung durch die Sachverständigen der Vereinigung bekannt wird, dem zufolge er zur Übernahme der Ware nicht verpflichtet ist,

c) die Einlösung nichtdeutscher Dokumente in Frage steht, deren Aufnahme dem Käufer zur Zeit der Vorlegung noch nicht zugemutet werden kann.

4. Zu einer Aufrechnung und zu Abzügen ist der Käufer nicht berechtigt.

5. Dagegen bleibt ihm in jedem Falle das Recht der ganzen oder teilweisen Rückforderung des Kaufpreises vorbehalten.

6. Die Rechte aus § 326 B.G.B. stehen dem Verkäufer nur hinsichtlich des Postens zu, mit dessen Bezahlung der Käufer nach Vorlegung der Dokumente im Verzug ist. Im übrigen verbleibt es bei der Vorschrift des § 29 mit der Maßgabe, daß der Verkäufer die dort vorgesehene Akkreditivstellung bzw. anderweitige Sicherheit schon nach Ablauf der Nachfrist verlangen kann.

Breslau, § 31 a): Maßgaben für die eventuelle Rückforderung des Kaufpreises.

—, § 31 b): Der Verkäufer ist berechtigt, die Ware mit seiner Unterschrift und an seine Adresse nach der aufgegebenen Bestimmungsstation zu verladen. In diesem Fall ist dem Duplikatfrachtbrief ein Freigabeschein für die Güterabfertigung beizufügen. Doch haftet der Verkäufer dem Käufer für alle Unkosten, die sich aus der gewählten Art der Frachtbriefausstellung ergeben.

Cottbus, § 35: Kasse gegen Frachtbriefduplikat oder gegen Dokumente bedeutet Vorleistung. Frachtbriefduplikat bzw. Dokumente müssen bei Andienung sofort bezahlt werden. Bis zur Bezahlung bleibt die Ware Eigentum des Verkäufers. Qualitätsdifferenzen bleiben jedenfalls der Arbitrage vorbehalten.

Danzig, § 20 (Zahlung gegen Dokumente): Falls die Zahlung gegen Duplikatfrachtbrief, Ladeschein, Lagerschein, Überweisungsschein usw. vereinbart wurde, ist der Käufer verpflichtet, bei erster Vorzeigung des Dokumentes den Kaufpreis in bar zu zahlen.

Lagerscheine müssen vom tatsächlichen Lagerhalter lastenfrei, mindestens aber 10 Tage lagerfrei und auf Käufers Namen ausgestellt sein.

Konnossemente müssen giriert sein, oder der Verkäufer muß eine entsprechende, das Giro ersetzende Erklärung abgeben.

Dem Käufer müssen sämtliche über die verkaufte Ware ausgestellten Ladescheine (mit Ausnahme der beim Frachtführer befindlichen) ausgeliefert werden.

Die Versicherungsurkunde muß den Rechnungsbetrag ohne Abzug der Fracht um 3% übersteigen und von einer als erstklassig bekannten Gesellschaft ausgestellt sein.

Halle, § 4, s. Magdeburg.

Kiel, § 17: Ist Kasse gegen Duplikatfrachtbrief oder Kasse gegen Dokumente vereinbart, so ist der Rechnungsbetrag innerhalb 24 Stunden nach Vorzeigung der Dokumente oder des Duplikates zu zahlen. Falls Duplikatfrachtbrief oder Dokumente fehlen, ist der Rechnungsbetrag innerhalb 24 Stunden nach Ankunft der Ware zu zahlen.

Magdeburg, § 6: Ist Erfüllung (Zahlung) gegen Übergabe des Ladescheines (Konnossements) vereinbart, so hat der Verkäufer dem Käufer einen ordnungsmäßigen Ladeschein nebst Versicherungspolizze, deren Versicherungswert den Fakturenwert einschließlich Fracht um 5% übersteigen muß und mindestens 3 aus der Ladung entnommene und vom Schiffer durch Versiegelung anerkannte Proben zu übergeben.

Mittel- und Süddeutsche, § 11: Falls Barzahlung gegen Duplikatfrachtbrief, Konnossement, Lagerschein, Überweisungsschein usw. vereinbart wurde, ist der Käufer verpflichtet, bei Vorzeigung den Kaufpreis in bar zu bezahlen.

Rheinisch-Westfälische, § 46: Bei Cif-Geschäften ist Zahlung oder Akzept stets Zug um Zug gegen Übergabe der ordnungsmäßigen Verladungs- und Versicherungspapiere zu leisten (bei C- und f-Geschäften gegen die Verladungspapiere). Werden solche Papiere bis 6 Uhr nachmittags vorgelegt, so müssen sie bis zum nächsten Mittag 12 Uhr bei dem Vorzeigenden aufgenommen sein.

Stettin, § 16: Ist „Kasse gegen Dokumente" vereinbart, so sind die Dokumente dem Käufer an einem Geschäftstage bis 12 Uhr mittags vorzulegen und bis 12 Uhr mittags des nächsten Geschäftstages zu begleichen.

Stettiner Heringe, § 22: Ist Zahlung gegen Dokumente vereinbart, so hat der Verkäufer ordnungsmäßige Konnossemente oder Ladeschein oder Duplikatfrachtbrief, in ersteren beiden Fällen auch Versicherungspolizze beizubringen.

Königsberger Heringe, § 13: Ebenso.

Hamburger Harz, § 38: Ist Zahlung gegen Dokumente vereinbart, so darf der Käufer sich dieser nicht bedienen, und zwar auch nicht zur Besichtigung der Ware bevor Zahlung geleistet ist, es sei denn, daß dies ausdrücklich vereinbart ist.

Hamburger Drogen, § 38: Ebenso.

Londoner Rohzink, § 6: Kasse gegen Vorlage der Dokumente: Ab Schiff geliefertes Zink ist erst zahlbar, wenn der Dampfer zollamtlich abgefertigt ist und angelegt hat. Bei Dampfern, bei denen außergewöhnlicher Verzug der Lieferung wahrscheinlich ist, ist Zahlung gegen Dokumente zu leisten, sobald das Zink zur Lieferung bereit ist; doch muß in solchen Fällen der Käufer rechtzeitig vom Verkäufer die Dokumente abfordern, um in der Lage zu sein, ex Dampfer abzunehmen.

— —, § 7: „Dokumente" bedeutet Konnossement oder Lieferschein, die der Genehmigung des Käufers und im Streitfalle schiedsrichterlicher Entscheidung unterliegen, sowie Warrants eines öffentlichen Lagerhauses, dessen Namen in der amtlichen Liste des Börsenausschusses verzeichnet ist.

Londoner Blei, § 6: Ebenso, mit Zusatz: In allen Fällen müssen die Dokumente durch den Verkäufer dem Käufer bzw. dem Empfänger vorgelegt werden.

— —, § 7: Wie Rohzink, § 7.

g) Zahlung (Kasse) gegen Frachtbriefduplikat (Aufgabeschein, Rezepisse)

Für diese Klauseln gelten die gleichen Erwägungen wie bei der Klausel „Kasse gegen Dokumente". Auch hier besteht die Vorleistungspflicht des Käufers und die Verpflichtung des Käufers zur rechtzeitigen Vorlage ordnungsgemäßer Dokumente. In den Usanzen sind die näheren Bestimmungen über die Einzelheiten getroffen. Von Interesse ist noch ein Gutachten der Magdeburger Handelskammer vom November 1925, das für die Ordnungsmäßigkeit des Duplikates verlangt, daß dieses im Falle des Abschlusses mit der Klausel „bahnamtliches Gewicht der Abgangsstation" auch den Wägestempel tragen müsse. Fehlt dieser, so ist der Käufer nicht zur Zahlung verpflichtet.

Streitig ist, ob durch die Klausel „Kasse gegen Duplikat" ein Eigentumsvorbehalt des Verkäufers ausgedrückt wird. Zander schließt sich einem Breslauer Gutachten vom 30. März 1895 an, das feststellt, daß „nach dem in Westpreußen geltenden Handelsgebrauch darunter auch zu verstehen sei, daß der Verkäufer sich das Eigentum der abgesandten Waren bis zum Eingang der Kasse vorbehält". Die gleiche Auffassung vertreten auch die bereits erwähnten Cottbuser Usanzen. Der gegenteiligen Ansicht sind zwei Gutachten der Handelskammer Magdeburg. Das Gutachten vom 29. September 1924 stellt fest, daß im Kartoffelhandel die Klausel keinen ausdrücklichen Eigentumsvorbehalt enthält, daß aber die Ansichten in den Kreisen des Kartoffelhandels darüber auseinandergingen, weshalb zumeist gesondert ein den Eigentumsvorbehalt ausdrückender Zusatz im Vertrage enthalten ist. Für den Getreidehandel stellt sich das Gutachten vom 8. Dezember 1924 auf den Standpunkt, daß die Klausel den Eigentumsvorbehalt nicht einschließt und daß daher der Käufer berechtigt ist, falls die Ware vor dem Duplikat einlangt, über die Ware zu verfügen. Die gleiche Auffassung ist einem Gutachten der Berliner Handelskammer (9374/1916) zu entnehmen. Dieser letzteren Auffassung wird man sich auch im Zweifel anschließen müssen. Denn es scheint zu weitgehend, Abmachungen über die Zahlungsbedingungen auch gleichzeitig dingliche Wirkung zuschreiben zu wollen. Der Verkäufer kann sich ja auf andere Weise durch Präzisierung des Eigentumsvorbehaltes sichern. Auf die Frage, ob ein Eigentumsvorbehalt an Waren, die zum Zwecke des Weiterverkaufes vom Käufer erworben wurden, möglich ist, soll an dieser Stelle nicht eingegangen werden.

Die Stettiner und Breslauer Usanzen geben dem Verkäufer zur Sicherung noch das Recht, die Ware an seine eigene Adresse zu senden. Will der Verkäufer aber gegen ein derartiges Duplikat Zahlung erlangen, so muß er mit dem Duplikat gleichzeitig ein an die Transportunternehmung gerichtetes Überweisungsschreiben des Verkäufers vorgelegt und übergeben werden. Etwa dadurch entstehende Mehrkosten treffen den Verkäufer.

Nach den Wiener und Linzer Usanzen kommt der Klausel „Kasse gegen Duplikat" auch noch eine weitergehende Bedeutung für die Haftung des Verkäufers zu. Der Verkäufer haftet nämlich bei Sendungen innerhalb der Republik Österreich für die Qualität der verladenen Ware. Für die Quantität haftet er nur dann, wenn er die amtliche Abwage am Versendungsplatz unterlassen hat. Der Käufer kann dann, allerdings auch nur auf Grund amtlicher Wiegescheine, Reklamationen erheben.

Nach den übrigen Usanzen kommt diese weitergehende Bedeutung der Klausel nicht zu.

Ist „Zahlung gegen Duplikat bei Käufers Bank" verabredet, so hat nach einem Gutachten der Berliner Handelskammer (28468/1919) der Verkäufer das Recht, vom Käufer Akkreditiverstellung zu verlangen.

In den Usanzen heißt es:

Innsbruck, § 44: Wurde Zahlung gegen Aufgabeschein (Rezepisse) vereinbart, so kann die Zahlung nur gegen einen Aufgabeschein einer öffentlichen Transportanstalt (Post, Eisenbahn, Dampfschiffahrtsgesellschaft) oder deren öffentlich bekanntgemachten Vertreter, jedoch nicht einer Privatfirma gefordert werden, es sei denn, daß die Ablieferung an diese Stelle aufgetragen worden ist. Wurde Zahlung gegen Duplikatfrachtbrief vereinbart, so kann die Zahlung nur gegen einen Duplikatfrachtbrief, aus welchem die Waggonnummer ersichtlich ist, gefordert werden.

Budapest, § 63: Hat die Zahlung gegen Aufgabeschein zu erfolgen, so kann sie nur gegen Rezepisse einer als vertrauenswürdig anerkannten Bahn- oder Schiffahrtsgesellschaft oder gegen ein gleichwertiges Verladedokument (Übernahmsschein) gefordert werden.

Breslau, s. Dokumente.

Chemnitz, § 12: Bei Verkäufen „Kasse gegen Duplikat" muß die Einlösung bei Vorlegung des Duplikatfrachtbriefes, spätestens aber innerhalb 24 Stunden erfolgen.

Cottbus, s. Dokumente.

Graz, § 34, s. Wien, § 44, ohne letzten Satz in Abs. 1: Es sei denn.....

Halle, § 10: Ist Kasse-Duplikat, das heißt Zahlung gegen Übergabe eines ordnungsmäßig ausgestellten und bahnamtlich abgestempelten Duplikatfrachtbriefes vereinbart, so hat der Käufer das Dokument in jedem Falle binnen 2 Werktagen nach dem Tage der Vorlage, die zugleich als Nachfrist gelten, aufzunehmen. Nach Ablauf dieser Frist steht dem Verkäufer das Recht zu, Erfüllung zu fordern, vom Vertrage zurückzutreten oder die Leistung abzulehnen und Schadenersatz wegen Nichterfüllung zu verlangen. Dasselbe gilt, wenn Kasse gegen anders geartete Dokumente gehandelt ist.

Kiel, s. Dokumente.

Königsberg, § 15: Bei Käufen ab Station mit der Bedingung „Zahlung gegen Duplikat" hat die Bezahlung spätestens an dem der ersten Präsentation des Duplikates und der Rechnung folgenden Tag zu geschehen.

Linz, § 37, s. Graz, § 34.

Mittel- und Süddeutsche, s. Dokumente.

Prag, § 33: Bedingt der Verkäufer beim Abschluß eines Geschäftes Zahlung gegen Aufgabeschein, so kann er solche nur gegen Frachtbriefduplikat (nicht gegen Depotschein) oder gegen ein gleichwertiges Aufgabsdokument einer öffentlichen Transportanstalt, ferner gegen Konnossement, aber nicht gegen Aufnahmeschein von Privatfirmen fordern.

Rheinisch-Westfälische, § 45: Wenn Zahlung oder Akzept gegen Überweisungsschein (Anweisung) vereinbart ist, so versteht sich dies Zug um Zug gegen den aufgenommenen Überweisungsschein. Überliefert der Verkäufer dem Käufer den Überweisungsschein, so ist Gegenleistung, wenn der Schein bereits anerkannt ist, sofort nach Empfang, andernfalls sofort nach Anerkennung (Annahme) zu bewirken, bevor der Käufer über die Ware verfügt.

Stettin, § 16: Bei Vereinbarung „Kasse gegen Duplikatfrachtbrief“ ist der Verkäufer berechtigt, die Ware an seine eigene Adresse zu versenden. In diesem Fall ist dem Duplikatfrachtbrief ein an die Bahn gerichteter Überweisungsbrief des Absenders beizufügen. Die hiedurch etwa entstehenden Kosten trägt der Verkäufer.

Wien, l. P., § 48, s. Wien, § 44, mit Zusatz: Die Aufgabsdokumente sind dem Käufer am Vormittag eines Werktages unter Gewährung der Einsichtnahme zu avisieren und durch den Käufer bis spätestens 12 Uhr mittags des nächstfolgenden Werktages zu honorieren.

Wiener Holz, § 40, s. Wien, § 44, mit Zusatz: .....Waggonnummer und Gewichtsmenge ersichtlich..... Der Verkäufer haftet auch in diesem Falle für die Richtigkeit der fakturierten Qualität, Menge und Dimension.

Wien, l. P., § 41: Kasse oder Teilkasse gegen Rezepisse begründet die Verpflichtung des Verkäufers, dem Käufer auf sein Verlangen die Ware nachzusenden und diesem die Rezepisse an seinen Wohnort zur Zahlung zu präsentieren. In diesem Falle gilt der Bestimmungsort insofern als Erfüllungsort, als der Verkäufer für die Qualität der verladenen Ware, jedoch nur innerhalb der Grenzen der Republik Österreich, haftbar bleibt. Eine weitergehende Haftung muß ausdrücklich vereinbart werden.

Für die Quantität bleibt er nur dann haftbar, wenn er es unterlassen hat, die Ware an der Aufgabsstation amtlich wiegen zu lassen. Der Käufer kann in diesem Falle nur auf Grund amtlicher Waagscheine der Empfangsstation reklamieren. Die Kosten der Waaggebühr geht zu Lasten des Verkäufers.

Linz, § 40: Ebenso.

h) Gegen Akzept

Hat der Verkauf einer Ware gegen Akzept stattgefunden, so ist der Käufer verpflichtet, das Akzept unverzüglich bei oder nach der Übergabe der Ware zu leisten. Die Frist für das nach der Übergabe zu leistende Akzept ist an den einzelnen Plätzen verschieden und erstreckt sich bis zu 14 Tagen. Im Zweifel wird man jedoch, wie beim Barbegleich, Hingabe des Akzepts Zug um Zug mit der Empfangnahme der Ware bei Intervention eines Mandatars des Verkäufers, im übrigen unmittelbar bei bzw. nach der Empfangnahme der Ware verlangen müssen.

Hat der Käufer das Akzept nicht zur vereinbarten Zeit geleistet, so ist der Verkäufer nach der Ansicht fast sämtlicher Usanzen berechtigt, das Geschäft als ein Kassageschäft anzusehen und sofortigen Barbegleich unter Abzug der Zinsen für die noch ausstehende Laufzeit des Akzepts, gerechnet vom Tage des Zahlungseinganges, zu fordern. Das ist auch verständlich. Denn das Kreditgeschäft beruht ja im wesentlichen auf dem Vertrauen der Kontrahenten: wenn aber schon zu Beginn ein derartiger Vertrauensbruch erfolgt, so kann dem Verkäufer nicht mehr zugemutet werden, weiterhin dem Schuldner Kredit zu gewähren.

Die Laufzeit des Akzepts wird im allgemeinen im Vertrag bestimmt sein; nach den Linzer Mehlhandelsusanzen beträgt sie im Zweifel 2 Monate. Da Wechselschulden Holschulden sind, treffen die mit der Einlösung des Akzeptes verbundenen Kosten den Verkäufer, wie ihn überhaupt alle mit dem Akzept verbundenen Kosten treffen[1]). Das sagen die Kölner Usanzen ausdrücklich.

Die Usanzen der Wiener landwirtschaftlichen Produktenbörse befassen sich dann noch mit dem Fall, daß die Übergabe nicht auf einmal erfolgt, sondern mehrere Tage beansprucht. Der Käufer ist dann verpflichtet, entsprechend den jeweils zur Übergabe gelangten Teilmengen Regulierung durch Akzeptleistung vorzunehmen, allerdings nur auf besonderes Verlangen des Verkäufers, da diesen ja auch die damit verbundenen höheren Kosten treffen.

Fracht, Zoll und Steuer hat der Käufer im Zweifel zu verauslagen, wie dies bereits früher erörtert wurde, doch ist er nach den Wiener Usanzen berechtigt, sich für diese Auslagen Zinsen zu berechnen. Nach den früher erwähnten Usanzen ist dieses Recht der Zinsenberechnung dem Käufer nicht gegeben, da es dort ausdrücklich hieß, daß der Käufer die Fracht und sonstige Spesen zinsenfrei vorzulegen habe.

Im einzelnen heißt es in den Usanzen:

Innsbruck, § 43: Hat der Verkauf einer Ware gegen Akzept, Rimessen, Bons oder Anweisungen stattgefunden, so sind die gehörig ausgestellten Akzepte, Rimessen, Bons oder Anweisungen längstens innerhalb 5 Tagen nach Übernahme der Ware und Erhalt der Faktura dem Verkäufer einzuhändigen oder zuzusenden.

Köln, § 29: Bei Käufen gegen Akzept trägt der Verkäufer, sofern nichts anderes vereinbart ist, die Kosten des Akzepts. Soll vereinbarungsgemäß der Käufer die Kosten tragen, so dürfen, falls keine besonderen Vereinbarungen über die Höhe der Kosten getroffen worden sind, nur die jeweiligen Reichsbankdiskontsätze in Rechnung gesetzt werden.

Wien, § 46, s. Innsbruck, § 29 mit Zusatz: Widrigenfalls kann der Verkäufer nach vorausgegangener Androhung das Geschäft als Bargeschäft ansehen.

Budapest, § 59: Ist mit Wechseln zu bezahlen und übergibt der Käufer dem Verkäufer zum festgesetzten Zeitpunkt den Wechsel nicht, so kann der Verkäufer den sofortigen Barbegleich verlangen, muß jedoch die Zinsen bis zum ursprünglichen Fälligkeitstage des Wechsels auf Grund des Wechseleskomptzinsfußes der ungarischen Nationalbank dem Käufer vergüten.

Linz, § 35, s. Wien, l. P., § 46.

—, § 36, s. Wien, l. P., § 47.

Mittel- und Süddeutsche, § 10: Der Verkäufer kann den Kaufpreis, sei er in bar, in Wechseln oder in eigenem Akzept des Käufers bedungen, sofort gegen Übergabe der Ware Zug um Zug verlangen, wobei dem Käufer das Prüfungsrecht vor Abnahme der Ware vorbehalten bleibt.

Wien, l. P., § 46: Ist die zu übergebende Ware vereinbarungsgemäß mit Wechsel, Scheck oder Anweisung zu begleichen, so hat dies unverzüglich nach erfolgter Übergabe gegen Überreichung der Faktura zu geschehen.

---

[1]) Das geht insbesondere für die erforderlichen Stempel- und Portoauslagen aus den Inkassotarifen der „Norddeutschen Bank in Hamburg“ hervor.

Bei größeren Mengen, deren Übergabe mehrere Tage in Anspruch nimmt, muß auf Verlangen des Verkäufers die Regulierung jeden Tag, entsprechend der auf die übergebene Teillieferung entfallenden Summen, erfolgen.

Unterläßt der Käufer trotz erfolgter Mahnung die umgehende Ausfolgung der Einsendung des Wechsels, Schecks oder der Anweisung, so ist der Verkäufer berechtigt, den sofortigen Barbegleich des Fakturenbetrages, jedoch gegen Kürzung um die Zinsen der Bankrate bis zum bestimmt gewesenen Verfallstage des Begleichswertes, zu fordern.

Wien, l. P., § 47: Etwaige Barauslagen an Fracht, Zoll, Steuer hat der Käufer zu zahlen, ist jedoch berechtigt, sich die im Warenhandel üblichen Zinsen zu berechnen.

Wiener Holz, § 42, s. Wien, § 46.

Prager Holz, § 24: Ist Akzeptbegleich vereinbart, so hat derselbe spätestens innerhalb 14 Tagen vom Fakturendatum zu erfolgen. Wenn der Käufer dies trotz ausdrücklicher Vereinbarung mittels rekommandierten Briefes unterläßt, so wird, falls die Übergabe bzw. Einsendung des Akzepts nicht umgehend erfolgt, der Fakturenbetrag (ohne Kassaskonto) gegen Zinsenvergütung, berechnet vom Tage der Zahlung bis zur ursprünglich bestimmten Verfallszeit des Akzepts, sofort fällig.

Literaturverzeichnis

Apt: Gutachten der Ältesten der Kaufmannschaft von Berlin, Bd. 1, 2, 3. Berlin. 1914.

Borchardt-Jira-Piltz: Handelsgebräuche im Kohlenhandel. Berlin. 1926.

Dove-Meyerstein: Gutachten über Handelsgebräuche, Bd. 1, 2 und 3. Berlin. 1907 bis 1926.

Einheitsverband des deutschen Kartoffelhandels: Spruchsammlung 1 und 2. Berlin. 1927/28.

Eckert: Handelsgebräuche im Kohlenhandel. Berlin. 1927.

Hanausek: Die Haftung des Verkäufers. Berlin. 1887.

Hanausek: Fakturen und Fakturenklauseln. Wien. 1891.

Handelskammer Magdeburg: Gutachten 1924 bis 1927.

Handelskammer Duisburg—Wesel: Handelsgebräuche in der Rheinschiffahrt. 1923.

Handelskammer Oppeln: Gutachten 1911.

Handelskammer Karlsruhe: Gutachten 1921.

Handelskammer Frankfurt a. M.: Mitteilungen 1920 bis 1928.

Hellauer: System der Welthandelslehre. Berlin. 1920.

Müller: Kündigung und Option im Getreidehandel. Wien. 1928.

Oberparleiter: Gesammelte Beiträge zur Verkehrslehre. Stuttgart. 1928.

Oberparleiter: Das dokumentäre Akkreditiv. Wien. 1922.

Riesenfeld: Breslauer Handelsgebräuche. Breslau. 1900.

Sommerfeld: Franko- und Paritätsklauseln in Kaufverträgen. Zeitschr. für Betriebswirtschaftslehre, H. 6. 1928.

Staub: Kommentar zum deutschen H.G.B. Berlin. 1908.

Staub: Kommentar zum österreichischen H. G. B. Wien. 1909.

Wertheimer: Handelsgebräuche in der Textilbranche. Berlin. 1922.

Zander—Fehrmann: Danziger Handelsgebräuche. Danzig. 1901.

Zander: Klauseln im Handelsverkehr. Berlin. 1906.

Sachverzeichnis[1])

A. Lokale Usanzen

Allenstein: Kartoffel: 3, 16, 20, 27, 92, 105, 110, 122, 127, 130, 136
Altona, Heringe: 6

Berlin, Blei:
— Brennholz: 4, 17, 22, 40, 61
— Drogen: 7, 56, 131, 136, 149
— Fett: 4, 40
— Fische: 6, 100
— Fleisch: 6, 22, 105, 139
— Getreide: 2, 13, 71, 72, 77, 97, 99, 107, 116, 119, 138, 143
— Gold: 5
— Häute und Felle: 149
— Holz: 4, 10, 16, 22, 24, 45, 57, 60, 64, 72, 80, 96, 112
— Holz, ausländisches: 4, 40, 60
— Kartoffel: 3, 16, 45, 92, 105, 110, 122, 130, 136
— Kartoffelstärke: 4, 16, 20, 45, 52, 56, 60, 62, 69, 72, 93, 95, 100, 111, 130
— Leder: 7
— Mehl: 3, 119
— Nahrungsmittel: 6
— Papier: 8
— Schuhe: 8, 106, 122, 136
— Seife: 8, 57, 149
— Silber: 5
— Spirituosen: 7, 131, 136
— Vieh und Geflügel: 6
— Wein: 6, 160
— Ziegelsteine: 142
— Zink: 5
Bern, Getreide: 2, 19, 38, 43, 50, 62, 97, 103, 121
Bremen, Baumwollbörse: 7, 22, 28, 36, 46, 51, 65, 72, 80, 101, 114, 118, 119, 139, 142, 143, 145, 149
— Verein für Terminhandel: 7, 37, 80
Breslau, Getreide: 2, 19, 24, 43, 50, 55, 72, 91, 103, 108, 119, 130, 139, 141, 143, 144, 152, 156
— Holz: 4, 10, 16, 22, 60, 96, 112
— Samen: 45, 51, 105, 111
Budapest, Getreide: 3, 15, 19, 32, 34, 38, 43, 50, 64, 72, 83, 91, 95, 97, 108, 121, 124, 125, 137, 141, 143, 156, 158
— Mehl: 105

Chemnitz, Getreide: 3, 20, 50, 55, 59, 64, 72, 77, 91, 95, 103, 108, 119, 121, 123, 124, 130, 142, 156
— Samen: 45, 51, 135
Cottbus, Getreide: 3, 20, 43, 50, 55, 59, 64, 91, 95, 103, 108, 119, 121, 122, 127, 130, 135, 142, 143, 144, 148, 152, 156

Danzig, Getreide: 3, 10, 11, 20, 24, 25, 26, 36, 38, 43, 50, 91, 103, 108, 121, 122, 124, 130, 135, 153
— Holz: 4, 122
— Kaffee: 5, 22, 47, 82, 98, 117, 121
— Saaten: 51

Flensburg, Getreide: 3, 20, 28, 47, 50, 55, 59, 62, 64, 69, 72, 78, 83, 95, 100, 101, 114, 119, 121, 124, 135, 139, 140, 142, 143, 147, 148
— Kolonialwaren: 3, 20, 44, 50, 59, 72, 78, 95, 103, 109, 135, 139, 140, 142, 143, 148
— Spediteure: 23, 139, 148

Graz, Getreide: 3, 15, 16, 20, 34, 44, 50, 55, 60, 91, 95, 101, 109, 111, 121, 137, 142, 143, 156
— Mehl: 111

[1]) Auf den an erster Stelle genannten Seiten ist die genaue Bezeichnung der Usanzen zu finden.
„Getreide", im Register bedeutet Getreide und landwirtschaftliche Produkte.

Halle, Getreide: 3, 20, 43, 50, 55, 69, 72, 78, 91, 104, 109, 121, 124, 130, 135, 142, 153, 156
Hamburg, Allgemeine Usanzen: 2, 13, 19, 32, 38, 40, 55, 59, 62, 64, 71, 76, 85, 95, 97, 107, 115, 121
— Butter: 22, 38, 117
— China-Produkte: 25
— Drogen: 7, 23, 25, 28, 29, 32, 39, 40, 48, 52, 56, 61, 62, 65, 68, 77, 81, 85, 98, 113, 117, 121, 139, 173, 154
— Eier: 96
— Getreide-Schlußschein 1 bis 17: 8, 20, 24, 44, 55, 104, 109, 127, 135
— Deutsch-Niederländischer Kontrakt: 8, 80
— Gummi: 22, 25, 32, 39, 40, 47, 81, 98, 113, 117, 121, 139, 143
— Harz: 7, 23, 28, 29, 32, 39, 40, 47, 52, 56, 61, 62, 65, 68, 72, 81, 85, 96, 98, 112, 117, 139, 143, 154
— Heringe: 117
— Holz: 4, 16, 40, 45, 57, 97
— Hüttenrohzink: 22
— Kaffee: 5, 22, 32, 47, 85, 117, 121, 143
— Kaffee für Deutschland und Österreich: 5, 82, 117
— Kakao: 5, 29, 39, 40, 68, 73, 82, 85, 98, 113, 121
— Kartoffelstärke: 4, 56, 68
— Kautschuk: 7
— Kohle: 8
— Englische Kohle: 8, 23
— Kolonialwaren: 8, 25, 28, 29, 32, 38, 40, 56, 61, 62, 65, 68, 73, 80, 85, 95, 98, 113, 116, 139, 140, 143
— Kork: 8, 22, 82, 96
— Reis: 65, 99, 105
— Samen: 20, 45, 51, 105, 111
— Silber: 5, 22, 114
— Spediteure: 23
— Tee: 5

Innsbruck, Allgemeine Usanzen: 2, 14, 19, 34, 43, 55, 57, 59, 61, 64, 71, 76, 86, 90, 95, 107, 121, 124, 125, 130, 140, 141, 142, 144, 145, 156, 158
— Holz: 4, 16, 22, 24, 34, 60, 64, 80, 87, 93, 96, 98, 101, 112, 131, 137

Köln, Allgemeine Usanzen: 2, 19, 25, 28, 29, 32, 38, 43, 55, 59, 62, 71, 76, 91, 97, 103, 107, 116, 158
Königsberg, Getreide: 3, 14, 24, 51, 92, 109, 116, 127, 156
— Heringe: 6, 21, 112, 122, 136, 153
— Holz: 4, 10, 16, 22, 60, 80, 112
— Samen: 3, 45, 51, 105, 111
Kiel, Getreide: 8, 12, 20, 44, 92, 104, 109, 119, 121, 127, 148, 153, 156

Linz, Getreide: 3, 15, 20, 34, 44, 51, 56, 60, 86, 91, 95, 101, 109, 121, 124, 125, 137, 142, 143, 156, 158
— Mehl: 111
— Spiritus: 111
London, Blei: 5, 83, 154
— Kupfer: 5
— Zink: 5, 65, 83, 154
Leipzig, Rauchwaren: 8

Magdeburg, Getreide: 8, 20, 56, 60, 62, 64, 69, 72, 92, 104, 109, 121, 124, 127, 135, 153
Mainz, Wein: 6, 56, 65, 105, 122, 128, 136, 147, 149

Neuß, Öl: 4, 57

Oppeln, Holz: 4, 10, 16, 22, 46, 105, 112

Prag, Getreide: 3, 15, 20, 34, 95, 110, 122, 124, 137, 142, 156
— Holz: 4, 16, 22, 24, 34, 57, 60, 80, 84, 93, 98, 101, 112, 117, 158
— Obst: 113
— Öl: 4, 131
— Reis: 45, 51, 73, 98, 113, 131
— Spiritus: 7, 57, 65, 96, 111, 127
— Zucker: 7, 16, 32, 47, 52, 56, 61, 97, 98, 106, 113, 122, 125, 137
— Zuckerrübensamen: 7, 114

Stettin, Getreide: 3, 14, 20, 34, 38, 44, 56, 60, 62, 64, 72, 79, 92, 104, 110, 116, 119, 122, 124, 125, 142, 143, 153, 157
— Heringe: 6, 22, 34, 57, 61, 62, 64, 72, 82, 112, 117, 122, 125, 126, 127, 136, 153

Stettin, Samen: 3, 20, 45, 51, 105, 111, 122
— Spediteure: 230
— Wein: 6, 56, 65, 105, 122, 128, 136, 147

Wien, Allgemeine Usanzen: 2, 12, 14, 19, 32, 34, 43, 55, 59, 62, 64, 69, 71, 77, 86, 91, 95, 97, 101, 107, 121, 124, 125, 130, 137, 140, 141, 143, 144, 145, 148, 149, 150, 158
— Baumwolle: 7, 39, 48, 52, 64
— Baumwollgarne: 132, 145, 149
— Baumwollstreichgarne: 7, 48, 61, 119, 131, 145, 149
— Butter: 5, 23, 24, 122
— Eier: 6, 46
— Fett: 5
— Gerbstoffe: 34, 114, 125
— Getreide: 3, 15, 16, 20, 32, 34, 36, 44, 51, 56, 60, 72, 80, 92, 95, 100, 101, 110, 111, 122, 125, 137, 142, 143, 144, 150, 157, 158
Wien, Handelsdünger: 7, 52, 112, 122, 127
— Häute: 7
— Holz: 4, 12, 16, 21, 24, 32, 40, 57, 60, 64, 72, 80, 84, 93, 96, 98, 100, 101, 112, 122, 131, 140, 142, 143, 144, 145, 148, 149, 150, 157, 158
— Kaffee: 5, 12, 52, 82, 143
— Kohle: 8, 27, 57
— Mehl: 111
— Papier: 8, 16, 57, 132
— Papiergarne: 8, 132, 145
— Petroleum: 8, 114
— Spiritus: 7, 111
— Stärke: 114, 128
— Wolle: 48, 145
— Zucker: 7, 16, 32, 47, 52, 56, 61, 93, 98, 100, 105, 113, 122

Zürich, Getreide: 3, 20, 38, 44, 51, 122
— Seide: 6, 32, 48, 114, 118, 122, 128
— Seidenstoffe: 6, 48, 52

B. Territoriale Usanzen

Bayerisches Brennholz: 4, 16, 22, 61, 62, 64

Deutscher Altmetallhandel: 5, 22, 39
Deutscher Elektrogroßhandel: 8
Deutsche Exporteure: 2, 71
Deutscher Futterstoff- und Schneiderartikelhandel: 6
Deutscher Früchtegroßhandel: 4, 10, 16, 27, 60, 104, 122, 127, 130, 135
Deutscher Futtermittelhandel: 45
Deutscher Holzeinfuhrhandel: 4, 10, 22, 60
Deutsche Maschinenbauanstalten: 57
Deutscher Pferdehandel: 6
Deutscher Rauhfutterhandel: 3, 16, 20 22, 27, 56, 60, 62, 69, 72, 93, 97, 100, 104, 110, 119, 125 127, 136, 139, 142, 173, 144
Deutscher Schrotthandel, Lieferbedingungen: 5, 10, 16, 22, 27, 35 66
— — Bedingungen der Firma Adler: 5, 16, 21, 114
Deutscher Seefischhandel: 6
Deutscher Tuchgroßhandel: 6, 48, 99
Deutscher Tuchgroßversand: 6, 48
Deutscher Wollhandel: 8, 48

Kärntnerischer Holzhandel: 4, 16, 22, 24, 64

Mitteldeutscher Holz- und Furnierhandel: 4, 16, 22, 60, 67, 69
Mittel- und Süddeutsche Produktenbörsen: 3, 10, 20, 24, 44, 50, 56, 60, 64, 78, 83, 92, 104, 109, 116, 119, 121, 122, 130, 135, 142, 153, 156, 158

Österreichische Exporteure: 2, 14, 55, 59, 66, 67, 71, 77, 97, 99

Rheinisch-Westfälische Produktenbörsen: 3, 36, 47, 83, 92, 104, 110, 119, 127, 128, 130, 135, 153, 156
Rhein- und Ruhrhafen-Spediteure: 73

Buch- und Kunstdruckerei „Steyrermühl“, Wien, VI

GPSR Compliance

The European Union's (EU) General Product Safety Regulation (GPSR) is a set of rules that requires consumer products to be safe and our obligations to ensure this.

If you have any concerns about our products, you can contact us on ProductSafety@springernature.com

In case Publisher is established outside the EU, the EU authorized representative is:

Springer Nature Customer Service Center GmbH
Europaplatz 3
69115 Heidelberg, Germany

Batch number: 10815964

Printed by Printforce, the Netherlands